»Gestatten, ich bin ein Arschloch.«

Dr. med. Pablo Hagemeyer

»Gestatten, ich bin ein Arschloch.«

Ein netter Narzisst und Psychiater erklärt, wie Sie Narzissten entlarven und ihnen Paroli bieten

Eden
BOOKS

Impressum

Dr. med. Pablo Hagemeyer
»Gestatten, ich bin ein Arschloch.«
Ein netter Narzisst und Psychiater erklärt, wie Sie Narzissten entlarven und ihnen Paroli bieten
ISBN: 978-3-95910-246-9

Eden Books
Ein Verlag der Edel Verlagsgruppe

www.edenbooks.de | www.edel.com
17. Auflage 2025
Redaktionsanschrift:
Edel Verlagsgruppe GmbH,
Kaiserstraße 14b, 80801 München
www.edelverlagsgruppe.de/kontakt

Einige Personen im Text sind aus Gründen des Persönlichkeitsschutzes anonymisiert.

Projektkoordination: Nina Schumacher
Lektorat: Dr. Peter Schäfer, Gütersloh
Umschlaggestaltung: Buchgut
Cover- und Autorenfoto: © Christian Stadler
Illustrationen: Gin Wiedemann
Layout und Satz: Datagrafix GSP GmbH, Berlin | www.datagrafix.com
Druck und Bindung: GGP Media GmbH, Pößneck

Printed in Germany

Dieses Buch ist auch als E-Book erhältlich.

EDEL
VERLAGSGRUPPE

FSC www.fsc.org MIX Papier | Fördert gute Waldnutzung FSC® C014496

Inhalt

Von Narzissten lernen

Ein wenig aufgequollen sitzt Tom vor mir. Sportlicher Typ. Tadellos gekleidet. Makellose Turnschuhe. Noch habe ich wenige Eindrücke von meinem Gegenüber, es ist das Erstgespräch in meiner Praxis. Jedenfalls ist da ein unterdrückter Zorn oder eine Unzufriedenheit in ihm – was es auch ist, es will raus.

Seit Wochen könne er nicht mehr schlafen, klagt er, im Büro nur Neider, all diese jungen Nixkönner, die an seinem Stuhl sägen würden. Eine Vorgesetzte, die keine Ahnung habe und ihm keine Beachtung schenke. Ein Chef, der zu schwach sei und der ihn nicht ernst nehme. Er sei der Einzige, der den Durchblick habe. Nur höre niemand auf ihn. Dabei habe er dieses große Potenzial, richtig durchzustarten. Das wisse er. Das sei ja offensichtlich. Der ganze Laden laufe nur, weil er da sei. Ohne ihn würde alles zusammenkrachen. Keine Wertschätzung. Niemand danke es ihm. Und wenn er abends nach Hause komme, würden die Zwillinge nur am Handy hängen und die Frau sei mit ihren Freundinnen unterwegs. In so einer lächerlichen Selbsthilfegruppe. Die reden da über ihre Gefühle. So ein Quatsch! Im Kühlschrank stehe meist was zum Aufwärmen. Ständig müsse er sich um alles selbst kümmern. Das sei alles so verdammt anstrengend. Koste ihm viel Energie. Er habe ja schließlich auch Gefühle und Bedürfnisse. Wer kümmere sich um die?

Tom brauche jetzt von mir eine Lösung. Ein Rezept, wie er damit klarkomme, dass die anderen so ungeheuerlich schlecht mit ihm umgingen. Schließlich sei ich ja der Experte.

Ich höre ihm aufmerksam zu, nicke, schweife gedanklich manchmal ab, denn ich kenne das alles nur zu gut. Ich arbeite seit Jahren mit narzisstischen Klienten – und ihr Leid an der Welt ähnelt sich frappierend. Aber nicht nur deswegen kommen mir seine Gedanken so bekannt vor. Die Wahrheit ist: Ich bin selbst Narzisst. Und ich weiß genau, wie er sich fühlt. Ein durchgehendes Gefühl der Unzufriedenheit und eine ständige unterschwellige Angst vor dem Scheitern durchziehen Toms Geist. Dabei ist es ein kurz anhaltendes Glück, eine Chance, dass Tom in meine Praxis fand, denn die meisten Narzissten halten wenig von Psychotherapie. »Ich? Eine Therapie machen? Nee, die anderen gehören in Behandlung! Die anderen sind das Problem.«

Doch Toms Ersttermin blieb ein fruchtloser Zufall. Ich sage ihm noch, dass ich es großartig fände, wenn er beim nächsten Mal nicht von den anderen Leuten, sondern mal von sich selbst sprechen würde. Sonst könne ich ihm nicht helfen. Tom müsse lernen, seinen eigenen Anteil am Geschehen zu sehen. Also grundsätzlich mal lernen, den klaren Blick auf sich selbst zu richten.

Mit Plattitüden und Kalendersprüchen komme er klar, die höre er von seiner Frau ständig, reagiert Tom abfällig. Seine Frau Tina, kommentiert er mit ekelverzerrtem Gesicht, sei eine unmögliche, arrogante Frau. Sie habe die Zwillinge nicht im Griff und habe befremdliche Ansichten über das Leben. Er sei von ihr total enttäuscht und habe alles getan, um ihr ein Leben im Luxus zu schenken. Aber sie nutze ihn nach Strich und Faden aus. Vermutlich gehe sie längst mit irgendeinem Trottel fremd.

Von einem Fachmann habe er übrigens mehr erwartet, fährt er wutentbrannt fort, steht auf und geht grußlos. »So ein Blödsinn«, höre ich ihn noch auf dem Flur stöhnen.

Tom würde nicht wiederkommen. So oder so ähnlich unglücklich verläuft manch ein Ersttermin, gerade wenn narzisstische Klienten schwer anzufassen sind. Na ja, ich bin halt als Therapeut auch nicht so perfekt, wie meine anspruchsvollen Narzissten es von mir erwarten.

Als Psychiater und Psychotherapeut halte ich die Identität meiner Patienten geheim, damit diese geschützt sind. Daher habe ich die Namen meiner Patienten geändert und mir erlaubt, ihre Biografien und Wesenszüge zu mischen, zu verfremden und zu fiktionalisieren. Obwohl dabei ausgedachte Personen herausgekommen sind, sind deren Geschichten wahr, denn es geht stets um reale Begebenheiten, mit denen ich mich als Therapeut beschäftigt habe. Viele Narzissten würden sich in diesen beiden Archetypen wiedererkennen.

Ich werde Ihnen viel über das Narzisstenpaar Tom und Tina erzählen. Denn wir alle können von Narzissten lernen, ohne sie zu verraten. Indem wir von Narzissten lernen, lernen wir, uns selbst besser zu verstehen, denn es steckt in vielen Menschen ein mehr oder weniger großer Narzisst. Nicht jeder Narzisst ist als solcher sofort erkennbar.

Aufsehen erregen natürlich nur die ganz eindeutigen Vertreter: Narzissmus ist wie eine Sau, die regelmäßig durchs Dorf getrieben wird. Heutzutage nahezu täglich. Aber was ist mit den anderen Ferkeln, die versteckt oder ungesehen mitrennen? Es ist so leicht, jemanden als Narzissten zu brandmarken und dabei von seinem eigenen Narzissmus abzulenken!

Meistens leiden Frauen unter narzisstischen Männern und werden aus ihnen nicht schlau. Sie fragen sich, warum sie sich in ein Arschloch verliebt haben – sehr häufig nicht zum ersten Mal. Vor allem für diese Frauen habe ich das Buch geschrieben. Aber auch nicht wenige Männer leiden unter narzisstischen Frauen. Wie gesagt können auch die narzisstischen Männer (und Frauen!) das Buch gern mitlesen, um den Narzissmus in sich selbst zu entdecken und zu verstehen.

Mein Bedürfnis, über das Thema Narzissmus zu schreiben, lässt sich ganz einfach erklären: Ich habe den Eindruck, dass kaum jemand so wirklich genau weiß, was Narzissmus ist. Das kann zwar durchaus wie eine gewisse narzisstische Selbstüberhöhung meiner Person wirken. Doch ich selbst wusste anfangs auch nicht viel und erschrak etwas darüber, als ich narzisstische Muster in mir erkannte. Hier ist also mein Zugang zum Narzissmus. Hier steht, was ich in der Erforschung des Narzissmus und im therapeutischen Umgang mit Narzissten (und im ständigen Umgang mit mir selbst) gelernt habe. Über den Narzissmus zu schreiben erfüllte ein großes Bedürfnis in mir. Nach dem ersten Schrecken, selbst narzisstisch angehaucht zu sein, kam die Neugierde. Ich wollte meinen eigenen Egotunnel erkunden!

Immer wieder erschrak ich, als handfeste Narzissten in der Weltpolitik das Zepter in die Hand nahmen und als Populisten von Mehrheiten gewählt wurden, um über Krieg und Frieden zu entscheiden. Für mich war es ein großer Schock, als im Januar 2017 Donald J. Trump zum 45. Präsidenten der Vereinigten Staaten von Amerika gewählt wurde. Noch mehr erschrak ich jedoch, als ich erkannte, dass die öffentliche Diskussion über das Thema Narzissmus in Deutschland kaum und nur sehr träge startete und bei gestandenen Journalisten deutlich erkennbare Berührungsängste vorlagen. Einerseits waren die Gründe dafür nachvollziehbar, denn eine »Diagnose aus der Ferne ist äußerst umstritten, weshalb sich viele Experten zurückhaltend äußern – und Trump nur indirekt mit Narzissmus in Verbindung bringen«[1], so Markus Schulte von Drach für die *Süddeutsche Zeitung*. Andererseits lag (und liegt) auf der Hand, wie gefährlich Narzissten in derart hohen Ämtern und in populistischen Bewegungen sein können, sodass schließlich der innere Teufel, der Trump umtreibt, beim Namen genannt wurde: Der mächtigste Mann der Welt leide an »bösartigem Narzissmus« und sei »emotional unfähig«, sein Land zu regieren, zitierte 2017 das Magazin *Focus* den US-Psychotherapeuten John D. Gartner.[2]

Obwohl die Hemmungen gegenüber einer Ferndiagnose unter den psychologischen Experten allmählich abgebaut wurden, kam wie gesagt die öffentliche Debatte über den Narzissmus nicht in Gang. Niemand traute sich in den Politik-Talkrunden, offen über Narzissmus zu sprechen, so mein Eindruck. Man bezeichnete Trump lieber als wahnsinnig, gestört oder verrückt denn als Narzissten. Dabei würde gerade die differenziertere Beschäftigung mit diesem Charaktertypus die Gesellschaft voranbringen.

Vor allem unter Fachkollegen in Deutschland galt eine Ferndiagnose als unsittlich, selbst wenn einem das laut schreiende Kind Trump förmlich ins Gesicht sprang. Ich trat in Kontakt zu meinen US-amerikanischen psychiatrischen und psychotherapeutischen Kollegen und hörte dort viel leidenschaftlichere Diskussionen zum Thema als in Deutschland. Hier blieb der Narzissmus großer Staatsmänner weitestgehend ein Tabu, weil er an eine historische Wunde rührt.

Aber auch auf der individuellen Ebene wird klar: Wer offen über Narzissmus spricht, riskiert damit, sich selbst als Narzissten zu entlarven. Das will natürlich der verdeckt agierende Narzisst vermeiden. Wer als Journalist vor einer Fernsehkamera oder in der Öffentlichkeit steht, wird also einen Teufel tun, über Narzissmus als psychische Störung herzuziehen, es könnte ihm ja selbst auf die Füße fallen ... So denken manche leider. Ein Missverständnis, denn Narzissmus ist die natürliche Kraft, die Individuen auf die Bühne bringt und ins Rampenlicht stellt. Gesunder Narzissmus ist nicht verwerflich. Aber die Angst ist groß, offen darüber zu sprechen und als gestört wahrgenommen zu werden. Oder es vielleicht wirklich zu sein.

Was ist also noch normal am Narzissmus, und wo beginnt eigentlich krankhafter Narzissmus? Ich möchte Ihnen in diesem Buch helfen zu verstehen, wie tief in jedem von uns ein gewisser Narzissmus verankert ist. Inwiefern hilft er uns, und inwiefern schadet er uns und unseren Mitmenschen?

Ohne ein normales Maß an Narzissmus kämen wir nicht weit im Leben. Wer würde an einen glauben, wenn man allein ist und eine wichtige Entscheidung treffen muss? Von Narzissten lernen heißt also auch, mehr Selbstbewusstsein aufzubauen und sich nicht zu scheuen oder zu schämen, sich zu zeigen. Sich zu befreien von der Bewertung durch andere. Selbst die Bewertung vorzunehmen. Auch als Abwehr gegen einen Narzissten.

Hauptsächlich ist das Buch also für Menschen geschrieben, die wissen wollen, wie man mit Narzissten besser klarkommen kann. Und das ist die Mehrheit!

Teil I:

Von großen und kleinen Narzissten

Wir sollten nicht nur eine Sau durchs Dorf treiben

Der will doch nur spielen!

Wir brauchen eine Gebrauchsanleitung für Narzissten

Ich ... ähm, räusper ... *liebe* Spiele. Vor allem wenn sie meine Eitelkeit herausfordern. Doch, doch. Zu Weihnachten spielten wir einmal »Was wäre, wenn?«. Die Frage war, was jeder von uns wäre, wenn er eine Krankheit darstellen würde. Noch bevor die Runde losging, platzte es aus meiner Frau heraus: »Die Pest!« Alle wussten sofort, wer gemeint war: ich. Alle verfielen in lautes Gelächter, ich auch. Der Vergleich stimmte: Ich kann meiner Frau so richtig auf die Nerven gehen. Der Grund: Ich bin Narzisst. Seitdem ich mir dessen bewusst bin, läuft vieles besser in meinem Leben.

Um nur eine Sache zu nennen: Ich konnte meine Ehe, die kurz vor dem Scheitern war, retten. Was mich als Narzissten aber von vielen Artgenossen unterscheidet, ist, dass ich auf meine Mängel länger als zehn Sekunden blicken kann. Narzissten entwickeln für ihre Schwächen einen blinden Fleck, haben ein »Neglect« für ihre Schattenseite. Narzissten tendieren dazu, nur die Sonnenseite ihrer selbst zu betrachten. Sie sind unentwegt auf der vordergründigen Spielebene (im Verhalten, auf der Ebene der manipulativen Strategien) ihrer Psyche unterwegs und schaffen es nicht, hinabzusteigen auf die verborgene Motivebene (Ebene der wahren Bedürfnisse), weil es Narzissten nicht interessiert, was sie dazu antreibt, so zu sein, wie sie sind. Weil Narzissten Angst haben, vor der unverstellten Auseinandersetzung mit ihrem tief im Innern versenkten brüchigen Selbst. Folgerichtig können Narzissten mit Kritik schwer umgehen. Kritik ist im Kosmos des Narzissten eine schwere Kränkung.

Ein Feedback ist ein persönlicher Angriff. Ein Fußtritt in den Rücken. Zu diesen eklatanten Verwechslungen und Missverständnissen kommt es beim Narzissten durch eine frühe Störung der Bewertung, der Selbstbewertung. Narzissmus ist also eine fundamentale Bewertungsstörung, die in der frühen psychischen Entwicklung nicht optimal überwunden und gelöst wurde.

Im Grunde fehlt uns im Alltag eine Gebrauchsanleitung für Narzissten. Denn die Mechanismen sind relativ einfach, man muss sie nur einmal verstehen. Es ist überraschend, wie einfach Narzissmus konstruiert ist und wie konsequent sich dieses Muster durch alle Lebenslagen zieht. Dennoch, um zu verstehen, wie ein Narzisst funktioniert, müssen wir zurückgehen in die Zeit, als der Narzisst noch ein Säugling war und entweder zu wenig oder zu viel bekam.

Ich habe kaum eine Erinnerung daran, wie es war, Säugling zu sein – und das hat enorme Vorteile. »Ich musste einen Monat liegen! Denn du wolltest viel zu früh raus!«, sagte mir meine Mutter einmal und lächelte dabei. Gefährliche Zwischenblutung. Bereits in der Gebärmutter machte ich die Erfahrung, dass zu leben ein erhebliches Risiko barg. Allein das ruhige Verhalten, der rationale Geist und die beschützende Liebe meiner Mutter, die mich mit einem schönen Gefühl vor der kruden Wahrheit schützte: vor meinem Tod. Was bei mir als Kind also hängen blieb, war, besonders wichtig zu sein, und dies setzte sich bis heute in meinem Leben fort.

»Pablo«, sagte meine Frau Carlota plötzlich, griff mir an die Schulter, und wir sahen einander in die Augen. Nur so bekam meine liebe Frau meine Aufmerksamkeit.

Zur Info: Berührungszeichen vereinbaren!

Klare, deutliche und direkte Ansprache! Direkter Blick in die Augen! Anfassen! Das sind die drei Schlüssel zur

Gesprächseröffnung mit einem Narzissten, der gerade in einem Egotunnel steckt.

Wir beide hatten uns vor über zehn Jahren auf dieses Berührungszeichen geeinigt, nach dem Besuch eines befreundeten Paartherapeuten. Johannes ist ein lockerer Typ. Ich idealisierte ihn bereits beim ersten Termin zur Koryphäe auf dem Gebiet der Paartherapie. Nur so konnte ich ihn in meinem Leben zulassen, indem ich ihn auf das hohe Podest neben mich stellte. Das Thema Paartherapie betraf ja hauptsächlich meine Frau, um ehrlich zu sein. Ich ging halt mit. Es war Carlotas Wunsch. Auf dem Weg bekam ich ein ungutes Gefühl, denn so richtig klar war mir das nicht, dass auch ich ein Teil dieses Paares war, das zu Johannes ging. Ich sah das alles zunächst ganz locker und spielerisch. Darin kannte ich mich aus.

Mal genauer hinsehen

Ulkig, als Johannes dann mit mir diese Stuhlübung machte. Nach dem üblichen Vorgeplänkel im therapeutischen Setting, was alles so in der Ehe nicht gut lief, schlug Johannes vor, er wolle mal etwas ausprobieren und ob er das an mir durchführen könne. »Ja, gern«, sagte ich. Ich dachte mir: Was wird es schon sein, das ich nicht kenne? Also bat mich Johannes vor den Augen meiner Frau, mich auf einen einsam im Raum stehenden Stuhl zu setzen. Sogleich suggerierte er mir, dass ich mich entspannen könne und einmal tief durchatmen möge. Das tat ich, dabei schloss ich nur leicht die Augen, um nicht ganz die Kontrolle über die experimentelle Situation zu verlieren. Ich nahm mich plötzlich leicht betäubt wahr. Meinen Körper. War ich bereits in Trance? Auf dem einsamen Stuhl sitzend. Als Kind. Mitten im Raum. Im totalen Fokus der Aufmerksamkeit von Johannes, dem lockeren Typen, der längst für mich ein sehr guter Bekannter war.

Ich tauchte auf Weisung von Johannes ab. Johannes schlug vor, ich könne mir doch auch vorstellen, etwas jünger zu sein, vielleicht ein kleiner Junge. Wir einigten uns darauf, dass ich sieben Jahre alt war. Ich sah den kleinen Jungen auf dem Stuhl. Ich spürte die Zeit in Buenos Aires. Da habe ich meine Kindheit verbracht. Aus heutiger Sicht mag der romantisch veranlagte Leser an Tango und Bandoneon denken, was für mich als Kind völlig irrelevant war. Ich erinnerte mich an wunderbare Tage, an eine Bootsfahrt auf dem Río Tigre und an den Schulweg nach Hause entlang eines Lattenzauns, mit meinen Fingerspitzen im rhythmischen *Patapp-patapp* über die Latten schnellend. Dann brachte Johannes mich tiefer. Tiefer in mich selbst hinein. Ich war vermutlich längst in tiefer Trance, als ich mit halb offenen Augen spürte, wie ich mich von unten mit einer schweren blauen Flüssigkeit füllte. Ich lief ziemlich schnell voll wie ein leckgeschlagenes Boot, wie eine überflutete Kajüte. Mein Keller stand unter Wasser. Stetig schwoll der Wasserspiegel, wild rauschend und strudelnd, bis große Wellen in diesem inneren Raum hin und her platschten.

Johannes suggerierte mir, dass ein sehr trauriger Junge da auf dem Stuhl sitze und dass es möglich sei, dieses Gefühl der Trauer zu spüren. Also tat ich wie vorgeschlagen und hörte mich sagen: »Moment, Moment, irre, ich spüre was. Da ist was.« Johannes' Stimme sprach, ich solle einfach mal zulassen, was passiert, und er setzte sich unterstützend hinter mich. Ob er das dürfe, fragte Johannes mich, und ich sagte Ja, er dürfe. Ich versenkte mich dann immer mehr in mich selbst und schloss nun die Augen. In diesem Moment schnellte der Wasserspiegel hoch bis zur Kehle, und ich begann zu weinen. Tiefe Traurigkeit überflutete mich, und ich ließ sie kommen. Aber ich konnte sie auch steuern und leicht dagegenhalten. Das war ein wunderbarer Augenblick. Ich konnte die Trauer ertragen. Dieses Gefühl der Trauer zu spüren und zugleich bewusst zu bemerken war so gut, so wunderschön! Gerade weil ich die Trauer ertragen konnte.

Johannes sagte dann etwas völlig Irres, was einen emotionalen Knoten in mir löste und mich irgendwie befreite. »Es tut mir leid, dass du all das erfahren hast, was dir andere angetan haben. Dass du nie gesehen wurdest, so wie du bist. Dass du nie oder viel zu wenig bekommen hast, was du benötigt hättest. Dass du alleingelassen wurdest. Es tut mir leid, dass sich noch nie jemand dafür bei dir entschuldigt hat. Es tut mir sehr, sehr leid.«

Ich reagierte heftig darauf. In mir platzte regelrecht eine Haut auf, und ich spürte, wie sich etwas in mir mit mir selbst wieder verband. Das war eine zutiefst körperliche Erfahrung. Ich atmete völlig ergriffen davon tief ein, tief seufzend, atmete aus und dann deutlich achtsamer weiter. Ich nahm die Veränderungen in mir wahr. Ich sollte alles in mir beobachten, was sich so tat. Etwas in mir kam wieder in Verbindung. In diesem Augenblick verstand ich, was die psychologischen Theorien meinen, wenn die Kontaktstörung zu einem Selbst durch eine gestalttherapeutische Intervention aufgehoben wird.

Ich spürte diesen traurigen Teil in mir. Das überflutende Gefühl der Trauer ebbte nun langsam ab, der Pegel sank, und das Wasser floss davon. Johannes zog sich behutsam zurück und ließ mich noch ein paar Minuten allein. Ich war ganz bei mir. Ganz im Kontakt mit mir und kommentierte das Erfahrene mit den unvergessenen Worten: »Irre. Das war krass.«

Johannes ging kaum noch darauf ein, er sah mich nur anerkennend an und freute sich für mich. Dabei zeigte er eine gewisse Routine. Als ob er das jeden Tag zehn oder zwanzig Mal machte mit seinen Klienten. Das kurze Nachgespräch drehte sich darum, welche Fachliteratur ich dazu noch vertiefend lesen könne, und dann warf er uns raus. »Kommt ja nie wieder!«, waren seine letzten Worte. Ein lockerer Typ eben, der Johannes.

In der Psychotherapie arbeiten Leute wie Johannes sehr häufig mit Bildern und fantasierten Vorstellungen, um das Unaussprechbare zu erfassen. Mit diesem Trick bekommt das psychische Material eine Gestalt. Gefühle werden quasi in eine Form gegossen und werden so erstmals erkennbar. Erkannte Gefühle kann man betrachten und lernen, mit ihnen umzugehen, statt sie nur zu verdrängen oder vor ihnen Angst zu haben. In mir bekam meine Trauer die Gestalt von Wasser. Tief in meinem Unterbewusstsein hatte ich diese Trauer versteckt und verbannt, die ich als Kind entwickelt hatte, weil ich zu wenig gesehen wurde. Oder weil ich meinte, zu wenig gesehen worden zu sein. Von meinen Eltern oder von meinen Freunden. Die damaligen Lebensumstände waren nicht gut für mich. Wer weiß das schon wirklich, was ein Kind so trifft. Dieses Zukurz-gekommen-Sein hat mich irgendwie traurig gemacht. Damals, als ich klein war. Ich hatte keine faktische Erinnerung daran, aber da war eben dieses Gefühl.

Ich hatte nun irgendwie Gewissheit, dass der Kern meines psychologischen Bauplans aus Trauer bestand, um den sich herum ein neues, ein zweites Selbst gebaut hatte, das vorgab, keineswegs traurig zu sein.

Was nach dem Termin bei Johannes alles passierte, war eine Entdeckungsreise ins eigene Ich. Eine Tür war aufgestoßen, und ich begann, über mich selbst nachzudenken. Darüber, wie ich psychisch gebaut war und wie dieses Gebilde auf andere wirkte. Das war der erste Schritt – wirklich zu kapieren, wie ich aufgebaut war.

Kein Wunder, dass meine Frau Carlota nicht wusste, wie sie mit mir umzugehen hatte! Nach dem Treffen mit Johannes wurde alles anders. Sie wurde irgendwie erträglicher und musste mich kaum noch ermahnen. Ich war engagierter im Haushalt. Schob nichts mehr auf. Räumte nahezu freiwillig die Spülmaschine ein und wieder aus.

Beteiligte mich am Alltag in der Familie. Stand früh auf, um das Frühstück zu machen, und kam zeitig nach Hause, um mit den Kindern gemeinsam zu Abend zu essen. Ich arbeitete an der Bindung. Ich wurde nahezu der perfekte, liebende Ehemann und Hausmann. Ich hörte zu, wenn meine Frau mich ansprach, und interessierte mich immer mehr für das, was meine Frau bewegte. Ich freute mich, als sie sagte: »Du prokrastinierst deutlich weniger, Schatz.«

Erst jetzt, wo ich diese Zeilen schreibe und den Blick zurück riskiere, könnte ich mir auch vorstellen, dass Johannes mich mit einem schlauen posthypnotischen Auftrag versehen hat: »Sei deiner Frau eine Hilfe und kein Arschloch mehr! Achte mal auch auf ihre Bedürfnisse.« Erneut überdenkend jedoch schließe ich, dass Johannes das so konkret nie getan hat, sondern dass ich selbst in mir diesen Auftrag formuliert habe, weil Johannes wie ein Helfer die Möglichkeit dazu ausgelöst hat, mir selbst zuzuhören. Mein Problem war gewesen: Ich hatte einen fürsorglichen Teil in mir selbst abfällig abgewehrt und verdrängt, weil ich ihn als wertlos erachtete. Dieser Teil nannte sich Empathie. Narzissten tun so was. Ich bin aber kein Monster. Ich bin durchaus charmant und witzig, sogar höflich und sozial ziemlich kompatibel, aber in mir drinnen nahm ich keine Rücksicht auf diesen emotionalen Anteil.

Die Spielebene des Narzissten

Paradoxerweise wurde ich im Laufe der Zeit nach dem Termin bei Johannes egoistischer. Aber in einem positiven Sinn. Im Ergebnis befasste ich mich sehr intensiv mit mir selbst, um herauszufinden, aus welchen Anteilen ich selbst bestand. Ich wollte meine Motivebene kennen und die Spielebene durchdringen. Die einfach geniale Einteilung in Spiel- und Motivebene geht auf den Psychologen Rainer Sachse zurück, der bei Störungen der Persönlichkeit diese

Aufteilung entwickelte.[3] Phänomene der Aufteilung und Spaltung sind eh typisch für jemanden mit Narzissmus, darauf gehe ich später ausführlicher ein.

Zunächst aber die genial einfache Aufteilung nach Professor Sachse, die ich mit eigenen Worten hier vereinfacht abbilde.

Einerseits tritt jede Persönlichkeit auf der Spielebene in Kontakt mit anderen, schickt diese Spielebene voraus und zeigt sich auch nur darin. Dahinter verborgen und durch die Spielebene verschleiert liegt die Motivebene. Diese beherbergt innerste unbewusste oder bewusste starke Bedürfnisse. Psychologen nennen starke innere Bedürfnisse auch Motive. Diese Motive können sehr mächtig sein, sie sind unbewusst oder teilweise unbewusst und im Unbewussten gehalten, also abgewehrt und nicht immer wahrgenommen. Motive wirken dennoch und sind irgendwie erkennbar, aber zeigen sich undeutlich. Motive können auch innerlich miteinander streiten und schwere Konflikte auslösen. Weil Konflikte megaunangenehm für die Psyche sind, wird das alles aktiv von der Psyche verdrängt und unbewusst gehalten.

Als Therapeut mit Hang zum Analysieren freue ich mich immer diebisch auf diese unbewussten Konflikte meiner Klienten! Denn es ist wirklich heilsam, diese Konflikte und Motive ans Tageslicht zu befördern. Aber zuvor muss ich mich in der Psychotherapie sehr lange, oft über Stunden, manchmal über Monate, mit der Spielebene abfinden. Für mich ist die Spielebene so was wie das Theaterstück, das aufgeführt wird. Die Motivebene ist der Autor des Theaterstücks, der still hinter der Bühne hockt und hofft, dass das Spiel dem Publikum gefällt und er dafür geliebt wird.

Die Narzissmus-Kur

Ich wollte klar herausfinden, zu welchem Typ Narzisst ich gehörte. Welches Spiel ich spielte. War es bereits krankhaft? Dafür musste ich zwingend meine unbewussten Verhaltensweisen klar fassen. Es bemerken, wenn ich verletzend zu anderen war. Es sehen, wenn ich über Grenzen ging. Es reflektieren, wenn ich wieder beleidigt war. Dabei schälte sich eine klare Zielformulierung heraus: Ich wollte authentisch sein. Ich sein. So sein, wie ich wirklich war. Die Spielebene etwas aufgeben, die Motive erkennen.

Die »Narzissmus-Kur« dauert Jahre. Der Narzisst muss dabei vieles lernen. Weil der Narzisst lernen muss zu spüren, dauert es extrem lange. Empathie für sich selbst zu entwickeln ist der entscheidende Schritt, aber auch Empathie für die anderen zu empfinden. Für alle Opfer, im Inneren wie im Äußeren.

Die Angehörigen von Narzissten brauchen lange, bis sie die Gebrauchsanleitung für einen Narzissten draufhaben und das Regelwerk durchblicken.

Im Fall meiner Ehe brauchten wir beide etwa gleich lange. Also, ähm ... ich hatte natürlich den tieferen Einblick in mein Selbst. Carlota sah mir zwar nur dabei zu. Das half mir aber dabei. Sie war, ich kann es kaum aussprechen ... *wichtig*.

Wie gesagt geht es mir dadurch viel besser. Im Unterschied zu den extremeren Ego-Typen, die sich damit brüsten, wie toll sie sind, achte ich peinlich genau darauf, nicht zu prahlerisch zu sein. Ich unterscheide mich an dieser Stelle gehörig von den nervigeren Narzissten auf der anderen Seite des Spektrums, den selbstverliebten Blendern, den bühnenreifen Posern und den kriminellen Hochstaplern und politischen Größenwahnsinnigen, die mit ihren Grenzüberschreitungen und ihrem unstillbaren Hunger irgendwie davonkommen.

Zu dieser radikalen Sorte unangenehmer Nachbarn zähle ich mich nicht. Meine Form des Narzissmus war eine leichte, verträgliche Variante ...

»Das kann ich bestätigen, Schatz! Wäre ja schlimm sonst«, sagte Carlota mit einem Augenzwinkern. Sie mochte diese schillernde Seite an mir. Ganz offensichtlich ...

Bin ich nur manchmal nervig?

Ich bin kompliziert. Meine Frau sieht das anders: »Ah! Da ist er ja wieder, mein nerviger Mann!« Aber wie bin ich denn nun? Das ist schräg für mich, das so dezidiert aufzuschreiben, aber ich benutze mich als Anschauungsobjekt, um den Fall zu beschreiben. Auf expliziten Wunsch meiner Verlegerin. Die Idee ist gut. Mache ich gern. Um zu beschreiben, wie das ist, auf der anderen Seite zu stehen und von dort zu berichten. Gewissermaßen im Feld des Feindes zu stehen und in der Lage zu sein, von dort zu berichten.

Niemand will mit Arschlöchern zu tun haben. Aber die positiven Kräfte der Persönlichkeit nutzen, das schon! Das ist das Narrativ jeder psychotherapeutischen Reise. Die ja auch eine Art Heldenreise ist. Oder Antiheldenreise, wie man es nimmt. Auf meinem Weg, das Gute vom weniger Guten zu unterscheiden, habe ich gelernt, mit dem Phänomen Narzissmus umzugehen.

Ich habe auch gelernt, wie es Opfern narzisstischer Menschen geht. Narzissten zerstören Menschen. Zerstören klingt so hart und endgültig. Narzissmus-Opfer bestätigen, wie zerstörerisch die Beziehung zu einem narzisstischen Partner ist. Viele berichten von bleibenden Schäden wie nach einer Traumatisierung. Zerstörung meint nicht allein, dass extreme Narzissten andere ständig abwerten und den Selbstwert des anderen zerklüften und zum Einsturz bringen, sondern es meint auch, dass Narzissten über Leichen gehen, dass sie andere sauber aus dem Weg räumen, wenn diese im Weg stehen, und sich in Beziehungen wie eine emotionale Zecke verhalten. Emotional saugen, bis der andere leer gesaugt, erschöpft, zerbröselt und nicht mehr da ist. So sehr, dass der Narzisst schließlich der Einzige ist, der seinem Opfer Form und Struktur gibt und die Deutungshoheit besitzt. Die Macht.

Narzissmus führt zu gegenseitigen Spiegelungen und Verdrehungen, bis zu einer sadistisch-masochistischen Entwicklung. Bis zum Missbrauch. Bis zum Totschlag und Mord.

Narzissten kapern den anderen wie Piraten. Automatisch besetzen sie die Persönlichkeit des anderen und verschieben die Grenzen auf Kosten des Opfers. Auch das ist Teil der Zerstörung des anderen. Die massive Besetzung einer Person durch einen Narzissten ist wie eine feindliche Übernahme. Daran leiden sehr viele Menschen. Frappierend! Ihr Leiden ist den Opfern häufig völlig unbewusst.

Warum lassen Opfer von Narzissmus so häufig solche Prozeduren über sich ergehen? Weil sie aufgrund ihrer eigenen Biografie gelernt haben, das Furchtbare zu normalisieren. Es ist für viele Opfer völlig normal, Opfer zu sein, wenn sie mit Grenzüberschreitungen und eventuell noch krasseren Traumata aufgewachsen sind. Ein gefundenes Fressen für das narzisstische Raubtier!

Als Therapeut habe ich gelernt, den heißen Feuersturm des einzelnen Narzissten zu überleben und den Opfern narzisstischer Menschen die Augen zu öffnen. Es gibt da zwei große Optionen: Trennung oder Zusammenbleiben. Wer verlässt wen, wenn die gegenseitigen Verletzungen zu groß werden? Wer muss sich verändern, um zu bleiben? Hier ruhen interessante Tabus, einerseits der gehörnte Mann, der Mann als Opfer einer narzisstischen Frau und die Tatsache, dass es viel mehr narzisstische Frauen als angenommen gibt. Aber das sind nur die Ausnahmen der Regel. Narzissmus ist männlich.

»Also«, sagte ich meiner Frau Carlota, »lass uns die alten Sachen mal der Reihe nach durchgehen.« Und so taten wir, ich zog das kaputte Fotoalbum aus dem Regal und setzte mich feierlich mit meiner Frau auf unser großes Sofa im Wohnzimmer. Wir schlugen behutsam die vergilbten Seiten auf.

»So süß, da warst du noch lieb!«, hörte ich meine Frau sagen und lachen.

Kinderseelen sind narzisstisch

Es war die Vergangenheit, auf die ich nun mit den Augen des Erwachsenen blickte. Ich kannte zwar Babyfotos von mir, in den Armen meiner Eltern, wie ich in die Fotokamera glotzte und meine dunklen, großen Augen voller Sehnsucht waren. Alle freuten sich, dass ich da war! Es war die Zeit brauner Cordhosen und beiger Raufasertapete. Es waren die 70er-Jahre.

Pablos Eltern waren ein Repräsentant einer politischen Stiftung und eine Sprachlehrerin sowie Lyrikerin. Pablos Eltern waren in ihren Dreißigern und träumten von einer Laufbahn im Ausland. Sie hatten Fernweh und hofften, bald der gemütlichen Enge bundesrepublikanischer Hauptstadtidylle zu entfliehen, um in die große weite Welt aufzubrechen. Dorthin zurück, wo sie sich Ende der 60er-Jahre kennen- und lieben gelernt hatten: nach Südamerika!

Eine Sammlung loser Geburtstagswunschkarten rutschte aus dem Album heraus.

»Wo bist du geboren? Venusberg?«, fragte mich Carlota und las eine Karte vor.

»Auf dem Venusberg!«, antwortete ich stolz. Nicht Venushügel, sondern auf dem Berg der Venus höchstpersönlich. Universitätsklinik. Kein Wunder, Klein Pablo hatte als Kind nicht viele Freunde. Nur die Kameraden, die wahrhaftig hinter seine Schutzhülle aus Arroganz und Stolz blicken durften, schloss er in sein Herz. Solche mit *Niveau*. Die anderen waren egal.

Carlota wandte ein: »Aber dafür kannst du doch nichts, wo du geboren bist und wo du lebst. Das ist doch keine Leistung, nur

Zufall!« Für mich bedeutet auf dem Venusberg geboren zu sein und in Buenos Aires, Argentinien, gelebt zu haben eine viel zu frühe Überhöhung des unreifen kindlichen Selbst.

Aber hey, ist doch cool! Noch heute werde ich von vielen dafür bestaunt, dort in der Ferne aufgewachsen zu sein. *So what!?* Was nun in mir passiert, ist zweierlei. Selbstabwertung und Selbstüberhöhung in einem. Ich nehme mich einerseits als etwas Besonderes wahr und spreche es auch an, um mich in diesem Vorgang besonders zu fühlen. Im selben Atemzug aber zerstöre ich diese Überhöhung wieder mit einem abfälligen »So what!?« und werte damit meine Identität ab. Das ist selbstzerstörerisch. Bin halt da aufgewachsen, na und? Diese sehr schnelle Auf- und Abwertung meiner Selbst ist ein Merkmal der Selbstbewertungsstörung. Ich kann es einfach nicht stehen lassen, dass ich in Südamerika aufgewachsen bin. Fertig. Kann ich nicht. Muss ich immer wieder kommentieren, wenn das Thema auf den Tisch kommt. Es zu akzeptieren fällt mir schwer. Unerträglich, mich immer mit mir selbst befassen zu müssen. Ich kann nicht loslassen. Echt schwer. Weiterhin.

Als der kleine Pablo in Buenos Aires lebte, schoss er sehr gerne den Gummiball hoch gegen die Gartenmauer und wartete, bis er wieder zurückprallte. Die hohe rotbraune Gartenmauer aus Klinker war wie das Gegenüber, in dem ich mich spiegelte. Eine wunderbare Metapher für mich selbst, der sich nur spürte, wenn der Ball wieder zurückprallte und in mein Feld fiel. Ohne die Mauer vor mir wäre der Ball (und auch die Wahrnehmung) für mich weg. Mit dieser Mauer kam auch die Erfahrung, die mich bestätigte. Ich warf den Ball, der Ball kam zurück. Alles richtig gemacht. Der Ball flog zurück. Ich spürte mich. Dieses Spiel konnte ich stundenlang spielen.

Was sich in mir als Grundschüler bald etablierte und festigte, war noch etwas Zweites: die hungrigste aller Sehnsüchte, die mächtigste aller Überhöhungen. Ich war auf der Suche nach

Anerkennung. Auf der Suche nach einem Freund, der mir diese Anerkennung lieferte, der mich zutiefst verstand und der genau so sein sollte, wie ich mir das wünschte. Ich würde diesen ersehnten Freund einladen, hinter meine Spielebene zu blicken. Ihn zu mir nach Hause einladen. In meinen Garten, zum Fußballspielen. Aber ich hatte damals keine Gelegenheit, eine Beziehung langfristig aufzubauen. Obschon ich ein gewisses Talent darin hatte, immer die richtigen, passenden Freunde zu finden, verlor ich sie wieder völlig unerwartet. Gute Freunde verschwanden aus meinem Leben, wie ein Riss, als wir sechs Jahre nach unserer Ankunft Südamerika wieder verließen. Ein abrupter Abschied während der drohenden Kriegsgefahr zwischen den Militärdiktaturen in Argentinien und Chile.

Kinderseelen sind verletzlich

Erschütterungen in der Kindheit wirken sich auf die Psyche aus und können einen Menschen narzisstisch prägen. Mobbing. Bullying. Ausgrenzung durch Gleichaltrige, die Erfahrung, verlassen zu sein, emotionale Kälte oder Missbrauch zu erdulden, hallen lange nach. Vernachlässigung oder Verformung des Selbstbilds durch narzisstische Eltern ist ein weiteres häufiges Phänomen.

Kinder können sich ja bekanntlich ihre Eltern oder die Lebenssituationen, in die sie hineingeboren werden, nie aussuchen. Kinder passen sich daher immer an, gehen große Kompromisse ein, um emotional zu überleben, wenn ihre einzigen Bezugspersonen schwierig sind. Früh lernen Kinder, brav und anständig zu sein und zu verdrängen, wenn Eltern schlecht zu ihnen sind. Kinder normalisieren das Entsetzliche. Es ist normal, wenn Papa ein Tyrann ist und wenn Mama sich herzlos zurückzieht. Hier stellt sich das narzisstische Räderwerk ein, eine nach außen großartige Fassade aufzubauen und nach innen einen Albtraum zu leben. Aufgrund der Normalisierung bemerken Kinder ihren Missbrauch nicht. Die *Fähigkeit* zur Wahrnehmungsverzerrung wird auf diese Weise angelegt.[4]

Kinder von narzisstischen Eltern wachsen als Trophäen auf. Schön zum Anschauen, aber leer. Bei mir war das zum Glück nicht so, aber es gab sie, die Momente der Enttäuschung und des Gefühls, zu wenig von dem zu bekommen, auf das ich meinte, als Kind Anspruch zu haben, weil ich doch einerseits irgendwie wichtig war, aber dennoch manchmal zu wenig Liebe, zu wenig Wärme, zu wenig Herzlichkeit bekam. Bei mir gab es eine merkwürdige Mischung aus zu viel Liebe und Aufmerksamkeit einerseits und zu wenig Liebe andererseits. Es war gut, ja, es war sogar sehr oft wirklich gut, was ich von meinen Eltern bekam, aber manchmal war das, was ich bekam, emotional nicht immer das, was ich damals erwartete.

Ich will hier keinen falschen Eindruck hinterlassen, meine jüngere Schwester und ich haben die besten Eltern, die es gibt! Wir lachen, haben intensive, kluge und emotionale Diskussionen, reiben uns die Köpfe und genießen einander. Aber ich hatte etwas in mir, das unausgefüllt blieb, etwas, worum man sich nicht genug gekümmert hat.

»Ich glaube nicht, dass du zu wenig bekommen hast. Ich glaube, dass du zu viel bekommen hast! Zu viel Liebe! Zu viel von allem! Verwöhnte Bratze!«, schimpfte Carlota.

»Ich bin doch keine hässliche, grobe, arrogante Frau ...«

»Doch, bist du!«

Was zunächst über viele Jahre und Jahrzehnte unbewusst in mir wirkte und mir erst sehr viel später im Laufe meines Lebens klar wurde, war die Sehnsucht nach der Anerkennung für all das Besondere, was ich glaubte zu sein. Es war aber im Grunde genommen nur diese riesengroße Sehnsucht nach Liebe, die ich mit der Gier nach Anerkennung verwechselte. Diese Vertauschung zweier Ebenen, nämlich die der persönlichen Beziehungsebene (Suche nach Anerkennung) mit der Ebene innerer Motive (Bedürfnis nach Liebe), die ich bereits als Kind schon aus Unsicherheit vor dem Blick der anderen verbarg, führte zwangsläufig zur Etablierung eines narzisstischen Musters in mir. Es fühlte sich wie eine Jagd an, unbedingt etwas zu wollen und nicht zu kapieren, was ich tatsächlich brauchte und wirklich war.

Zur Info: Falltüren und Tretminen

Es gibt zwei Narzissmus-Fallen und ein sehr brenzliges Risiko. Die Angst vor der eigenen Bedeutungslosigkeit und die unstillbare Gier nach Anerkennung. Der Narzisst tritt regelmäßig in diese Falltüren. Das viel gefährlichere Motiv jedoch ist Rache. Wegen tiefgehender früher Kränkungen ist der Narzisst bereit, heute heimzuzahlen, was ihm vor Jahren und Jahrzehnten angetan wurde. Obacht vor diesen Tretminen! Narzissten können deshalb so treffsicher Menschen abwerten, weil sie es selbst so erlebt haben.

Ich hatte erst sehr spät im Leben verstanden, dass ich als Erwachsener selbst dafür verantwortlich bin, meine Emotionen und Bedürfnisse zu regulieren, und dass nicht jemand anderes außer mir dafür die Verantwortung trug. Dass nicht jemand anderes schuldig war. Dass die Eltern nicht an allem schuld sein konnten.

Seelennahrung: der anerkennende Blick

Dennoch suchte ich immer wieder genau bei meinen Eltern diese besondere Anerkennung und verfolgte die Spur vergangener Fehler. Evolutionspsychologisch ist es unmöglich, dass Eltern die ideale Anerkennung liefern. Die Eltern werden sich wohl fragen, was denkt er, der Kleine, und was braucht er wohl? Die besondere Anerkennung, die perfekt zum Persönlichkeitsprofil passt, ist unbekannt. Daher muss sich der Sprössling irgendwann aus dem Nest lösen und die große weite Welt allein erkunden. Auf der Suche nach der Quelle für sein spezifisches Bedürfnis. Das jedoch hatte ich noch nicht verstanden.

Aus der Psychoanalyse weiß ich heute, dass allein der anerkennende Blick des anderen ausreicht, diese Sehnsucht zu stillen. Ganz gleich wofür: Der anerkennende Blick ist wichtig für unseren Selbstwert. Vielleicht war es das, was mir fehlte. Der anerkennende Blick für das, was ich wirklich war, und nicht für das, was ich sein sollte. Meine Frau Carlota hatte das irgendwie verstanden. Sie zeigte sich ganz entspannt und kaufte sich bei Enttäuschungen oder Kränkungen zur Selbstregulierung einfach ein neues Kleid. Das reichte ihr als Anerkennung. Ich hätte mir zehn Kleider kaufen müssen und wäre immer noch nicht satt geworden.

»Du willst dir Kleider kaufen?«, fragte meine Frau Carlota und ließ das Manuskript auf die Couch niederplumpsen. Sie hatte sich an mich gekuschelt, wie ich es mochte. Als sie zu mir heraufsah, erkannte ich an ihrem spöttischen Grinsen, wie die Frage gemeint war. Doch ich fand den Kleidervergleich ganz gut.

Ich fasse zusammen: Eine narzisstische Person lernt sehr früh, etwas Besonderes zu sein, eine besondere Wichtigkeit zu haben und im Kern eine alte, unbekannte oder wenig bewusste Scharte, eine Verletzung, eine Wunde zu tragen. Ein altes unangenehmes Gefühl. Eine düstere, vage Erinnerung. Hierum baut sich der Narzisst seine zweite, schützende und abschirmende Schicht, ein zweites Selbst, das in der Welt sehr gut klarkommt und alles tut, was von ihm verlangt wird, und alles einsammelt, was es bekommen kann. Das bedürftige innere Selbst wird jedoch durch das, was das äußere Selbst in mühevoller Arbeit heranschafft, nicht genährt. Es ist immer zu wenig. Also schaufelt das äußere Selbst mehr und mehr hinein und wächst und wächst, und das innere Selbst bleibt klein und wird von dem ganzen Plunder begraben.

Zur Info: Loser vs. Winner

Eine seelische Wunde kann tief sitzen. Die Korrektur einer solchen erfolgt oft über eine narzisstische Selbstüberhöhung. Jemand, der immer zu wenig bekommt, ist – mit narzisstischer Brutalität formuliert – ein Loser, ein Verlierer. Das innerlich verwundete Kind kehrt seinen Mangel ins Gegenteil um (oder die Eltern tun es). So entsteht eine *anspruchsvolle* und *großartige* Selbstwahrnehmung. Das narzisstische Kind lernt, gefühlt stets zu wenig bekommend, seinen eigenen Ansprüchen nie zu genügen.

Zwar ändert die Selbstüberhöhung oft nichts am faktischen Mangel. Loser und Winner gleichen sich in ihrer Mangelhaftigkeit. Doch wer sich überhöht, sorgt für ein angenehmes Gefühl (und nicht selten nebenbei für angenehme Resultate)! Doch beide, Gewinner und Verlierer, haben das Problem, dass sie gefühlt zu wenig haben. Der Loser hindert sich zum Teil selbst daran, etwas zu probieren. Der Gewinner hat zu hohe Ansprüche, um mit einem Erfolg zufrieden zu sein. Außerdem entwickelt er eine Empathielosigkeit, weil er die Schwäche in anderen wie auch in sich selbst ablehnt. Indem er andere Loser verachtet, begräbt er den Loser in sich. Ein Wiederauftauchen des bedürftigen Losers in ihm wird zornig zurückgedrängt. Er versucht, Fremde zu zerstören, um das, was in ihm schlummert, zu zerstören. Fremdzerstörung wird zur Selbstzerstörung.

Heilung aus dieser Spaltung heraus gibt es nur, wenn eine Versöhnung mit dem inneren, fremd gewordenen Loser erfolgt. Dann kann ein Sinn für das Normale und für Empathie entwickelt werden.

Als ich schon in den Enddreißigern war, sah ich im Bücherregal meiner Eltern ein altes Buch stehen: *Das Drama des begabten Kindes* von Alice Miller, und es traf mich wie ein Blitz. War das der Beweis, dass ich begabt war? War das der Beweis, dass ich etwas Besonderes war? Fühlte sich gut an. Das Wort »Drama« überlas ich. Ich eilte zu meiner Mutter und hielt ihr das Buch hin. »Ach, Mutzelchen«, sprach meine Mutter, tätschelte mein Gesicht, lächelte mich an und sagte: »Komm, es gibt was zu essen!« Hektisch schlug ich das Buch im Exlibris auf, und da stand: »Für unsere kleine Nervensäge Pablito, Weihnachten 1979«.

Ich schlug das Fotoalbum zu und versicherte Carlota, dass ich keine Nervensäge sei. »Doch, bist du!«, korrigierte mich Carlota. Bereits die kleinste Abweichung von meiner inneren Vorstellung einer gedachten Realität war Anlass genug, gekränkt, verletzt, zurückgesetzt und traurig zu reagieren. Ich war offensichtlich schon mit neun Jahren eine Nervensäge? Das muss ich jetzt unbedingt vermeiden, dieses unangenehme Gefühl. Regulieren kann ich das mit Ablenkung. Ich erzähle einfach ganz schnell eine völlig andere Geschichte.

Das »Guter Cop, böser Cop«-Spiel des Narzissten

Eine der berühmtesten Psychoanalytikerinnen, Melanie Klein (1882–1960), etablierte die Theorie der guten, liebevollen und der bösen, strafenden Brust. Sie beobachtete dazu auch ihre eigenen Kinder, entwickelte Grundlegendes zur Psychoanalyse des Kindes und entwarf starke psychoanalytische Modelle, die grundlegend zum Verständnis der narzisstischen Störung sind. Melanie Klein war davon überzeugt, dass der Säugling die Brust seiner Mutter so erlebt, »als sei sie in eine gute (befriedigende) und eine böse (versagende) Brust gespalten«. Diese paranoid-schizoide Spaltung teilt einerseits das Objekt der Begierde, die Mutter, andererseits aber auch das eigene

Selbst und dessen Gefühle entzwei. Nur so entsteht eine strikte Trennung zweier starker Gefühle in uns, und der Säugling richtet seine Liebesregungen auf das eine und seine hasserfüllten Regungen auf das andere Objekt. Hieraus wiederum erwächst die Wahrnehmung, von dem guten Objekt selbst geliebt zu werden, und die Furcht vor dem bösen Objekt, das als feindselig erlebt wird. Diese primäre Spaltung wird als Grundvoraussetzung angesehen, differenziert, also unterschiedlich denken zu können. Erst wenn wir mehrere Standpunkte in unserem Denken einnehmen können, sind wir fähig, Perspektiven zu wechseln und Empathie zu entwickeln.

Übertragen auf die Welt des Narzissten bedeutet die gute, liebende Brust sinnbildlich und tatsächlich zugleich jene narzisstische Zufuhr, die im Narzissten ein gutes Gefühl entstehen lässt. Wer je gesehen hat, wie ein Baby gierig an der mütterlichen Brust saugt, weiß, was ich meine. Eine Mischung aus Gier und Befriedigung beim Saugen am Nippel, der in diesem Augenblick die ganze Welt bedeutet. Entfernt sich diese Quelle oder versiegt sie und entzieht sich dem narzisstischen Saugreflex, verwandelt sich die Brust sofort in eine strafende, in die bösartigste Instanz des gesamten Universums. Dieses Gefühl ist ein schwerer Verrat und schneidet tief hinein in die Seele des Narzissten.

Jetzt ist die Welt in großer Gefahr. Aus liebevoller Zuwendung wird durch eine simple Fortbewegung, nämlich das Ablösen vom Brustnippel der Glückseligkeit, strafende Feindseligkeit. Üble Emotionen schießen nun im Narzissten empor. Vernichtende Angst. Blinde Wut. Eine furchtbare innere Anspannung beherrscht den Narzissten augenblicklich und spaltet ihn. Wird diese »erste Spaltung« im Narzissten unzulänglich gelöst und nicht überwunden, hält sie ein Leben lang an. Fortan wird die Welt in Gutes und Böses, in Richtiges und Falsches, in Oben und Unten und in Schwarz und

Weiß eingeteilt. Hieraus erklärt sich auch die narzisstische Wut des Kindes, die sich bis ins Alter fortsetzt.

»Euch zahl ich's heim!«, mag der kleine Pablo gedacht haben, und sein kindlicher Narzissmus blieb im Morast der Kränkungen stecken. »Ich werde euch allen zeigen, was ich kann!« Das war nicht nur die Geburt einer unglaublichen Motivation, sondern auch die Geburt des Zornes und der Rache. Wie ein Leviathan aus den Untiefen der Seele konnte die Wut auftauchen.

Carlota schwieg, wenn Pablo wütend war. Sie wusste, seine Wutausbrüche waren sehr selten und dafür heftig. Zur Überraschung seiner Freunde, die ihn immer ruhig und entspannt kannten, gelassen, der eine Engelsgeduld hatte und den nichts aus der Ruhe brachte. Nichts? Doch. Der kleine und der große Pablo konnten sehr heftig reagieren, wenn man sie an der richtigen Stelle emotional traf.

Gewaltfreie Kommunikation pervers

Ein Ehemann erhielt den Hinweis seiner Ehefrau, er möge doch gewaltfrei kommunizieren. Er sei verbal zu laut und sehr reizbar. Die Frau besuchte einen Kurs zur gewaltfreien Kommunikation (GFK) und brachte die frohe Kunde in die Ehe. Mit Erfolg, denn der Ehemann reagierte löblich und korrigierte sein Fehlverhalten. Er sprach leise und bedacht. Die Ehefrau bat nun ihren Mann, sein Arbeitszimmer aufzugeben, damit sie darin ihre Nähstube einrichten konnte. Er protestierte lauthals, und sie erinnerte ihn mahnend an die gemeinsame Vereinbarung. Der Druck auf den Ehemann stieg. Schließlich, er war ja ein freundlicher Mann, willigte er ein und verlor sein Arbeitszimmer. Gekränkt zog er auf die Couch ins Wohnzimmer. Lust auf Sex hatte er eh nicht mehr. Der Haussegen hing gewaltig schief. Fortlaufend versuchte der Ehemann, gewaltfrei mit seiner Ehefrau zu kommunizieren.

Er sprach sie darauf an, dass er sich in der Ehe unterdrückt fühle. Doch das ließ die Ehefrau nie gelten. Mit dem Hinweis auf gewaltfreie Kommunikation, wenn ihrem Mann etwas zu laute Worte unkontrolliert durchrutschten, trug sie unzählige Siege davon. Sie zog strafend Konsequenzen, verweigerte ihm nicht nur den ehelichen Beischlaf, sondern jede Form der Zärtlichkeit und liebevollen Begegnung. Das schürte extrem das schlechte Gewissen im Ehemann, vergrößerte seine Schuld- und Angstgefühle. Er wollte nichts falsch machen und seine Ehe nicht gefährden.

Was war geschehen? Unter dem Mäntelchen gewaltfreier Kommunikation übte die Ehefrau monströse Gewalt auf ihren Mann aus. Obwohl nach dem Kurs alles auf Zimmerlautstärke ablief, wurde die Gewalt fortgesetzt. Nur ging die Gewalt nun von einem anderen Akteur aus, von einer mächtigen Narzisstin. Still und leise kam es zur Umkehr der Machtverhältnisse.

»Das ist uns zum Glück nie passiert! Ich fauche dich gleich an, sobald mir was an deinem Verhalten nicht gefällt!«, lachte meine Frau Carlota. »Aber Liebesentzug, das würde ich nie durchgehen lassen. Liebesentzug ist ja unterste Schublade!« Ich stimmte ihr zu. Frauen wurden irgendwann in ihrem Leben aggressiv gegenüber ihren Ehemännern. Noch ein Tabu.

»Mir gefällt, wie sie denkt, diese Ehefrau. Ist sie bei dir in Behandlung?«, fragte Carlota nach. »Darüber kann ich nichts sagen, Schweigepflicht. Oder wenn ich es dir sage, dann müsste ich dich, na ja … erschlagen.«

Nach einer kurzen Minute des Schweigens sagte Carlota: »Immer wenn du dich aufregst, bekommst du eine ganz hohe Stimme! So eine Piepsstimme!« Das stimmte. Das hatte ich nicht im Griff. Aber wenigstens waren damit der verbalen Gewalt, die von mir ausgehen konnte, Grenzen gesetzt. Dafür konnte ich auch dankbar sein.

Tipp: Hilfe bei häuslicher Gewalt

Wenn man angeschrien, erniedrigt oder bedroht wird, dann ist das Gewalt. Verbale Gewalt ist auch Gewalt. Wenn man eingesperrt oder geschlagen wird, dann ist das körperliche Gewalt. Wenn man sexuell oder psychisch unter Druck gesetzt wird, durch Erpressung oder Nötigung, ist das Gewalt. Wer einmal Gewalt erlebt hat, weiß, dass das nicht in Ordnung ist. Machen Sie sich klar, ob Gewalt in Ihrer Beziehung vorherrscht, und sprechen Sie es an. Brauchen Sie Hilfe, dann wenden Sie sich an das Hilfetelefon »Gewalt gegen Frauen« des Familienministeriums (Tel. 08000 116 016) oder an eine örtliche Beratungsstelle. Bei akuter häuslicher Gewalt wenden Sie sich an die Polizei.

Emotionen und Gefühle sind wie Wildpferde und Lämmer

Emotionen sind starke innere Regungen. Emotionen zwingen zur Handlung. Emotionen sind als sechs universelle Regungen klar definiert: Wut, Ekel, Trauer, Freude, Angst und Überraschung. Das sind mächtige Regungen, die einen plötzlich befallen und über die man schwer Kontrolle hat. Die einen Sachen machen lassen und die einen wenig kompetent aussehen lassen. Heftige Emotionen können wir kaum kontrollieren oder zurückhalten. Nur mit großer Anstrengung kontrollieren wir unsere Impulse. Wer die Kontrolle über die starken Handlungsimpulse seiner Emotionen verliert, kommt in Teufels Küche.

Anders ist es mit den vergleichsweise harmlosen Gefühlen. Gefühle sind schwache Mischformen psychischer und körperlicher Erregung. Schwache Gefühle können wir verbergen und sehr gut kontrollieren! Für Narzissten eine fantastische Erfindung. Pokerface! Ich selbst entscheide, ob die anderen sehen, ob ich begeistert, gelassen, froh, besorgt, ängstlich, gelangweilt, nachdenklich, enttäuscht, verwirrt, hassend, verliebt, verärgert, neugierig oder akzeptierend bin.

Angst kann sich als Emotion mit extremer Furcht oder als schwächeres, unangenehmes Gefühl zeigen. Typischerweise löst ein schlechtes Gefühl Vermeidungsverhalten aus. Gute Gefühle lösen aus, dass man sich annähert. Gefühle begleiten ständig unsere Gedankenwelt wie ein Hintergrundrauschen, sind wie ein Messfühler für Stimmungen, die wir beachten können oder auch nicht. Gefühle sind wie eine riesengroße Herde äsender Lämmer, wo ab und zu mal ein Lamm aufschaut, herumspringt, zur Ruhe kommt und weiterkaut. Emotionen aber, die sind wie eine Gruppe Wildpferde, die plötzlich auftauchen, an einem vorbeidonnern oder direkt auf einen zurasen.

Auf das eigene Gefühl in der Gegenwart von Narzissten zu achten ist entscheidend, denn was Narzissten sehr gut können, ist, die Gefühle der anderen zu beeinflussen. Sie geben einem anfangs ein gutes Gefühl und denken zugleich an ihren eigenen Vorteil, um einen damit in Besitz zu nehmen oder beeinflussen zu können. Narzissten können Gefühle sogar in andere Menschen einimpfen. Narzissten können einen spüren lassen, dass man minderwertig ist. Das fühlt sich sehr unangenehm an.

In Gegenwart eines Narzissten muss man also immer auf die eigenen Gefühle achten. Fühle ich mich wohl hier, neben diesem Typen? Welche Gefühle löst der in mir aus? Möchte ich diese Gefühle in mir spüren?

Zur Info: Narzissten mit guter und schlechter Laune

Ob Narzissten gut oder schlecht gelaunt sind – beides nervt! Deren Motto: »Wenn es mir schlecht geht, verhalte ich mich so, dass es den anderen auch schlecht geht. Wenn es mir gut geht, verhalte ich mich so, dass die anderen mich dafür feiern sollen!«

»Du fühlst dich irgendwie arrogant an!«, sagte Carlota einmal zu mir.

»Pah! Nenn es doch, wie du willst!«

Die Selbstbeobachtung in der Nähe eines Narzissten kann uns vorsichtig machen und ein Gefühl der fortwährenden Bedrohung auslösen. Ich kann nur ermuntern, die eigenen Gefühle zu beobachten, um die Beziehung zu einem Narzissten hierüber zu prüfen. Wenn man seine Selbstwahrnehmung in Anwesenheit eines Narzissten nicht übt, findet man nicht heraus, was man in seinem Leben (in seinen Beziehungen) ändern sollte.

Tipp: Mit anderen sprechen und selbstsicher bleiben

Die Selbstbeobachtung, so wichtig sie auch ist, reicht aber nicht aus, um das Leiden unter dem Narzissmus in den Griff zu bekommen. Viele Narzissmus-Geschädigte sind stark damit beschäftigt, ausschließlich sich selbst zu beobachten und zu kontrollieren, auch ja nichts falsch zu machen, um zu vermeiden, vom Narzissten bestraft zu werden. Als wären sie ferngesteuert, suchen sie bei sich selbst nach Fehlern. In der Konsequenz wächst ihre Unsicherheit, ihre Körperreaktionen werden heftiger, und es passieren tatsächlich auch mehr Fehler, weil sie schlicht im Dauerstress sind. Der Narzisst braucht dann seine Opfer nicht mehr fertigzumachen, das erledigen die Verunsicherten schon von selbst.

Versuchen Sie als Narzissmus-Opfer daher, die allzu strenge Selbstkontrolle aufzugeben, es bei einer ruhigen Selbstkontrolle zu belassen und sie mit mehr Selbstvertrauen zu kombinieren. Erzählen Sie die Geschichte weiter, mit der Sie der Narzisst unterdrückt. Vertrauen Sie Ihr Leid anderen Menschen an, statt es nur mit sich selbst auszumachen. Nur so schwindet die Angst vor den Attacken des Narzissten.

»Was wäre, wenn?«, »und weiter?«, »und weiter?«, »und weiter?« Lassen Sie sich von keiner Angst, die der Narzisst Ihnen einredet, in die Irre führen. Gehen Sie so oft durch die Angst-Einflüsterungen hindurch, bis es für Sie langweilig wird. Sie werden feststellen, es gibt immer eine Lösung und eine Möglichkeit mehr für Ihre Sorgen. Die vom Narzissten heraufbeschworene Katastrophe ist nur ein Druckmittel, hat wenig zu tun mit dem Wahrscheinlichen und wird dadurch irrelevant. Sie bekommen mehr Energie, mehr Sicherheit, und es passieren Ihnen weniger Fehler. Weil Sie nichts mehr falsch machen können, denn Angst, Schuldgefühle oder schlechte Stimmung sind nicht mehr Ihr Problem.

Seelenlöcher stopfen

Ein Teil meines Problems wurde immer mehr deutlich. »Pablo, hast du eigentlich Gefühle?«, fragte Carlota und fügte hinzu: »Also, ich meine ... für mich? Ich meine, liebst du mich?«

Ich räusperte mich. Dieses eine zu sagen, was jedes Mädchen hören will, fiel mir verdammt schwer. Ich wusste, es war sozial erwünscht, und viele verbanden damit eine romantische Sicherheit, aber ich konnte das nicht immer sagen. Ich kannte dafür andere Gefühle, die mehr mit Gier und Sucht zu tun hatten. Mit Lust und Verlangen.

»Meinst du Sex?«, fragte ich mit einem ahnungslosen Gesichtsausdruck, und Carlotas Augen wurden groß. Ich grinste sie an: »Natürlich liebe ich dich! Hab dich nur verschaukelt!« Kurz flackerte dieses Glücksgefühl in mir auf, als ich es sagte. Irgendwo in der Mitte meiner Brust. Dann war es wieder weg. Meine emotionalen Reserven waren nicht sehr groß. Zum Glück sah das Carlota nicht, und ich konnte mich ein wenig zwischen den Konventionen verstecken. Ich hatte es gesagt, und damit war alles gesagt. Da war eine emotionale Lücke in mir.

Die Löcher meiner Seele stopfte ich nicht mit Drogenkonsum. Andere Narzissten stopfen ihre Seelenlöcher mit irgendwelchen Gegenständen. Werden leidenschaftliche Sammler von Kunst oder technischen Geräten oder werden zwanghafte Messies, bis sie daran ersticken. Aber eine Sucht hatte ich schon: die Geltungssucht.

Tom und Tina: Kennenlernen und Katastrophe eines Narzisstenpaars

Apropos Geltungssucht. Ich möchte Ihnen nun Tom, den ich am Anfang des Buches erwähnt habe, näher vorstellen. Und natürlich auch seine Frau Tina. Was ich Ihnen nun erzähle, hat sich wirklich so zugetragen, nur dass der Narzisst nicht Tom und seine Frau nicht Tina hieß. Wie schon zu Beginn des Buches angedeutet, bündele ich in den Gestalten Tom und Tina alles Wissenswerte über den Narzissmus. Tom und Tina stehen uns Modell für das Thema Narzissmus und helfen uns, die richtigen Schlussfolgerungen aus dem Phänomen Narzissmus zu ziehen, damit wir lernen, mit Narzissten besser umzugehen, damit wir lernen, uns gegen sie zu behaupten. Wir beginnen diese Liebesgeschichte am besten mit ihrem ungeheuerlichen Ende:

Tom hing an seinem Gleitschirm. Hoch über den Baumspitzen. Er befand sich im Anflug auf sein Haus. Unter seinen Füßen zog der Wald vorbei, und das kleine Dorf kam rasch näher. Seit 14 Jahren lebte er hier mit seiner Frau Tina und seinen zwei Kindern. Tom flog. Ihm gefiel das Gefühl, über allen anderen zu schweben. Unter ihm lagen der Kindergarten, der Brunnen, der Bäcker. Rasch verlor der Gleitschirm an Flughöhe.

Als Tom das rote Dach seines Hauses sah, steuerte er direkt darauf zu. Dreißig Meter über der Dachschräge drehte er eine kunstvolle Schleife und ließ sich dann in die Tiefe abstürzen. Zehn Meter über dem halb geöffneten, sehr großen Oberlicht seines Hauses ließ er den Gleitschirm zusammenklappen. Er legte die Arme an, spitzte die Beine wie für einen athletischen Turmsprung und hielt die Augen weit auf, um alles mit seinem Blick einzufangen. Dabei blieb sein Gesicht ernst.

Das hast du nun davon, dachte Tom. Nach einer Sekunde im freien Fall krachte er durch das schräge Dachfenster und schlug exakt neben seiner schlafenden Ehefrau Tina wie eine Bombe ein.

Tom war ein Narzisst. Er verfehlte seine Frau um nur wenige Zentimeter. In seinem Körper steckten große Glasscherben. Klaffende Wunden, aus denen sofort dunkles Blut quoll. Ein halbes Dutzend seiner Knochen war gebrochen. Tom hatte alles so gewollt. Er hatte den Anflug und Absturz geplant: Spektakulär und schön sollte es enden. Für ihn. Und für seine Frau.

Tom wusste aber nicht, dass Tina an diesem Tag auf seiner Seite des Ehebettes lag. Immer wenn er am Wochenende Gleitschirmfliegen war, schlief sie aus und rollte sich auf seine Seite. Tina lag gern auf Toms Seite. Sie liebte seinen intensiven Körpergeruch. Seinen Duft. Sie wusste nicht genau warum, aber sie liebte diesen Kerl. Auch wenn er ein Arschloch war – er war der Größte für sie.

Doch Tina hatte an diesem Tag offenbar die Regeln geändert. Sie lag nicht dort, wo sie hätte liegen sollen. Toms Plan ging nicht auf. Sich durchs Dachfenster abstürzen zu lassen und beim Aufschlag seine Frau und sich selbst zu töten. Tom überlebte, weil Tina den Notarzt alarmierte und ihm damit das Leben rettete. Tina war auch ein Narzisst. Sie rettete Tom aus purem Egoismus.

Tom wollte selbst im Tod seine Geltungssucht befriedigen und seinen Abgang auf ... nun ja ... möglichst *schillernde* Art inszenieren. Dabei wollte er sogar über die Leiche seiner Frau gehen.

Schon früh leuchtete das Thema Geltungssucht in dieser Beziehung auf, doch wie so oft genügen solche Erkenntnisse nicht, damit die Beteiligten erkennen, mit welcher Sorte Mensch sie es zu tun haben.

Als Tom und Tina sich vor 15 Jahren auf einer Dating-Plattform im Internet kennenlernten, da wussten sie noch nichts von ihrem fatalen Schicksal. Als sie sich kennenlernten, fanden sie sich beide nur blendend und attraktiv. Tom gab an, Autoverkäufer zu sein. Tina Kosmetikerin. Toms Foto zeigte ihn mit Schlips und Anzug. Er sah etwas bieder aus. Tina war hübsch geschminkt und lächelte glücklich in die Kamera.

Tom und Tina verabredeten sich. Tom fand Tina toll und schickte ihr große Liebeserklärungen, was Tina nicht weiter schlimm fand. Auf dieses Love Bombing, das Narzissten typischerweise gern am Anfang einer Beziehung von sich geben, fiel Tina sofort rein und fühlte sich verliebt. Sie kamen rasch zusammen. Die ersten Dates waren Leidenschaft pur, und sie landeten rasch im Bett. Aus der einen Liebesnacht wurden zwei und drei. Sie fanden sich toll, und sie feierten sich. Tina lobte ihren Tom immer, indem sie ihm sagte, dass er toll aussieht. Und Tom tat dasselbe mit Tina. Das reichte beiden, und so wurden sie schnell ein Paar.

Aber Tina ahnte nicht, was sie sich da für einen Kerl geangelt hatte. Es kam ihr nur ein wenig komisch vor, denn die weiteren Dates, die Tom für sie arrangierte, fühlten sich alle wie unverbindliche One-Night-Stands an. Sex hatten sie immer mit eingeschaltetem Licht und vor dem großen Schrankspiegel. Als sie das ansprach, spürte sie sofort, wie seine Stimmung kippte, und instinktiv sagte sie ihm, dass er heute mal wieder gut aussah. Als Kosmetikerin fiel es ihr sehr leicht, so etwas zu sagen. Sofort hellte Toms Stimmung sich auf, und das Thema war vergessen.

Tipp: Loben Sie den Narzissten!
Damit machen Sie sich automatisch zum guten Teil der schrägen Beziehung, zur Quelle des Glückes. Aber passen Sie auf, Ihr Lob muss authentisch und glaubwürdig sein. Heuchelei entlarvt der Narzisst sofort. Der Narzisst hat früh aus Selbstschutz gelernt, Lob zu misstrauen. Loben Sie daher nicht zu überschwänglich, auch das ist unnatürlich. Lob verdient der Narzisst für seinen guten Geschmack, für den tollen Pullover oder die eleganten Schuhe. Ihr Lob muss aber zum Narzissten passen! Loben Sie seine Fotoausrüstung, wenn er eine teure hat. Machen Sie nach dem Lob eine bewusste Pause von ein paar Sekunden und beobachten Sie die Reaktion des Narzissten. Lassen Sie das Dopamin, das Glückshormon, im Narzissten Feste feiern, lassen Sie ihn Glück durch Anerkennung spüren. Wenn Sie das unregelmäßig, aber immer wieder mal machen, wird der Narzisst Ihnen aus der Hand »fressen« und Sie mit seinen Angriffen verschonen. Bitte nicht überrascht lachen, wenn es funktioniert! Sondern lenken Sie Ihren Lachimpuls in eine gemeinsame Freude um. Das wird der Narzisst auch toll finden. Übrigens: Mit Lob können Sie einen instabilen Narzissten, der gerade eine Krise hat, schnell wieder stabilisieren. Selbst wenn es Ihnen schwerfällt: Lob ist ein Trick, der Sie kurzfristig beschützt und Ihnen Luft verschafft. Beschwichtigen sollten Sie einen Narzissten nie. Das beleidigt seine Intelligenz.

In der Verarbeitung von Emotionen und Gefühlen unterlaufen dem Narzissten ständig Fehler. Gefühle müssen bekanntlich verdaut werden. Sonst schlagen sie einem ja auf den Magen. Ein Narzisst geht damit wie folgt um: Die eigenen negativen Emotionen verbindet der Narzisst wie ein unreifer Säugling mit dem Auslöser der Emotion, dem anderen und eben nicht mit dem Erzeuger der emotionalen Reaktion, mit sich selbst.

Beispiel: Carlota ärgert mich, ich bin wütend auf Carlota. Eigentlich ist es aber so: Carlota tut oder sagt etwas, was in mir eine Emotion auslöst. Wütende Wildpferde im Galopp. Statt Carlota deswegen gram zu sein und ihr die Schuld an meinem schlechten inneren Gefühl zu geben, sollte ich mich zunächst selbst fragen, welche Grenze Carlota da bei mir überschritten hat und wie ich damit klarkomme.

Ärger wird typischerweise immer dann ausgelöst, wenn andere über eine – für sie oft unsichtbare – Grenze gehen. So weit ist das eine sehr sinnvolle Einrichtung, denn eigentlich dient Ärger der Vermeidung von schlechten Erfahrungen. Bei einem Narzissten sind diese Grenzen falsch ausgelegt oder eben viel zu sensibel. Bei der kleinsten Annäherung schlagen die Grenzsoldaten Alarm.

»Ich bin der Meinung, dass ich mich im Haushalt nicht engagieren brauche, das habe ich als Baby ja auch nicht getan. Warum also jetzt? Du zerstörst mein Glück, wenn ich die Spülmaschine ausräumen und wieder einräumen muss!«, klagte ich, als das Thema »Beteiligung am Haushalt« anstand.

»Das hast du jetzt nicht gesagt, oder?«, fragte Carlota.

»Doch. Ich muss ja so was Narzisstisches sagen, schon allein für mein Buch! Damit ich authentisch wirke. Pah!«

Im Unterschied zu einem reifen Erwachsenen kann ein unreifer narzisstischer Mensch den Mangel nicht aushalten, der entsteht, wenn die Quelle des Glückes versiegt. Ein Narzisst fängt wie ein Kleinkind an zu schreien, zu toben, zu schimpfen und sich zu beklagen, sobald die Quelle verschwunden ist, und projiziert damit den Zorn und den Ärger, den er selbst in sich nicht kontrollieren kann, auf das Objekt, auf den oder auf die andere, die sich entzogen hat und die nicht mehr da ist. Umgekehrt wäre es reifer und besser für den Säugling zu verstehen, dass es im Leben Zustände des Mangels und Zustände der Fülle gibt und auch Zwischenzustände, in denen das Glück nur ein wenig da ist oder in denen der Mangel nur ein vorübergehender Umstand ist.

Zu kapieren, dass es die eigene Unzulänglichkeit ist, die den Ärger freisetzt, ist eine echte Zeitenwende im Denken des Säuglings. Irgendwann versteht das der Säugling. Aber ein Narzisst nicht. Diese Wellenbewegung zwischen dem Normalen und Extremen kann ein narzisstisch unreifer Mensch nicht aushalten und gerät psychisch unter einen hohen Druck, der sich in einer starken emotionalen Reaktion entlädt. Daher spricht man auch beim Narzissmus von einer »frühen Störung«, denn sie etabliert sich in den ersten Lebensjahren und wird nie aufgelöst.

Alles Psychopathen?

Steckt in jedem Narzissten ein Hitler? Nicht doch, es gibt auch nette Narzissten!

Ich, nun ... *liebe* Psychopathen. Na ja, nicht tatsächlich, aber ich finde sie faszinierend. Weil ich – ehrlich gesagt – auch Züge in mir gefunden habe, die typisch für Psychopathen sind. Aus wissenschaftlicher Sicht ist es auch nicht erstaunlich, dass es Ähnlichkeiten zwischen Psychopathen und den sogenannten Normalen gibt: Sehr viel ist eben eine Frage des Härtegrads. Sigmund Freud konnte seine Psychoanalyse erst auf »normale« Patienten ausweiten, nachdem er sich mit vielen Härtefällen, damals »Hysteriker« genannt, beschäftigt hatte.

Wo war ich? Ach ja, bei den Psychopathen. Psychopathen lieben den »Kick«. Ich zum Beispiel komme erst so richtig in Fahrt, wenn ich unter Druck gerate, also wenn wirklich etwas auf dem Spiel steht. Dann erst lege ich los, und das stimuliert mich. Dass ich gut im Prokrastinieren bin, ist ja schon angeklungen. Manchmal habe ich sogar den Eindruck, dass ich absichtlich die Sachen vor mir herschiebe, weil ich sehen will, wie die anderen darauf reagieren, und weil ich dann kurz vor knapp es doch noch irgendwie hinbekomme. Oder auch nicht. Aber das ist mir, so ganz im Grunde meiner dunklen Seele, dann vielleicht auch egal.

Ein Merkmal der Psychopathie besteht also darin, stimulierende Situationen aufzusuchen oder selbst auszulösen. Nicht weil ich ständig in einem erregten Zustand umherirren will, wie berauscht von mir selbst, nein, aus einem anderen Grund. Weil ich durchgehend extrem tiefenentspannt bin, brauche ich ab und zu mal so eine richtige Stimulation, um mich zu spüren. Wenn die anderen meinetwegen verrücktspielen, fühle ich mich irgendwie lebendig. Diese extreme Entspanntheit, die sich wie Gleichgültigkeit für andere anfühlen musste, hatte schon meine Eltern zur Weißglut gebracht, wie sie mir oft sagten.

Ich mag Extreme. Vielleicht weil ich früh gelernt habe und irgendwie weiß: Es gibt eigentlich keine Katastrophen. Na ja, es gibt sie schon, aber nicht in dem Ausmaß. Der einzige Grund für mich, vielleicht in Panik zu geraten, ist der plötzliche Tod oder eine schlimme Erkrankung oder bei anderen, die mir wichtig sind, wirklich schlecht wegzukommen. Oder wegen meiner Bemühungen, alles zu schaffen, zu scheitern.

In meiner Familie, die schon viel erlebt hat, kultivierten wir beispielsweise die Idee, dass Egoismus eine schwere Verfehlung ist, dennoch blieb das Phänomen Egoismus bei uns bestehen.

»Das kleine Wörtchen ›ich‹ sollte man verbieten!«, schrie mein Opa Fritz durch die Wohnung. »Ich weiß!«, rief meine Oma Rita zurück und legte Patience: Kartenspiele waren ihr Ding. Die Sätze meiner Oma fingen zu oft mit »ich« an, und das trieb meinen Opa in Rage. Denn er wusste, in welchem Wahnsinn Egozentrismus enden konnte. Waren meine Großeltern doch vor dem größten und gefährlichsten Narzissten aller Zeiten geflohen, um ihr Leben zu retten: Adolf Hitler. Seit Hitler wird Narzissmus mit der bösartigsten Variante, dem malignen Narzissmus, gleichgesetzt. Fälschlicherweise, wie ich im Laufe meiner Laufbahn als Psychiater lernen sollte.

Für viele Kriegsopfer und Überlebende war Egoismus verpönt. Meine Familie mütterlicherseits gehörte zu den Überlebenden. Mein Großonkel Egon und meine Großtante Ilse kamen im Frühjahr 1943 ins Konzentrationslager von Auschwitz, wo sie ermordet wurden. Ich habe das still und achtsam in mir verinnerlicht. Aus meiner Historie habe ich gelernt: Wer egoistisch ist, disqualifiziert sich. Kooperation ist wichtig. Überlebenswichtig. So auch in meiner Familie. Aber das hielt nicht lange an. Denn die deutsche Nachkriegsgeneration traute sich bald wieder etwas mehr Selbstbewusstsein zu, und die Generation X der 70er-Jahre, zu der ich gehöre, wuchs in dem Bewusstsein auf, dass sie supertoll war. Die furchtbaren Jahre des zerstörerischen, nationalsozialistischen Narzissmus lagen weit zurück. All dies und natürlich auch die Liebe und Verwöhnung meiner Mutter floss mit in mein Selbstbewusstsein ein und formte es aus. Etwa wenn ich am leeren Küchentisch saß und meiner Mutter beim Kochen der Nudeln in der Küche zusah. Gierig und hungrig wartete ich auf meine Nudeln.

»Mama«, rief meine Mutter deren Mutter zu und trug die dampfende Spaghetti-Schale auf: »Hilf doch mal beim Tischdecken, bitte!«

»Ich habe doch irgendwo meine Patiencekarten liegen gelassen«, schimpfte meine Oma aus dem Schlafzimmer.

»Ich, ich und wieder nur ich!«, brummte mein Opa aus dem Flur, kam hinzu, setzte sich an den Tisch und schenkte sich selbst ein großes Glas Limonade ein.

»Kann ich auch haben?«, hörte ich mich leise fragen. Aber mein Glas blieb leer. Als kleiner Junge saß ich mit meinen fünf Jahren mit am Tisch und beobachtete das Geschehen, ohne zu wissen, dass ich es hier mit einem narzisstischen Phänomen zu tun hatte. Da klatschte meine Mutter mir eine Riesenportion Nudeln auf den Teller. Ich fing sofort an und schaufelte sie in mich hinein.

Als ich etwa zwölf Jahre alt war, erschütterte mich, als ein Erwachsener mich unfreundlich mit einer Sache konfrontierte. Er sagte, dass ich sehr arrogant sei. »Pah! Nennen Sie es doch, wie Sie wollen!«, rief ich erschrocken zurück. Ich war bestürzt, denn ich hatte meine Arroganz nicht bemerkt. Ich konnte also nicht nur nett, sondern auch überheblich, eingebildet und besserwisserisch sein. Ich hatte das Syndrom der Arroganz. Ich fragte mich sofort, wie ich es wieder loswerden konnte. Weil es ja in unserer Familie verpönt war, narzisstisch oder gar arrogant zu sein.

Trotzdem bin ich so geworden. Wie war das möglich? Es war in mir angelegt und machte mich nicht sympathisch. Das musste ich ändern. Merkwürdig, da gab es also etwas, was andere wahrnahmen, aber man selbst bemerkte es nicht. Merkwürdig war auch, dass ich nicht wusste, woher ich es hatte. Mir fehlte da ein Stück Information über mich selbst. In meiner psychologischen Ausbildung bekam dieser ganze Komplex einen Namen: Narzissmus.

Nette Narzissten

Hatte ich also doch etwas dieser verpönten Eigenschaft in mir! Das war die Erkenntnis nach vielen Stunden Analyse. Ja, ich hatte etwas Narzisstisches in mir. Ich erkannte aber nur zögerlich und mühsam die Gründe, warum ich dieses Muster in mir trug. Nur schrittweise gelang es mir, das Geheimnis hinter dem eigenen Narzissmus für mich zu entschlüsseln. Ein Mysterium. Dahinterzukommen war für mich spannend und erhellend, und seitdem ich diese Entdeckungsreise unternehme, treffe ich auf immer mehr unterschiedliche Typen von Narzissmus. Meine Familie hatte zwar die Folgen des bösartigsten aller Narzissten überlebt, aber selbst eine eigene Art des Narzissmus hervorgebracht, die sich deutlich von der gefährlichen Variante unterschied: den netten Narzissmus.

Nette Narzissten sind umsichtig und freundlich. Werden sie aber zu wenig beachtet, dann sticht es leicht in ihrer Brust. Sie geben die Hoffnung und die Sehnsucht nie auf, sehr bald ihren magischen Moment zu haben, wenn sie im Mittelpunkt stehen. Sie freuen sich, etwas zu leisten und andere damit zu erfreuen. Ihr Drang ist es nicht, andere abzuwerten und kleinzuhalten, denn sie wachsen mit dem, was sie erschaffen, über sich und andere hinaus. Obgleich bemüht, ein Niveau zu halten und sich von der Last der Primitiven zu befreien, scheitern sie, dann und wann, und sind dann still beschämt und abseits.

»Das hast du schön geschrieben, Pablo!«, sagte meine Frau und legte mein Manuskript zur Seite.

»Findest du?«, fragte ich sie keck und musste sogleich nachschieben: »Was denn *genau?*«

»Ach, Schatz!«, antwortete sie klug.

Ich schritt auf meiner Heldenreise munter voran im bunten Land des Narzissmus und war auf allerlei Variationen des einen typischen Verhaltensmusters gespannt. Im Lehrbuch stand seine Definition, aber in der Realität gab es lustige und weniger lustige Exemplare.

Ende der 90er-Jahre, als ich die Universität hinter mir ließ und Arzt in der Psychiatrie wurde, galt Narzissmus als weltweite Epidemie. Eine große US-amerikanische Studie suggerierte dies, denn es wurde zum ersten Mal ein großer Narzissmus-Test an Studenten durchgeführt.[5] Aber die Schlussfolgerung der Studie war ein Irrtum. Es gab keine Epidemie. Denn Narzissmus ist natürlicherweise bei jungen Menschen angelegt. Jeder Student, der einen Studienplatz ergattert hat und endlich frei von zu Hause ist, sich selbst entfalten kann und diese Energie des Neubeginns in sich spürt, ist auf natürliche Art narzisstisch. Das ist der notwendige Narzissmus.

Steigerung: der maligne Narzissmus und die dunkle Triade

In meiner Ausbildung zum Tiefenpsychologen hörte ich von erfahrenen Kollegen immer wieder mal Schlagworte, die mich faszinierten. »Narzisstische Kränkung«, »Narzisstische Depression« oder »Reaktive Depression auf die narzisstische Kränkung«, wenn sich eine Person das Leben genommen hatte oder eine schwere depressive Phase hatte und lebensmüde war. Dahinter, so meine fachärztlichen Kollegen, könnte eine »schwere narzisstische Störung« stecken. Narzissmus konnte also nicht nur gefährlich für andere, sondern auch tödlich für einen selbst sein. Das konnte auch die Netten unter uns treffen. Der tödliche Narzissmus, da war er wieder.

Das Ulkige an meiner Zeit in der Psychiatrie war, dass ich besonders gut mit den Narzissten klarkam. Jede Menge Narzissten, auch Straftäter kreuzten meinen Weg. Als junger Stationsarzt in der geschlossenen Abteilung lernte ich Menschen kennen, die aus purer Selbstgerechtigkeit sich und andere in große Gefahr brachten. Das war der giftige, toxische Narzissmus. Der Psychoanalytiker Erich Fromm (1900–1980) hatte ihn erstmals nach dem Krieg beschrieben und ihn eindeutig auf Adolf Hitler gemünzt.

Der übelste aller Narzissmen zeichnet sich durch die Kombination menschlichen Bodensatzes aus. Ein Teil besteht aus Narzissmus, wie er im Lehrbuch steht: also ein empathieloser, selbstbezogener Narzissmus. Dieser, womöglich ohne eigene Leistungsbereitschaft zu zeigen, von der eigenen Wichtigkeit und Richtigkeit so extrem und unangenehm überzeugt, paart sich mit den Zügen antisozialer Persönlichkeiten. Diese sind in ihrer üblen Form meistens extrem grenzverletzend, gnadenlos und kriminell in ihrem Handeln, weil für solche Menschen weder Gesetze noch soziale Regeln gelten.

Die toxischen Narzissten sind zudem gewiefte Manipulierer, die versuchen, am Ende alles so aussehen zu lassen, als wären sie für das angerichtete Chaos nicht verantwortlich. Aberwitzig: Sie glauben sogar ihre eigenen Lügengeschichten. Toxische Narzissten sind leider auch bereit, Gewalt anzuwenden, und haben ihre Impulse nicht im Griff. Sie lieben es, sich zu prügeln. Viele dieser Sorte werden straffällig und zu verurteilten Straftätern. Nur den sehr klugen und hochintelligenten toxischen Narzissten gelingt es, mit ihren Schandtaten durchzukommen. Die anderen stolpern meist über ihre eigenen Lügengeschichten und ihr wenig vorausschauendes Verhalten.

Eine letzte Steigerung gibt es: die dunkle Triade, die Kombination von Machiavellismus, Narzissmus und Psychopathie. Machiavellismus ist charakterisiert durch skrupellose, unmoralische Manipulation und Ausbeutung anderer, mit dem Ziel, alle zu täuschen und nur die eigenen Interessen zu verfolgen. Narzissmus kennen wir ja bereits als Überhöhung der eigenen Wichtigkeit und als Empathiemangel. Psychopathen suchen wie gesagt Stimulation und gehen dabei antisozial und empathielos vor.

Puh! Und da fällt mir just an dieser Stelle ein, wie ich meinen Schwiegervater kennenlernte. Als ich nach Hamburg fuhr, um bei Carlotas Vater um ihre Hand anzuhalten, und der ehrwürdige Musikintendant a. D. Dr. Bernhard Hansen mir erzählte, dass der letzte unfreiwillige Serienmörder Hamburgs ein Hansen und somit ein direkter Vorfahre von Carlota sei, traf das irgendwie eine stimulierende Saite in mir.

Opanese, wie wir ihn alle liebevoll nannten, war auf diese merkwürdige Ahnengeschichte nicht sonderlich stolz, aber er erzählte mit einem schelmischen Grinsen, wie sein Vorfahr per Zufall zum Serienmörder wurde: »Da hatte also der alte Hansen schon seine nervige Frau umgebracht, als dann unerwartet jemand in die gute Stube trat, und den musste er dann auch ... nun ... Und dann betrat noch jemand die Stube.« Jedes Mal, wenn Opanese mit einem leichten Armschwung die Szene des Mordes andeutete, grinste er dabei mit einem Wolfslächeln und sah mich herausfordernd an. Dann fuhr er fort: »Und dann ... kam noch jemand. Und noch jemand.« Ich weiß nicht, ob die Geschichte wahr ist, ob sie wirklich stimmt, aber mir gefiel, wie lässig Opanese sie erzählte, und in diesem Moment wuchs meine Liebe für meine zukünftige Frau vor Erregung ins Unermessliche.

»Die kenne ich überhaupt nicht, diese Geschichte!«, bemerkte meine Frau Carlota. »Du weißt also nicht mal, dass einer deiner Ahnen ein Massenmörder war? Oder hat Opanese die Geschichte nur erfunden, um mir etwas Bestimmtes damit zu sagen?«

»Denk mal darüber nach, Schatz!«, schloss meine Frau die Konversation. »Du hast ja schließlich eine Hansen geheiratet!« Aha, das war also eine Drohung an den Schwiegersohn gewesen! So ein raffinierter Kerl, der alte Hansen!

Paranoide Narzissten und dic Quintessenz des Bösen

Narzissten fühlen sich häufig bedroht, benachteiligt und verfolgt. Das nimmt mitunter wahnhafte Züge an. Unter hohem psychischen Druck kann eine Psychose entstehen mit Wahnvorstellungen, Wahneinfällen und hochsystematisierten Wahngebilden. Wahn ist eine irrationale Überzeugung, an der trotz Beweis am Gegenteil festgehalten wird. Wahn hält der rationalen Widerlegung, etwa durch Kritik, einen beträchtlichen Widerstand entgegen und formt hieraus neue Realitäten. Im narzisstischen Kosmos dienen wahnhafte Überzeugungen der Selbsterhaltung. Sie sind die Flucht und der Kampf nach vorne, hinein in den Wahnsinn. Der Narzisst muss recht behalten, andernfalls kollabiert er.

An einem verregneten Sonntag im Januar 2017 nannte in einem Liveinterview von CNN Kellyanne Conway, eine Beraterin Donald Trumps, ihre Version der Wahrheit *alternative facts*, um sich und ihren Präsidenten zu verteidigen. Sie lächelte dabei. Dies war die Geburtsstunde eines ganz neuen Politikstils, der mit offenen Lügen operiert und andere Darstellungen als »Fake News« bezichtigt.

Projektion und wahnhaft gefärbte Projektionen mobilisieren auch die Massen, die sich davon »hypnotisieren« lassen. Wenn die Widerstandskraft der Oppositionellen ermüdet, dann breitet sich das wahnhafte Denken ungehindert aus. Paranoia ist ansteckend. Und populär.

Als ich dieses Kapitel schrieb, kämpfte US-Präsident Trump um die Finanzierung seiner Mauer zu Mexiko, knickte vor den Demokraten ein und beendete nach 35 Tagen den »Shutdown« der US-Administration. Wieder ein Rekord, spöttelte man über das Kleinkind im Weißen Haus: der *längste* Shutdown aller Zeiten.

Unter hohem psychischen Druck kann die Psyche des Narzissten ganz paranoid entgleisen. Wenn das Lügengebilde droht zusammenzukrachen und wenn es aufrechterhalten werden muss. Um jeden Preis. Gestandene Männer sind dann der Überzeugung, dass der fallende Schnee im Winter von herumfliegenden Maschinen kommt, die das Wetter machen. Diese wahnhafte Entwicklung gilt als »Alarmstufe Rot!« im Umgang mit Narzissten. Wahn ist nicht immer »lustig« oder »kurios«. Im Wahn fühlen sich Narzissten grandios, extrem selbstbezogen und werden auch sadistisch. Der letzte gesellschaftliche narzisstische Größenwahn hat in Europa furchtbare Zerstörung hervorgebracht. Der Rassen- und Expansionswahn, die Blut-und-Boden-Ideologie der Nationalsozialisten hat den Zweiten Weltkrieg, den Holocaust und die Teilung Deutschlands bewirkt. Verletzungen, an denen wir heute noch als Gesellschaft und in Einzelschicksalen zu arbeiten haben.

Aus diesem Grund schlägt eine Gruppe US-amerikanischer Psychiater durchgehend Alarm und warnt vor dem »Verrückten im Weißen Haus«.

Das Gebot, die ärztliche Schweigepflicht zu brechen, gilt für den Fall, wenn Selbst- oder Fremdgefahr in Verzug ist und eine Person sich selbst oder anderen droht, Gewalt anzutun. So muss, nach klarer

Güterabwägung, sogar vor dieser Person gewarnt werden. Psychiater informieren die Polizei und die gefährdeten Personen, ohne sich dabei strafbar zu machen. Das Gut der Sicherheit wiegt mehr als das Gut der Pflicht zu schweigen. Im Rahmen dieser Sicherheitsmaßnahme sahen sich, wie im letzten Kapitel erwähnt, John D. Gartner und seine Kollegen verpflichtet, vor Donald Trump zu warnen. Trump wurde nie durch John D. Gartner psychiatrisch untersucht, aber sein durchgehendes Verhalten erfüllt seit Jahrzehnten alle Kriterien der »Quintessenz des Bösen«.

Da Ferndiagnosen nicht erlaubt sind und die teuflische Mischung keine offizielle Diagnose ist, ist die amerikanische psychiatrische Fachgesellschaft APA dagegen, sich so zu äußern, und macht damit indirekt dieses Fehlverhalten salonfähig. Donald Trump ist die am besten dokumentierte Person der Menschheitsgeschichte. Ihm sind in einem Zeitraum von knapp drei Jahren über zwölftausend Lügen nachgewiesen worden.[6] Bei tausend Tagen im Amt des Präsidenten sind das täglich zwölf präsidiale Lügen! Tendenz: steigend. Daher muss öffentlich über seine Persönlichkeit debattiert werden, was die Gruppe *Duty to Warn* tut. Spezialisten auf dem Gebiet der Forensik und Persönlichkeitspsychologie warnen vor der großen Gefahr im mächtigsten Amt der Welt und vor einem Dritten Weltkrieg. Zu hoffen, dass die Amerikaner sich schon im Griff haben, ist naiv. Handelskriege und diplomatische Eskalationsspiralen nehmen zu. Sadismus, die Freude an Grausamkeit, fördert die Zerstörung der Welt.

Es gibt Menschen, die andere zerstören wollen und sich selbst gleich mit. Es reichen ein Impulsausbruch und drei Fehler in Serie, damit eine Katastrophe geschieht.[7] Malignen Narzissten darf niemals Macht gegeben werden, dennoch geschieht es. Als Psychiater, so meine ich, dürfen wir uns später nicht vorwerfen lassen, vor Trump nicht gewarnt zu haben.

Zur Info: Maligner Narzissmus

Nicht jeder Narzisst ist ein Psychopath, aber Psychopathen sind meistens Narzissten. Die Kriterien des Bösen erfassen ausnutzendes und impulsives Verhalten in der Psychopathen-Checkliste nach Robert D. Hare.[8] Das pure Böse ist der maligne Narzissmus, Verfolgungswahn und die Freude an Grausamkeit sind seine Brandbeschleuniger. Es waren die Opfer des Nationalsozialismus, die auf den bösartigen Narzissmus aufmerksam gemacht haben, unter anderem Erich Fromm und der renommierte Psychiater Otto Kernberg.

Projektion

Das Wort »Projektion« ist gefallen und sollte ausführlich erklärt werden, denn auch das tut ein Narzisst im Übermaß. Der Narzisst überträgt unerwünschte Aspekte des Selbst auf den anderen. Das tut er ständig und unbewusst. Und das können Sie als Projektionsfläche nicht verhindern. Der Narzisst überträgt alles auf Sie, egal was Sie tun, ob Sie Leinwand sein wollen oder nicht. Der Narzisst wird es ständig tun. Denn was der Narzisst wahrnimmt, hängt von ihm selbst ab. Der Empfänger bestimmt den Inhalt der Botschaft. Für Sigmund Freud ist Projektion die Verlegung unbewusster Wünsche, Bedürfnisse und Fantasien in die Außenwelt. Darunter fallen auch triebhafte und konflikthafte Wünsche, die man selbst nicht ertragen kann.

Einer der wichtigsten Vertreter der Selbstpsychologie, Heinz Kohut (1913–1981), untersuchte dieses Phänomen der Spiegelung. Er beschrieb diesen psychologisch normalen Vorgang in seinem Werk über Narzissmus als die Wahrnehmungen des Patienten.[9] Projektion ist Wahrnehmung! Melanie Klein ergänzte dies als jene übertragenen Eigenschaften des Selbst, die beim anderen erstmals erkannt und dann kontrolliert, bekämpft und zerstört werden wollen.

Der schillernde Narzissmus

Auf den langen Fluren der Klinik gab es auch diese schillernden, selbstverliebten Typen, die großen, hübsch anzusehenden Männer, mit einer schwer auszuhaltenden raumfüllenden Aura. Das waren die schillernden Narzissten. Die Schauspieler unter den Narzissten. Die mochte ich besonders. Könnte ich doch auch die Sehnsüchte eines Schauspielers in mir spüren. »Da kommt wieder ein Narzisst. Schick den zu Pablo!«, schallte es über den Stationsflur. Also bekam ich sie alle und setzte meine Beobachtungen fort.

Ich war fasziniert von dieser Strahlkraft, dieser starken Selbstüberzeugung gegen alle Widerstände, begleitet von gewitztem Charme, von der Glaubwürdigkeit, von der Fähigkeit, andere Mitpatienten geschickt für die eigenen Interessen zu manipulieren. Ich war fasziniert von dieser Gabe, die alle Narzissten hatten. Sie konnten sehr gut manipulieren. Sie taten das auf unterschiedlichste Weise. Einige waren dabei grob und diktierten, was zu tun war. Die schillernden machten es subtil und mit viel Einfühlungsvermögen. Ihr Glanz überstrahlte alles. Gegen die damals gängige Meinung, dass Narzissten keine Empathie haben, waren sie durchaus fähig, mit den Gefühlen der anderen operativ ins Geschäft zu kommen. Ein Lächeln – und zack! Eine einladende, freundliche Geste – und zack! Ein paar Augenaufschläge – und zack! Die anderen taten, was der Narzisst wollte.

Dabei nutzt der Narzisst das sogenannte *Resonanzphänomen* und löst aus, dass Menschen auf seine starken Emotionen ebenfalls reflexartig reagieren, nimmt scheinbar oder tatsächlich die Emotion des anderen ernst und vertieft damit die Bindung. Ein Vorteil für Narzissten, die ja davon profitieren, eine Bindung einzugehen mit ihren Opfern. Viele Narzissten können Schuldgefühle in anderen auslösen und diese dazu bringen, Dinge zu tun, die sie nie tun wollten.

Selbst ärztliche Kollegen fielen auf diese Masche herein. Es war für mich köstlich, aus der Ferne zu beobachten, wie das lief. Ich grinste immer an der falschen Stelle im Gespräch. Wenn etwa ein Narzisst auf die Tränendrüse drückte und in der ärztlichen Kollegin Schuldgefühle auslöste. Mein Lachen wirkte für meine Kollegin manchmal sehr unhöflich, und sie wurde dann auf mich wütend statt auf ihren Patienten, der sie gerade manipulierte.

Aber wir Narzissten verstanden uns und wussten, was geschehen wird. Der narzisstische Patient kam mit seiner Masche durch, bekam ein ganzes Wochenende Ausgang und erleichterte zugleich die ärztliche Kollegin von ihren schweren Schuldgefühlen. So einfach ging das. Ich nahm es hin und schwieg. Unter Kollegen ist man halt solidarisch.

Der stille Narzissmus

Aber da war noch mehr, was mich faszinierte. Denn manchmal, in einem kurzen Augenblick und ganz unscheinbar, da spiegelte sich etwas in den Augen der Narzissten, das mir vertraut war. Mich sahen die Augen eines kleinen Jungen an, eines traurigen Kindes. Ein Zeitfenster öffnete sich und gab den Blick frei in die Seele dieser Menschen. Da war Trauer, und da war noch mehr, da war Sehnsucht. Sehnsucht nach etwas, das ich erst sehr viel später verstand. Eine Sehnsucht, die sehr leicht in Gier und Wut kippen konnte. Es war die Sehnsucht nach Anerkennung und die Sehnsucht nach Liebe und nach Trost, die in diesen Augen kurz aufflackerte und gleich wieder verschwand, wenn man die gestandenen Männer darauf ansprach. Vor allem die stillen Narzissten unter ihnen hatten diese Trauer im Blick. Die Sensiblen unter ihnen, die sich zurückhielten und sich nicht trauten, in der ersten Reihe zu stehen. Aber doch irgendwie, insgeheim, es besser wussten. Dies mussten sie dann im kleinen Kreis oder mit ihrem Zimmernachbarn wieder geraderücken und klären. Dass nur sie, die stillen Beobachter, genau und richtig erkannt hatten, was hier auf der Station gerade lief.

Sich von nur einer Person bewundern zu lassen reichte den stillen Narzissten, sie agierten verdeckt. Das war ihre Stärke. Sie waren bescheiden, aber dennoch im Eins-zu-eins einer Beziehung gleichfalls Emotionssauger und nervig wie die anderen. Vor allem wenn sie mich dann erneut um ein Einzelgespräch baten, sie hätten jetzt Gesprächsbedarf und müssten etwas sehr Wichtiges mit einem wirklich kompetenten Arzt besprechen. Ich fragte mich längst nicht mehr, warum das Fachpersonal der Klinik, die Krankenpfleger und die Sozialpädagogen, die Oberärzte und sogar der Chef sowie meine ärztlichen Kollegen mir immer die Narzissten schickten. Ich fragte mich auch längst nicht mehr, warum ich so gut mit denen klarkam. Gleiches gesellt sich gern zu Gleichem.

»Wie konntest du dich nur davor schützen, nicht selbst noch narzisstischer zu werden?«, fragte Carlota.

»Schatz, das konnte ich nicht.«

»Stimmt.«

Was ist heilbar?

In den kommenden Jahren meiner Ausbildung zum tiefenpsychologischen Psychotherapeuten verfeinerte ich meinen Umgang mit Narzissten. Heute, knapp zwanzig Jahre nach meinen ersten Schritten auf psychiatrischem Linoleum, bin ich davon überzeugt, dass Narzissmus gut behandelbar, aber nicht heilbar ist. Als schlecht behandelbar und unheilbar gilt der extreme, psychopathische Narzissmus. Lange galt in der Fachwelt, dass jede Persönlichkeitsausprägung unveränderbar sei. Aber wer den Fuß in die Tür des Narzissten bekommt, der weiß, wie gut sich das anfühlt, nicht immer wichtig sein zu müssen. Voraussetzung zur Veränderung sind die Einsicht in das eigene narzisstische Fehlverhalten und der Wille zur Veränderung.

Veränderung tritt bereits beim Einblick in die Mechanismen ihrer Psyche ein. Narzissten sind dankbar, wenn man ihnen erklärt, wie sie funktionieren, weil sie es selbst nicht wissen. Das ist ein berührender und ehrlicher Moment, wenn der Besserwisser erkennt, es eben nicht besser zu wissen. Die Therapie dauert Jahre, und die Abschwächung narzisstischer Merkmale gilt schon als Therapieerfolg. Es macht demütig zu akzeptieren, wenn sich nichts tut.

Psychopath zu sein ist übrigens in der mittelalterlichen juristischen Sprache keine Geistesstörung. Es ist nicht mal eine Straftat. Allein die strafbare Handlung ist es! In Deutschland soll es geschätzt über 500.000 Psychopathen geben. Vier Prozent der Menschheit sind es. Typisch für Psychopathen ist, dass sie keine Angst spüren. Ihr emotionales Gehirn kennt keine Furcht, weil dieser Bereich unterentwickelt ist. Keine Angst vor Strafe. Keine Angst vor Konsequenzen. Keine Angst vor nichts. Normale Narzissten durchleben durchaus ihre Ängste, wenn sie keine Psychopathen sind. Psychopathische Narzissten nicht.

»Du, jetzt erkenne ich dich …«, raunte Carlota.

»Weit gefehlt! Anständige Psychopathen werden Ärzte, Politiker oder Kampfpiloten«, wusste ich.

»Du hast auch keine Angst vor nichts, oder?«, hakte Carlota nach.

»Doch. Ich habe Pentheraphobie. Angst vor Schwiegermüttern.«

Zur Info: Temperamente

Das Temperament wird zu fünfzig Prozent vererbt und definiert unseren Charakter. Psychische Qualitäten wie Aufgeschlossenheit, Offenheit für Erfahrungen, Geselligkeit (Extrovertiertheit), psychische Instabilität, Empfindlichkeit für Verletzungen (Neurotizismus), Empathie, Kooperations- und Anpassungsfähigkeit (Verträglichkeit) und Selbstkontrolle, Verantwortung, Genauigkeit (Gewissenhaftigkeit) sind vererbt und genetisch festgelegt.

> Die Neigung, Narzissmus zu entwickeln, soll sogar bis zu siebzig Prozent vererbbar sein![10] Daher, Augen auf bei der Partnerwahl, immer die Eltern in Augenschein nehmen, bevor man sich ewig bindet!

Tom und Tina: temperamentvoll

Toms Temperament war offensichtlich. Er war als Autoverkäufer eher der wenig verbindliche Angebertyp. Gab ständig damit an, wie viele Autos er an diesem Tag schon verkauft hatte. Prahlte damit vor seiner Mutter, bei der er noch wohnte. Tina, die mittlerweile fast täglich bei Tom und seiner Mutter zu Besuch war, fand Toms Angebereien etwas peinlich. Aber sie liebte ihn, und irgendwie stand es an, zusammen in eine Wohnung zu ziehen.

Aber Tom war mit seiner Ausbildung noch nicht fertig. Tina hingegen schon, und sie arbeitete in einem kleinen Kosmetikinstitut als Angestellte und kümmerte sich sehr gerne um die Schönheit der Frauen und der anderen Kunden. Sie hatte auch ein paar Männer als Kunden. Maniküre und Pflegepackungen fürs Gesicht. Tina war sehr geschäftstüchtig und verkaufte viele Kosmetikprodukte. Bald wurde sie Filialleiterin.

Tom, der sich noch durch eine letzte Abschlussprüfung mogeln musste, entwickelte einen Plan, die Matheprüfung zu bestehen. Er ließ sich aufwendig einen Funksender an den Gürtel basteln, ließ sich von Tina ein Kabel, das vom Empfänger zum kleinen Lautsprecher im Ohr am Hals hochführte, mit einer zweiten, künstlichen Silikonhaut abdecken und kunstvoll kaschieren. Die Haare wischte er sich etwas übers Ohr, und niemand sah, dass er verkabelt war. Während der Prüfung ging Tom mit den Mathematikfragen unter dem Pulli raus, gab die Fragen einem mathematisch begabten Kumpel, der sie ihm dann ausrechnete und ihm durchs Ohr diktierte.

Tom war so aufgeregt, dass er sich einmal ruckartig bewegte und mit der Stuhllehne an den Sender kam und dabei einen Lautsprecher laut stellte, sodass alle plötzlich jemanden hörten, der Matheaufgaben laut vorlas.

Tom sprang auf, griff an den Sender und rief: »Ich bin bei der Polizei! Alarm! Ich muss los!« Er verließ im Sturm den Prüfungsraum. Der fast fertig ausgefüllte Prüfungsbogen hingegen, der auf dem Platz allein zurückblieb, reichte für eine Vier. Tom hatte die Matheprobe bestanden.

Typisch für diese Sorte Narzissten mit einem Hang zum Kriminellen ist die Regel: Wenn die Situation unlösbar ist, ändere die Spielregeln. Tina fand das alles sehr aufregend, und sie war stolz auf ihren Tom. Jetzt könnten sie endlich zusammenziehen. Tom, der fertig ausgebildete Autoverkäufer, hatte natürlich noch andere Verehrerinnen und tat sich schwer, mit Tina zusammenzuziehen. Er fand es doch so gut, wie es war, wenn er ab und zu auch noch mal eine andere Freundin sah. Was Tina natürlich nicht wusste. Sie blätterte schon in den Wohnungsanzeigen und träumte von Tom.

Der Mythos von Narziss und Echo: *reloaded*

Narziss, der Antiheld im berühmten griechischen Mythos und Namensgeber der psychischen Störung, war nicht nur taub und des Schwimmens nicht mächtig, er war auch blind und dumm.

Im weltbekannten Gemälde des britischen Malers John William Waterhouse (1849–1917) wird die Geschichte vom Jüngling Narziss und der Nymphe Echo so erzählt, wie viele von uns sie kennen: Narziss ist ein hübscher junger Mann, der sich selbst über alles liebt und von allen für seine Schönheit geliebt wird. Von Männern wie Frauen wird er deswegen verfolgt. Er betrachtet sich im Wasser eines Flusses und beginnt, sich dabei in sich selbst zu verlieben, ohne die Stimme von Echo zu hören, die nach ihm ruft und um seine

Aufmerksamkeit wirbt. Sie hängt ihm an den Lippen und wiederholt jedes seiner Worte, die er jedoch nur zu sich selbst spricht. In einem Akt der Leidenschaft küsst er sein Spiegelbild im Wasser, fällt dabei hinein und ertrinkt. Er hatte im (narzisstischen) Liebesrausch vergessen, dass er nicht schwimmen konnte.

Am wichtigsten an diesem Mythos ist, dass Narziss sich in sein eigenes Spiegelbild verliebt. So weit der Mythos. Ich persönlich glaube, dass Narziss nicht weiß, dass er sein eigenes Spiegelbild im Wasser sieht. Ich bin zutiefst davon überzeugt, dass Narziss glaubt, in einen anderen Jüngling verliebt zu sein, unwissend, dass er in Wahrheit sein eigenes Liebesobjekt ist.

Warum sage ich das? Weil ich immer wieder die Erfahrung mache, dass Narzissten sich dessen nicht bewusst sind, dass sie sich in anderen Menschen spiegeln. Bis ich es ihnen in der Therapie sage.

Narzissten sind nicht nur taub für ihr Umfeld und die anderen Menschen, so wie Narziss die Nymphe Echo nicht wahrnimmt. Narzissten sind auch blind für ihr Umfeld und sehen nicht, wie sie sich selbst austricksen. Denn Narzissten laufen genauso wie die anderen einem Ideal hinterher. Narzissten sind genauso verblendet, wie sie andere blenden. Irgendwann, wenn der Narzisst sich dessen bewusst wird, dass er bestimmte Dinge gut kann oder eben einfach nur gut aussieht, wird er sich auch in sich selbst verlieben.

Doch viele Narzissten, die nicht wissen, dass sie ihrem Selbstbild hinterherlaufen, spiegeln sich selbst in den anderen und reagieren hierauf in der Annahme, dass sie wirklich mit anderen Menschen interagieren würden. Dabei sind sie meist nur an der Bestätigung ihrer selbst durch andere interessiert. Das ist meiner Erfahrung nach der hauptsächliche unbewusste Grund, warum es regelhaft zu schweren Missverständnissen mit Narzissten kommt. Weil Narzissten nicht kapieren, dass sie es selbst sind, die all das Leiden im anderen anrichten.

Man kann dem Narziss aus dem antiken Mythos eine gewisse Dummheit unterstellen, da er nicht schwimmen kann und dies außerdem vergisst. Doch war er wirklich einfach nur dumm? Man nennt einen Zustand, in dem auch sehr kluge Köpfe den Realitätsbezug verlieren, schlicht Wahn. Auch Narziss wird Opfer eines Wahnes.

»Vielleicht hat er Drogen genommen?«, fragte Carlota.

»Stimmt, das wäre eine mögliche Erklärung. Oder er hat einen Schlag auf den Kopf bekommen«, fasste ich die Differenzialdiagnosen des Wahnes zusammen.

»Vielleicht war ja die Wasseroberfläche nicht spiegelglatt, sondern warf sein Spiegelbild in kleinen Wellen. Das könnte zu der fatalen Verkennung beigetragen haben«, rätselte Carlota.

»So wie im wirklichen Leben nicht immer klar ist, ob man selbst etwas verursacht hat oder ein anderer. Ist das dort wirklich das Ideal, das ich verfolge und nach dem ich mich verzehre, oder ist es das nicht?«, schloss ich. Tatsächlich, Echo konnte Narziss nicht daran hindern, ins eigene Verderben zu gleiten, aber vielleicht kann es ja dieses kleine Büchlein. Also Vorsicht mit Narzissten, denn entweder haben sie keine Weitsicht, oder sie kennen das Risiko und gehen trotzdem bis an die äußerste Grenze und gefährden sich und andere damit.

»Vielleicht hätte Narziss einfach nur zuhören sollen!«, stichelte Carlota und stellte mir einen hochgestapelten Wäschekorb in die Arme. »Seit drei Tagen bitte ich dich, die Wäsche aus dem Keller ins Schlafzimmer zu bringen. Seit drei Tagen!«

»Du bist also meine Nymphe?«, fragte ich Carlota.

»Du hörst nie, wenn ich was von dir will ...«

»Keine Du-Sätze bitte, nur Ich-Sätze ...«, war meine Antwort.

»Du kannst mich mal am Abend besuchen!«

»Keine Du-Sätze ...!«

»Das soll also helfen?«, fragte Carlota.

»Probier's aus, Nymphe!«

»Ich weiß, ich werde nicht gehört!«

»Das stimmt.«

»Unfassbar! Du hörst mich und reagierst bloß nicht?«, fragte Carlota.

Ich lächelte und schwieg. Es war wieder ein Du-Satz. Dabei sind Ich-Sätze bei Konfliktgesprächen viel hilfreicher.

Keine Sätze mit »Du«

Sätze mit »Du« sind immer ein Angriff und werden besonders vom Narzissten als unsensibler Angriff empfunden. Das sollte vermieden werden, denn wer sich angegriffen fühlt oder tatsächlich angegriffen wird, hat keine Bereitschaft, sinnvoll zu kommunizieren, sondern wird einen Gegenangriff starten oder sich verschließen und nicht mehr erreichbar sein. Narzissten wollen weder angegriffen noch einer Verfehlung oder Schuld bezichtigt werden. Sie erlauben es niemandem, über sie kritisch zu mutmaßen oder Negatives zu behaupten. Denn so klingt es in den Ohren des Narzissten.

Hingegen liefert ein Satz, der mit »Ich« beginnt, kaum Angriffspotenzial, er transportiert ja die subjektive Wahrheit des Senders. Das ist durch einen Narzissten nicht wandelbar. Niemand, nur der Narzisst selbst, kann die innere Wahrheit des Narzissten beurteilen. Jeder Narzisst wird seine Wahrnehmung vehement und übertrieben verteidigen. Umgekehrt nehmen sich Narzissten wie selbstverständlich heraus, über das Gegenüber zu urteilen und es mit Worten zu verbiegen. Vermeiden Sie daher Wörter, die unpersönlich sind, wie »man», »es« und Verallgemeinerungen wie »immer«, »ständig«, »dauernd« oder »nie«, denn sie sind ein Angebot für den Narzissten, noch einen Schritt in Richtung Eskalation zu gehen und zum Gegenangriff auszuholen.

Der faule Narzissmus

Viele Narzissten scheuen das Tagewerk. Ich hatte mal einen Klienten, der sagte glatt, er würde nicht arbeiten, weil die anderen seine Qualitäten nicht würdigen würden. Er sei viel zu intelligent und begabt für eine Arbeit. Für jede Form von Arbeit. Arbeitsversuche brach er rasch ab, weil er so nicht arbeiten könne. Ihm falle immer sofort auf, was man alles verbessern müsse, und sein innerer Widerstand blockiere ihn. Er würde ja gern, aber es gebe sie wohl nicht, die perfekt zu ihm passende Arbeit. Er warte also weiter ab. Der Mann war Mitte vierzig und lebte von der Sozialhilfe. Dem jungen Mann fehlte sonst nichts.

Ausbeuterischer Narzissmus

Sehr verbreitet in von Abhängigkeit geprägten Beziehungen ist der König der Blutsauger, der davon lebt, andere ständig emotional und verbal unter Druck zu setzen, um sie auszulutschen. Dieser Narzisst reagiert mit theatralischer Enttäuschung, unsäglichen Wutausbrüchen und diffamierender Abwertung, wenn etwas scheinbar Vereinbartes nicht klappt.

Das selbst verschuldete Misslingen schiebt er in die Schuhe seiner Untergebenen, tritt ständig drängelnd und fordernd auf und verschanzt sich hinter Geschwafel und fordert dann, unvermittelt und wenn es opportun ist, gnadenlos vor der versammelten Mannschaft Versprechungen ein, die es nie gegeben hat.

Ausbeuterische Narzissten sind nicht an einer tiefen Bindung interessiert, wohl aber an einer langfristigen, denn sie benutzen die anderen Menschen für ihre Zwecke. Wenn der Ausgebeutete die Arbeit vor nervlicher Erschöpfung und Zerstörung endgültig niederlegt, zeigt der Ausbeuter oft schwere Enttäuschung und findet es »schade, dass die Leistungen nicht erbracht und die Erwartungen enttäuscht wurden!«. Ein konkreter Austausch darüber, wo die Schwierigkeiten lagen, liegt nicht im Interesse des Narzissten.

Ganz beliebt ist ein Nachtreten und wiederholtes Austeilen sowie öffentliche Verleumdung, am besten in den sozialen Medien. Oder der Narzisst wirft mit Schadensersatzklagen um sich. Schmutzige Wäsche eines Klassenclowns.

Der Narzissmus im Netz

Heute haben wir dieses Phänomen der Spiegelungen und der Echoblasen nahezu überall. In den sozialen Medien tummeln sich unterschiedlichste Narzissten. Hierzu gibt es viele Studien, die alle eins bestätigen: Seitdem es die sozialen Medien gibt, nutzt jede Generation sie zur Selbstdarstellung. Die Jüngeren unter uns nutzen die sozialen Medien viel stärker. Die Generation Z (geboren zwischen 2001 und 2017) ist damit aufgewachsen, und rund die Hälfte der Angehörigen ist auf Instagram! Weltweit! Nahezu siebzig Prozent der Millennials (1981–2000) sind auf Facebook, sechzig Prozent auf YouTube! Meine Generation, die Generation X (1965–1980), ist ebenfalls sehr aktiv, achtzig Prozent von meiner Sorte sind auf Facebook! Die Babyboomer (1946–1964) sind auch noch auf Facebook, aber eher mit abfallender Tendenz.[11]

Die meisten, die sich narzisstisch motiviert auf Facebook tummeln, gehören der Generation X an! Ups ... erwischt! Die anderen Generationen, die mit dem Zeug groß geworden sind, nutzen die sozialen Medien eher weniger aus narzisstischen Gründen, so die Studien. Twitter sei eher etwas für jüngere Narzissten, so eine Studie aus 2015. Ob das wirklich stimmt? Der twitternde Präsident Trump beweist das Gegenteil, der sich per Kurznachrichtendienst nach typisch narzisstischer Manier darüber beklagt, dass er schlecht behandelt werde. Kein Präsident in der Geschichte der Vereinigten Staaten sei so schlecht behandelt worden wie er, »jammerte« Trump, heißt es im *New Yorker* am 27. September 2019, als das Amtsenthebungsverfahren gegen ihn durch die Demokraten eröffnet wurde.[12] Das

Rechtssystem tue ihm unrecht. Und die vielen ungerechten, gezielt bösartigen, hetzenden, unmenschlichen Äußerungen gegenüber anderen Menschen, das abfällige und verleumderische, andere verletzende Verhalten, das er selbst zeigte? Vergessen! Trump, der einer Straftat überführt wurde, sei Opfer einer Hexenjagd. Wie wahnsinnig muss jemand sein, dass er so denkt? Er braucht dafür nur ein schwerer Narzisst zu sein.

Storys, Fake und *Hate Speech*

In den sozialen Medien verbreiten viele unterschiedliche Narzissten ihre Duftmarken. Dabei hat man es mit drei verschiedenen Typen zu tun: mit einem Narzissmus der Fertigkeiten (*task*), der sozialen Aktivität (*social*) und der Körperlichkeit (*physical*). Entsprechend kann bewundert werden, wer etwas Besonderes geleistet hat, wer besonders gewitzt oder klug kommunizieren kann oder wer sich besonders herausgeputzt hat. Gerade hier finden sich Narzissten, die besonders von sich überzeugt sind, die von sich meinen, gute Geschichtenerzähler zu sein oder besonders unterhaltsam.

Ähm ... ich muss mal eben kurz meinen Facebook-Account checken. Moment! Ach ja, zum Glück habe ich wieder ein paar Freunde und Follower mehr! Die virtuellen Freunde und Avatare in den sozialen Medien stellen also auch nur einen narzisstischen Höhepunkt dar, auf einer offenen Skala an Höhepunkten. Eine Spiegelung mehr. Ein Echo mehr. Wie automatisch greife ich wieder zum Handy und drücke auf das weiße F vor blauem Hintergrund.

Ein besonderes Phänomen ist die Hassrede, *Hate Speech*. Dabei sollten Sie wissen, dass ausbeutende Narzissten auf Facebook viel leichter zu kränken sind als gewöhnliche Narzissten. Parasitärer Narzissmus reagiert viel aggressiver, wenn er öffentlich auf Facebook angegangen wird, so eine Untersuchung von 2012.[13] Wenn Sie also Ihren narzisstischen Chef mal ärgern wollen, schlüpfen Sie in Ihren Avatar, und erlauben Sie sich einen kleinen hasserfüllten Spritzer in seine Richtung.

Der Fake-News-Wahnsinn ist nur ein Hinweis darauf, dass es mehrere gefühlte Wirklichkeiten gibt: eine Scheinwelt der Fake-Profile, eine Lügenwelt der Fake News und eine Welt wirklich »echter« Freunde. Aber es geht noch weiter, denn mit Selfies, Fotos, Vlogs, Snaps, Blurbs, Postings, sozialen Blasen, Likes und Hates, Beauty- und Körperkult züchten wir uns im Augenblick die nächste Generation von Narzissten heran.

Tödlicher Selfie-Narzissmus

Heute müssen wir uns und unsere Insta-Freunde vor allem davor bewahren, durch Selfies tödlich zu verunglücken. Tod durch Selfie, das ist der alte Mythos neu erzählt, der neue Mythos, leider schon fast der neue Klassiker. Das Handy ist wie die spiegelnde Wasseroberfläche, in die Narziss verliebt hineinblickte. Der Abgrund vor atemberaubender Kulisse hinter uns ist wie das tiefe Wasser, in das Narziss hineinrutscht und in dem der Selfie-Fanatiker tatsächlich sein Leben verliert.

Er ist uns leider sehr vertraut, der Tod durch Absturz in den Abgrund, beim Versuch, ein Selfie zu schießen. Mehrheitlich bisher geschehen in Indien, Russland und in den USA. Die Toten sind um die 23 Jahre alt. Die Dunkelziffer ist hoch, auch in Deutschland. Man findet ja nicht immer ein Handy am Fundort der Leiche. Junge Menschen kommen zu Tode, weil sie sich vor spektakulärer Kulisse *abschießen* und dabei idiotischerweise die Gefahren ignorieren. In den USA erschießen sie sich aus Versehen beim Posen mit einer scharfen Waffe, Asiaten stürzen im Bikini in eine Bergschlucht oder von Hochhäusern, und am Königssee in Bayern lassen sich Selfie-Opfer vom Wasserfall in die Tiefe reißen. Zum begehrten hochalpinen Aussichtspunkt staut es sich schon wie beim Mount-Everest-Aufstieg. Menschen kommen zu

Tode, weil sie etwas tun, was sie vernünftigerweise nicht tun sollten: Anstehen im Hochgebirge für das eine geile Foto!

Narzisstische Nachrichten

Ein bislang wenig beachtetes neues Phänomen gestörter menschlicher Kommunikation sind diese Kurznachrichtendienste WhatsApp und Messenger von Facebook. Sie sind durchaus extrem nützlich und hilfreich für einfache Botschaften. Für die komplexe Kommunikation zwischen Menschen sind sie unbrauchbar und sogar schädlich. Sekundenschnell können mit ein paar getippten Nachrichten Freundschaften zerstört werden. Kolossale Missverständnisse und Kränkungen werden hier schriftlich festgehalten. Was bisher an Stammtischen oder Kaffeekränzchen und in anderen Lästerrunden mit erregtem Gemüt und vor vorgehaltener Hand ausgesprochen wurde, was sich als alkoholschwere Schallwelle verflüchtigte oder undeutlich im Mampfen der Erdbeersahnetorte unterging, ist heute in fixierter Schriftform ein ewiger Vorwurf im Gesprächsverlauf und sogar, wenn es hart auf hart kommt, ein vor Gericht gültiger Beweis! Der Ausspruch »Wer schreibt, der bleibt« bekommt hier einen ganz neuen Sinnzusammenhang. Zum Glück gibt es die Emojis, die verschriftlichte Aussagen emotional etwas aufweichen. Aber die helfen nicht immer.

Meine Frau Carlota, die Scheidungsanwältin ist, freut sich immer, wenn wieder mal ein narzisstischer Ehemann der Gegenseite seinen Wutausbruch in die WhatsApp-Kommunikation mit seiner Frau tippt: »Du alte Schlampe!!!!!!!!!!!!! Ich werde mich nicht an den Scheiß halten, den die bekloppte Richterin da meint, du bekommst kein Geld von mir, du verlogene Drecksau!!!!!!!!! (Böses-Teufelchen-Emoji und acht Bomben, drei Messer, vier Flammen und Explodierender-Kopf-Emoji)« Ein paar Screenshots davon, und die Noch-Ehefrau bekommt vor Gericht, was sie möchte. Meinen Klienten empfehle ich, wenn sie eine Beziehung zerstören wollen, nur noch Messenger-Dienste zur Beziehungsarbeit zu benutzen. Das steigert die Chance, dass die Beziehung in die Brüche geht.

Weiblicher Narzissmus

Auf meinem Weg als Therapeut habe ich zudem gelernt, dass nicht nur Männer extrem narzisstisch sein können, sondern auch Frauen. Hier hat die deutsche Psychologin Bärbel Wardetzki Pionierarbeit geleistet und den weiblichen Narzissmus erstmals fundiert beschrieben. Dabei sind narzisstische Frauen eher passiv und hängen sich an einen starken, narzisstischen männlichen Partner, um ihre eigenen Ziele oder die Ziele des Partners zu erreichen. Weiblicher (co-abhängiger) Narzissmus geht in Handeln, Fühlen und Denken quasi im größeren, männlichen Narzissmus auf. Das ist eine durchaus stabile Beziehungsform. Nur: Es gibt auch jene narzisstischen Frauen, die genauso wie ihre männlichen Kollegen aktiv und feindselig agieren. Frauen machen es verdeckt, und sie sind dabei perfider, als man(n) meint.

Ungesunder weiblicher Narzissmus kann sich auf der intimsten Ebene der Kommunikation, der Sexualität, desinteressiert und oberflächlich-mechanisch, leidenschaftslos anfühlen. Die Suche nach tieferer Beziehung endet, da keine Fähigkeit zur emotionalen Tiefe, da nur Täuschung ohne Empathie existiert und nur Gefühle für den Teil bestehen, den die Narzisstin für sich selbst spürt. Was auf die Dauer extrem frustrierend ist für empathische Männer, die es auch geben soll und die nach einer tieferen Bindung suchen. Was einen Mann motiviert, der Frau seines Herzens zu gefallen, die Spielebene zu durchbrechen und ihr Herz zu erobern, wird nicht erfüllt.

Eine pathologisch narzisstisch abgewehrte Liebesbeziehung hat kein Herz. Es kommt nie zur befriedigenden Verbindung mit dem anderen. Sondern nur auf der Spielebene zum sexuellen Akt. Dabei wissen wir aus Einzelfallstudien von Menschen mit Affären, von Sexualtherapeutin Esther Perel, dass die Suche im eigenen sexuell-erotischen Narrativ nie die ersehnte, neue oder andere Person ist, sondern die Wiederverbindung mit sich selbst.[14]

»Bist du treu?«, fragte mich Carlota.

»Diese Frage haben wir uns nie gegenseitig gestellt«, sagte ich.

»Komm, fürs Buch ...«, konterte sie.

»Was *genau* meinst du mit treu ...?«, fragte ich und bekam plötzlich einen heftigen Hustenanfall. »Kann ich«, hüstelte ich, »die Frage zurückstellen?«

Ergänzend möchte ich den besonders giftigen, weiblichen Narzissmus vorstellen. Es gibt sie nämlich durchaus, die psychopathischen Narzisstinnen. Sie sind überall. Aber sie verstecken sich, denn sie brauchen nicht unbedingt die große Bühne für ihren Auftritt. Vermutlich hat die Entstehung aggressiver, angriffslustiger, dominanter, lügender, bösartiger Narzisstinnen damit zu tun, dass ein neues, emanzipiertes Rollenverständnis der Frau massiv zunimmt. Die alleinerziehende Mutter, die einen Teilzeitjob und eine kleine Familie managen muss, hat sozioökonomisch heute immer noch die schlechtesten Karten. Hingegen ist die Singlefrau im Vollzeitjob am Ziel ihrer Träume, spürt aber einen sehr hohen Erwartungsdruck. Frauen müssen heute extrem engagiert sein, um erfolgreich zu sein und zu bleiben.

Das fördert einen starken weiblichen narzisstischen Gegenentwurf zum männlichen Narzissmus. Durchsetzungsstärke, Selbstbehauptung und Aggressivität können auch in eine dunkle weibliche Triade des Bösen führen. Frauen können sehr gut am Stuhl des Vorgesetzten sägen und unliebsame Konkurrenten ausschalten.

»Die Androhung, dass ich dich verlasse, wenn du nicht lieb zu mir bist, hat eigentlich immer gut funktioniert, nicht?«, erkundigte sich meine Frau Carlota an dieser Stelle.

»Ja, das stimmt. Ich habe auch nie daran gedacht, dass das je eintreten wird, aber als du das mal so gesagt hast, fand ich es toll. Es hatte so viel ... lass mich nachspüren ... *Energie*. Das habe ich richtig im Bauch gefühlt.«

»Das war nicht dein Bauch, das war tiefer, wo du es gespürt hast«, wusste Carlota. Sie hatte mich in diesem Moment, metaphorisch gesprochen, *na ja* ... an den Eiern. Das funktionierte, da *nette* Narzissten eine Heidenangst davor haben, allein und verlassen zu sein. Das wusste Carlota, lockerte den metaphorischen Griff und lächelte mich frech an. Wofür ich sie natürlich wahnsinnig mochte.

Zum Glück waren weder ich noch Carlota aufeinander eifersüchtig. Ich kannte eifersüchtige Paare, die sich hausgemacht einen riesigen Stress machten. Die zu Hause auf den Partner stundenlang warteten und ihn mit Nachrichten unter Druck setzten. Die den Partner drängten, etwas einzukaufen, etwas zu kochen und ihn durch die Gegend scheuchten, ohne selbst einen Finger zu rühren. Wo bist du? Wann kommst du? Ich warte hier ...!

Das Oldschool-Modell des faulen Ehemannes und der abgehetzten Ehefrau war zeitlos. Das umgekehrte Modell des unterdrückten Ehemannes und der gängelnden Ehefrau gab es hingegen auch. Ich erlebte immer mehr Beispiele hierfür, wenn ich auf den Kern des Eheproblems von Patienten zu sprechen kam. Es gab viele Frauen, die einen Terror wie ein Stalker machten, wenn der männliche Partner mal woanders war.

Tom und Tina (versuchen zu) heiraten

Merkwürdig lief der Start in die Ehe auch bei Tom und Tina. Sie wollten unbedingt miteinander verschmelzen und eine Einheit werden. Tom und Tina waren sich aber nicht immer einig und gerieten rasch in Streit. Natürlich wollten sie so schnell wie möglich heiraten. Sie versuchten es sogar sieben Mal. Schon auf dem Weg zum Standesamt zerstritten sie sich aber dermaßen, dass sie nie am Standesamt ankamen. Mal hatte Tom etwas vergessen, mal saß bei Tina das Kostüm nicht, oder der hohe Schuh brach ab. Mal stritten sie über eine abfällige Bemerkung Toms, etwa sie eine bunte Kuh zu nennen, nur weil sie etwas zu viel Rot aufgetragen hatte. Die Standesbeamtin teilte den beiden beim sechsten Mal mit, als sie wieder den Termin absagten – weil Tom die Eheringe verloren hatte und es nicht zugab, sondern Tina daran die Schuld gab –, dass sie nicht mehr zur Verfügung stehe und sie in einem anderen Rathaus heiraten sollten. Beim siebten Anlauf klappte es. Tom und Tina gaben sich in einer anderen Stadt und in einem anderen Landkreis das Jawort. Bis heute erzählt man sich in beiden Landkreisen von diesem verrückten Paar, das besser nicht hätte heiraten sollen.

Verkehrte Welt: Stalker sind auch NarzisstInnen

Typisch für Stalker ist ihr Narzissmus. Die meisten Stalker sind Männer, und es werden je nach Neigung fünf Stalker-Typen unterschieden: der zurückgewiesene Ex, der wütende Sadist, der Verehrer im Liebeswahn, der aufdringliche Begehrer mit Verschmelzungsfantasien und das sexuelle Raubtier. Im Umgang mit Stalkern gelten dieselben radikalen Regeln wie im Umgang mit pathologischen Narzissten, die zum Kontaktabbruch führen müssen.

Stalker leiden übrigens selbst sehr stark an ihrer Situation, für beide Seiten ist es kein Vergnügen. Denn der Stalker ist ja davon überzeugt, dass sein Objekt der Begierde noch nicht weiß, dass sie für immer zusammengehören. Frauen können übrigens auch Stalker sein, das wird oft vergessen, weil es sehr selten ist. Ich erinnere mich an eine Patientin in der Psychiatrie, die behauptete, ihr ungeborenes Kind sei von mir. Sie schrieb mir kleine Briefchen und suchte immer wieder Kontakt. Was mir wahrlich Schweißperlen auf die Stirn trieb! Zu meinem Glück war ich nur ihr Liebeswahn und die Schwangerschaft ihre Illusion. Im Liebeswahn wähnt man sich darin, jede Geste des begehrten Objekts, auch die Abweisungen, als Bestätigung zu verdrehen. Als geheime Botschaften einer unausgesprochenen, unreifen Liebe.

Wie ging es mit der angeblich Schwangeren weiter? Ich beendete den Kontakt und gab ihre Behandlung an eine Kollegin ab. Das funktionierte erstaunlich gut.

Täter-Opfer-Umkehr

Es gibt also viel zu tun, um zu verstehen, was genau Narzissmus ist und wie die Auswirkungen von Narzissmus sind. Denn Narzissmus wirkt ebenso nach innen auf unser Selbst, wie er nach außen auf andere wirkt. Narzissmus beeinflusst extrem, wie wir miteinander als Menschen umgehen und wie wir diese anderen Menschen wahrnehmen. Daher ist es wichtig, der Frage nachzugehen, ob Beziehungen mit Narzissten nach einem typischen Muster aufgebaut sind. Gäbe es so ein klares Muster, dann wäre es leicht, die Übeltäter zu finden.

Aber so einfach ist es nicht. Aufgrund der wechselseitigen Beeinflussungen herrscht ein buntes Durcheinander, in dem auf den ersten Blick unklar ist, wer nun der Täter und wer das Opfer ist. Es wechselt sich sogar ab. Das nutzt der Narzisst natürlich aus und kehrt leidenschaftlich gern die Dinge ins Gegenteil. Aus Opfern werden Täter, und aus Tätern werden Opfer. Die Kriminalpsychologie nennt das *Täter-Opfer-Umkehr*, ein gemeiner Trick, der aber gnadenlos gut funktioniert.

Fun-Fact: Aus groß mach klein

Narzissmus soll selten vorkommen. Nur ein Prozent der Menschheit soll narzisstisch gestört sein. Die Diagnose »Narzisstische Persönlichkeitsstörung« hat daher in der *Internationalen Klassifikation der Erkrankungen* der Weltgesundheitsorganisation WHO keine eigene Kennziffer. Sie fristet unter »Sonstige Persönlichkeitsstörungen« und der Ziffer ICD-10: F60.8 ein tristes Kellerdasein neben den Kollegen »exzentrisch«, »haltlos«, »passiv-aggressiv«, »psychoneurotisch« und »unreif«. Das ist eine Umkehrung der besonders schmerzlichen Art für die größte aller Störungen!

»Die Dunkelziffer muss viel höher liegen!«, spekulierte ich laut.

»Mir reicht einer zu Hause!«, rief meine Frau Carlota aus und lachte.

»Ich sage, wo es langgeht!«

Narzisstische Systeme – im Äußeren und im Inneren

Ich *bewundere* Systeme. Im Großen wie im Kleinen. Sie funktionieren nach schwer durchschaubaren Regeln. Aber die Systeme sind zu entschlüsseln. Mit Fleißarbeit und gelassener Betrachtung. Irgendwann erkennt man die Muster. Und wenn man die Muster erkannt hat, kann man die Regeln verändern.

Lange bevor ich Psychiater wurde, schaffte ich im Bereich Tierexperiment. Um aus dem Keller dieser Abteilung zu kommen, entwickelte ich spontan die Idee, eine Doktorarbeit über »Narzissmus in deutschen Klinikbetrieben« bei einer großen deutschen Universitätsklinik durchzuführen.

Ich gab im kurzfristig gewährten Vorstellungsgespräch beim Professor an, bereits viel zum Thema Narzissmus recherchiert zu haben bei Assistenzärzten, Interviews geführt zu haben mit Oberärzten. Ich war mit der Fragestellung befasst, wie sich narzisstisch geprägte Ärzte in Leitungspositionen verhalten. Das war zum Teil aus der Situation geboren, weil ich tatsächlich völlig unvorbereitet in das Gespräch kam. Ich meine, mich zu erinnern, dass der Professor Erich Fromms Buch *Wege aus einer kranken Gesellschaft* im Regal hinter sich stehen hatte. Mir war aber schon im Studium aufgefallen, dass die Arschlochdichte gerade unter Dozenten, Oberärzten und Chefärzten hoch war. Mir ging es also nicht um die ganze Gesellschaft, sondern um spezielle Arschlöcher, solche, die etwas zu sagen hatten. Dem wollte ich, das hatte ich soeben in diesem Moment beschlossen, wissenschaftlich nachgehen.

Empathielose Medizin

Ich habe kein Herz für Arschgeigen und Arschlöcher. Ihr Fehlverhalten lehne ich ab. Zugleich aber sehe ich die gute Seite an ihnen, versuche, ihr Leiden zu verstehen, und bin weitaus wohlwollender als viele meiner Kollegen. Es ist schlicht so, dass erfolgreiche, selbstkontrollierte Narzissten es nur schwer ertragen, den erfolglosen und impulsiven Narzissten gegenüberzusitzen. Zu jämmerlich, auch noch Mitgefühl für die gefallenen Genossen zu entwickeln!

Wenn ein jammernder Narzisst die Visite verlässt, die Tür zum Raum hinter sich leise schließt, grinsen in der Sekunde, wenn die Tür »Klack!« macht, nicht selten Ärzte, Oberärzte und Chefärzte über den armen nassen Pudel. Möglicherweise wird auch gelacht über so viel Jammerlappendasein. Das ist tragisch und peinlich. Für die Ärzte.

Es wäre bindungsfördernd und heilsam, gemeinsam mit den Patienten zu lachen! Das ist etwas, das der Narzisst ja braucht. Aber die Theatralik in der Begegnung mit gefallenen Narzissten ist oft so groß, dass nur ein entlastendes Lachen auf Kosten des Narzissten den erfolgreichen Narzissten weiterhilft.

Ich erinnere mich, als junger Assistent eine Humorgruppe in der Klinik eingeführt zu haben. Die ich aber nach einem Jahr wieder aufgab, weil niemand mehr zum Lachen kam. Viele medizinische Betriebe sind humorlos und streng hierarchisch organisiert, so viel hatte ich als Medizinstudent bereits herausgefunden. Verständlich, sonst würde das Chaos ausbrechen. Dieses System hat aber eine mir bis heute unbegreifliche Nebenwirkung. Es vernichtet Empathie.[15] Auch das ist tragisch.

Promovieren fürs eigene Ego

Als ich im Medizinstudium meine Arbeitshypothese zum Narzissmus im Bewerbungsgespräch vorstellte, nach der unter Oberärzten gehäuft Arschlöcher vorkamen, bekam ich rasch ein Angebot, das ich nicht ablehnen konnte. Eine sehr attraktive Drittmittelstelle in der Grundlagenforschung sei für die nächsten drei Jahre geplant, und man suche dafür einen engagierten neuen Mitarbeiter. Man habe nur eine Bedingung: Ich sollte mein ursprüngliches Thema »Narzissmus unter leitenden Ärzten« aufgeben und mich dem Projekt der Arbeitsgruppe widmen: der Analyse von komplexen Bewegungsstörungen. Der ehrgeizige Mediziner in mir lenkte sofort ein, und ich gab mein ursprüngliches Forschungsvorhaben auf (zum Teil habe ich jedoch dieses Vorhaben nun mit diesem Buch realisiert). Was sollte ich denn machen? Ich brauchte den Job. Willkommen in der Realität, Pablo.

Als Narzisst konnte ich unmöglich ohne Doktortitel dastehen. Der Drang zur Wissenschaft und der Zwang zum Titel brachten mich letztlich nach ein paar Umwegen in die Pathologie. Mein neuer Doktorvater war eine wunderbare und starke Mischung aus Förderung und Forderung. Wenn ein Assistenzarzt mal einen Fehler machte oder zu wenig Leidenschaft für den Beruf zeigte, dann wurde er gelegentlich mit kräftiger Stimme vor versammelter Mannschaft geföhnt (kurz angefahren) und durfte dann zurück in den Fuchsstall (das Büro der Assistenzärzte) und aus dem Fehler lernen! Wir alle (auch der Professor!) nahmen es sportlich und mit Humor und kehrten nach kurzer Erholung in den Sektionssaal zurück. Wir kamen immer gestärkt aus diesen Situationen heraus, das war seine Intention. Unter seiner strengen und fairen Führung wuchs mein zartes Pflänzchen Doktortitel, das ich ein paar Jahre später dann pflückte. Dafür bin ich meinem Doktorvater wirklich dankbar. Seine Mischung aus Disziplin, Strenge, Willensstärke und Menschlichkeit gab meinem Charakter den nötigen letzten Schliff.

Er hatte Empathie! Er gab mir den anerkennenden Blick! Das war toll! Er wusste, ich wusste, dass er mich nicht fallen lassen würde. Denn er schätzte mein Engagement und meine Motivation. Ich liebte es, die Häute zu spalten, dahinter zu blicken und die Strukturen des

Körpers zu verstehen. Ich wurde ein besessener Anatom. Die größte Faszination übte das menschliche Gehirn auf mich aus. Ich wollte mehr darüber erfahren. Mein Weg als Arzt führte von der Hardware des menschlichen Körpers hin zur Software des Geistes und der Psyche. Ich hatte auf meinem Weg dorthin in der Pathologie viele Herzen aufgeschnitten, Därme mit der Knopfschere geöffnet, abschnittsweise gereinigt und Gehirne mit dem langen Messer fein aufgefächert und minutiös präpariert. Das Institut für Klinische Pathologie von Professor Klaus-Michael Müller blieb mir in wunderbarer Erinnerung. Es war durch seinen empathischen und mächtigen Chef eine gute Kinderstube, und wer aus diesem Stall herauskam, der hatte was gelernt.

Narzisstische Chefs

Seitdem 2016 Donald Trump zum US-Präsidenten gewählt wurde, ist der Narzissmus wieder salonfähig. Die Vorbildfunktion für die Gesellschaft ist mehr als ungünstig. Eine meiner Klientinnen fühlte sich in ihrem Job wegen Trump unter Druck gesetzt. Ihre Chefin forderte, sie müsse mehr Fake News raushauen und Härte zeigen. Sie weigerte sich und wurde von ihren Kolleginnen denunziert und bloßgestellt. Häufig ist die Ursache missbräuchlichen Verhaltens in Unternehmen ein viel zu schwacher Chef, der die Macht abgegeben hat an das mittlere Management, das dann diese Macht ausnutzt. »Die Personen in den mittleren Etagen der Entscheidungsstufen fangen an herumzuspinnen«, berichtete mir eine ehemalige vorstandsnahe Führungskraft einer großen deutschen Aktiengesellschaft. »Die haben Druck und die implizite Erlaubnis, radikale Entscheidungen zu treffen. Wenn sie diese Stufe geschafft haben, dann haben sie sich es verdient, Richtung Vorstand aufzusteigen. Die werden teilweise so gierig, dass sie über Leichen gehen. Der Vorstand selbst bemerkt diesen Druck nicht, weil der zu weit weg ist.«

Aber es ist nicht allein der Empathiemangel oder die Gier Einzelner. Das System ist erkrankt. Diese Form der Macht formt aus Menschen Zahlen. Sie nimmt den Menschen ihre Namen und damit ihre Menschlichkeit. Zahlen lassen sich leicht hin und her schieben. Nicht die Person zählt, sondern die Zahl, die diese Person produziert. Geht die Zahl nach oben, kein Problem. Stagniert die Zahl, dann schaut man drauf, ohne zu wissen, was für ein Problem dahintersteht. Wenn die Zahl absinkt, führt man ein Mitarbeitergespräch.

Das System kennt noch krassere Phänomene. Als ich davon hörte, musste ich minutenlang den Kopf schütteln. Junge engagierte Mitarbeiter werden gezielt »sauer gefahren« und nach ein paar Jahren wieder entlassen. Zusätzliche, aufwendige Arbeit wird als »Bonus-Option« angeboten. Das Unternehmen plant lange vor Beginn des Beschäftigungsverhältnisses, die Person für nur fünf Jahre zu beschäftigen, wissend, dass danach die Person »verbraucht« ist.

Die Leistung des Arbeitnehmers wird also bewusst ausgereizt. Jede Kommunikation mit Vorstand oder Führungskraft wird unterbunden, um keine persönlichen Beziehungen aufkommen zu lassen. Man drohe mit Abmahnung bei Kontaktversuchen. So weit der Insiderbericht meines Klienten, der sein eigenes Zuhause mied vor Scham, da er gescheitert war, und wochenlang in seinem Auto schlief.

Die Empathielosigkeit dieser Machtsysteme trifft immer die Mitarbeiter, schlägt voll durch und zerstört Motivation und sogar den Lebenswillen. Mitarbeiter werden krank. Steigen aus. Wenn der verantwortungsvolle Chef wirklich hingucken würde, würde er den Kindergarten sehen und erkennen, selbst Teil des Kindergartens zu sein. Das können viele narzisstische Chefs nicht ertragen. Ein wiederholt geäußerter Wunsch meiner Klienten ist, mit der Arbeit aufzuhören, sich sozial zu engagieren und den Konsumwahn zu beenden. Mit dem Schneller, Höher, Weiter einfach aufhören. Der Mensch ist nicht mehr in der Lage, über sich selbst sinnvoll nachzudenken. Vor den Toren meiner Praxis fegte ein heißer Feuersturm vorbei.

Ich bekam langsam so eine Ahnung, in welch einer narzisstischen Welt meine Klienten existieren mussten. Ab und an würde ein Mensch aus dieser narzisstischen Welt herausfallen, angekokelt in meine Praxis purzeln, sich in Ruhe wieder aufrichten, seine Brandwunden vernarben lassen und zurück in den Wahnsinn eilen.

Ich bin kein Unternehmercoach. Ich *behandele* aber die Unternehmer, Führungskräfte und Angestellten, ja, auch ab und an Chefs, die wegen Burn-out in meine Praxis finden, und höre erschreckend unmenschliche Geschichten. Ohne Empathie ist einem ein Mensch völlig egal. Wenn sich diese Haltung weiter durchsetzt, dann sind wir als Gesellschaft gescheitert.

Auf Empathielosigkeit richtig reagieren

Wie kann man dem wenig empathischen Klima empathisch und nicht zerstörerisch begegnen? Solidarität ist ein Stichwort. Hinhören ein anderes. Über diese Grenze gehen, die jeder von uns im Kopf hat. Wenn der Chef schwächelt und sich null für die Menschen in seinem Laden interessiert, hat der Arbeitnehmer meiner Meinung nach ein natürliches Recht darauf, Grenzen in Richtung Chefetage zu verschieben und zu überschreiten und den Arbeitgeber mit seinem Versagen als Führungsperson behutsam und mit Nachdruck zu konfrontieren.

Ich bin kein Coach für Arbeitnehmer, aber was macht das für einen Sinn, in einem Unternehmen, in dem gelogen und geheuchelt wird, zu arbeiten? Klienten, die ihren Job aufgaben oder rausflogen, fanden viel schneller eine neue Stelle, als sie dachten und als ihnen lieb war. Typischerweise dauert es circa ein halbes Jahr, so meine Erfahrung, bis sich etwas Neues findet. Natürlich muss in dieser Zeit stark an der eigenen Veränderung der narzisstischen, gierigen und ängstlichen Haltung gearbeitet werden. Müssen die wahren Bedürfnisse in einem gefunden und ausgesprochen werden. Aber der Weg findet sich. Es ist die Angst, loszulassen und die Arbeit aufzugeben, die einen fertigmacht. Klar, bei einer Kündigung rumpelt es etwas im Ablauf eines Unternehmens und in Ihrem Leben, doch dann geht es weiter, und Sie haben dadurch eine völlig neue Lebensqualität gewonnen. Freundlicher Hinweis: Sie leben *tatsächlich* nur einmal.

Tom und Tina arbeiten

Tina arbeitete bereits im Außendienst eines kleinen Familienunternehmens für Dermatologie und Kosmetik mit knapp fünfzig Mitarbeitern, in dem der Chef ein eigenes Klimakonzept anbot. Ein Klimakonzept für die Mitarbeiter! Das klingt toll. War es aber nicht. Fakt war: Das Firmengebäude verfügte über keine Klimaanlage. Die Mitarbeiter in den Laboren und in den Büros schwitzten im Sommer und froren im Winter. Selbst die extremeren Wetterschwankungen der letzten Jahre in Deutschland, mit heißen Sommern und kalten Wintern, erweichten nicht das kalte Herz des Chefs, eine Klimaanlage einzubauen. Mitarbeiter saßen im Sommer bei 39 Grad mit Füßen in Wassereimern an ihren Schreibtischen und fürchteten den kalten deutschen Winter.

Tina fügte sich und erhoffte sich, dass, je mehr sie sich bei ihrem merkwürdigen Chef einschmeichelte, ihre Chancen, im Unternehmen aufzusteigen, zunahmen. Sie solle sich mehr zeigen und an ihrer *Visibilität* arbeiten, ermahnte sie der Chef. Je mehr sie gesehen werde, so die Erwartung ihres Vorgesetzten, desto eher klappe es auch mit ihrer Karriere. Ihre Qualitäten als Kosmetikerin waren immer weniger gefragt. Tina wusste aber, weil sie narzisstisch war, an ihrer *Visibilität* zu arbeiten, und begann, Karriere zu machen.

Was tat nun der Chef gegen den hausinternen Klimawandel? Er beging täglich jede Etage des Gebäudes mit einem Klimamessgerät und beurteilte gemäß der Norm Qualität, Temperatur, Feuchte, Geschwindigkeit der Luft und Wärmestrahlung in den Großraumbüros! Der von Geiz und Gier zerfressene Chef wusste, dass die Arbeitsleistung, die Aufmerksamkeit und das Reaktions- und Denkvermögen seiner Mitarbeiter klimaabhängig waren. Daher zwang er die Mitarbeiter per detaillierte Dienstanweisung, zweimal am Tag stoßweise zu lüften. Für nur sieben Minuten mussten die Fenster geöffnet werden. Einmal um elf Uhr vormittags und einmal um vier Uhr nachmittags. Aufmüpfige Mitarbeiter, die zu einem anderen Zeitpunkt lüfteten, wurden von Kollegen bereitwillig beim Chef denunziert. Die Bedrohung war auch hier real, denn die Chefetage drohte mit mündlicher Abmahnung bei Nichteinhaltung des Klimakonzeptes.

Tina hielt das loyal ein und machte sich bei ihren Kolleginnen keine Freunde. Sie wagte es nicht, den Chef öffentlich bloßzustellen. Das wäre viel zu gefährlich gewesen. Offene Diskussionen vermied sie. Sie vermied es aber auch generell, ihren Chef auf sein merkwürdiges Regelwerk hinzuweisen. Viele von Tinas Kollegen kündigten wegen des schlechten Arbeitsklimas, es war emotional für sie kaum auszuhalten, und sie mussten gehen.

Der Chef ignorierte das vordergründig, aber irgendwie traf es ihn doch. Tina erkannte ihre Chance und wurde bald persönliche Assistenz der Geschäftsführung. Geschickt machte sie sich die Probleme des Chefs zu eigen und verstand sich darauf, ihn damit emotional zu entlasten. Fortan bestimmte sie über die Einhaltung des Klimakonzeptes in dieser Firma, aber der Chef ließ es sich nicht nehmen, jeden Tag mit der mobilen Klimastation durchs Haus zu gehen. Tina kultivierte immer mehr eine gewisse Empathielosigkeit zu ihren Kolleginnen und ließ nie die Probleme der anderen an sich heran. Nur oberflächlich gab sie an, sich um die Angelegenheiten der anderen als Assistenz des Chefs zu kümmern. Aber sie kümmerte sich nur um ihre eigenen. Statt auf Kooperation zu bauen und jeden Mitarbeiter einzeln zu fördern, in dem, was der Einzelne sehr gut kann, gilt in narzisstischen Systemen blinder Kadavergehorsam.

Tina kommentierte das zu Hause bei ihrem Tom, der wieder prahlte, heute vier Neuwagen verkauft zu haben. »Nur wer am Stuhl des Vorgesetzten sägt, verbessert das Produkt«, wusste Tom, »du solltest dir selbst der Nächste sein, Tina!«

»Bei Fehlverhalten meiner Kolleginnen wird denunziert, das ist völlig klar«, sagte Tina und dachte an ihr kleines Herrschaftssystem, das sie in der Firma mitinstalliert hatte.

»Schneller, größer, weiter!«, lachte Tom und prostete seiner Tina mit einer Flöte Prosecco zu. »Ohne Rücksicht auf Verluste und Mitarbeiter. Keine Gefangenen machen!« Sie lachten, denn sie hatten die Regeln im System verstanden. Toms und Tinas Leben gestaltete sich nach außen hin wie eine Ehe aus dem Bilderbuch. Typisch für Narzissten: Die Beziehung hatte keine Tiefe, denn beide waren zu einer tief greifenden liebevollen Bindung unfähig. Ihr Intimleben war weiterhin oberflächlich und inszeniert.

Tom, der als Autoverkäufer keine Karriere machte, war ständig damit beschäftigt, aus Tina eine Karrierefrau zu machen. Denn was er nicht erreichen konnte, das sollte Tina für ihn erreichen. Sie war für ihn wie ein Werkzeug für seinen eigenen Vorteil. Tom gab Tina regelmäßig Tipps und Hinweise, wie sie sich am besten zu verhalten habe im Haifischbecken. Tom baute sich seine Tina so, wie es ihm gefiel.

Tom und Tina hatten keine Freunde. Sie hatten einen Stamm von Verehrern, von Fans, die Tom und Tina applaudierten und sie hochpriesen. Weder Tom noch Tina konnten jemals echte Freundschaften haben, denn sie waren unfähig, liebevolle Bindungen aufzubauen.

Tina fiel irgendwann bei Tom auf, dass er wegen seines Jobs deprimiert und gereizt war. Wie war das möglich, war Tom doch der Größte im Verkauf und der Größte im Bett?

Das verstand Tina nicht. Sie erkannte nicht, wie so viele Opfer von Narzissten, dass Tom nur so großartig und selbstsicher auftrat, weil es ihn schützte. Gerade als Autoverkäufer konnte er keine Schwäche zeigen. Es war sein Schutzmechanismus. Innen war nur eine große endlose Leere, die er vor den Augen seiner Tina und allen anderen verbarg. Die Wahrheit aber war, dass Tom in den vergangenen sechs Monaten kein einziges Auto verkauft hatte. Aber diese Wahrheit kannte Tina nicht. Hätte Tina das alles gewusst, wäre ihr klar geworden, warum sie mit Tom emotional nicht tiefer in Verbindung treten konnte.

Tom hatte Angst vor einer zu engen Bindung, denn dann hätte Tina sein inneres Vakuum gesehen, sein Versagen, sie wäre erschrocken und hätte ihn vielleicht sogar verlassen. Dann lieber der oberflächliche Blender bleiben und jeden Tag vier Autos verkaufen, dachte Tom. Irgendwie dachte er, als Autoverkäufer werde er schon in Kontakt mit der High Society treten und gesellschaftlich aufsteigen. Ihn werde man nicht wie jedermann behandeln, denn er war anders. Er war etwas Besonderes. Aber es ging ihm schlecht dabei. Die emotionale Ebene mit der faktischen Ebene zu vermischen ist der Kern der narzisstischen Störung. Andererseits ist diese Vermischung auch Antrieb und Quelle für Kreativität. Wie Tom einmal sagte: »Die Kunden kaufen nicht das Auto, sondern sie kaufen mich!«

Höhenflug als Oberarzt

Und plötzlich machte ich etwas Karriere und war Oberarzt in der Psychiatrie. Ich! Zwar nur Interims-Oberarzt, aber immerhin. Plötzlich sprachen die Mitarbeiter mich anders an. Da schwang Respekt mit und huldvolle Distanz. Ich wuchs bestimmt nicht mit den Aufgaben im Amt, sondern versuchte bewusst, noch gelassener zu wirken, als ich es eh schon durch mein Temperament war. Das half aber nicht.

Die Sekretärin schlich neuerdings um mich herum und trug mir Zettel hinterher. Sie lächelte freundlich, als sie mein Arbeitszimmer betrat, und lächelte, als sie es wieder verließ. Das war nett.

Eine junge Psychologin brach in Tränen aus, als ich eine unterstützende Aufmunterung äußerte, sie möge doch das Ding da auf ihren Schultern benutzen. Es werde schon funktionieren!

Ärztliche Kollegen beugten sich vielsagend zu mir herüber, um mit mir ihre Einschätzung zu teilen. Man hielt sich an die Hierarchie. Das suggerierte mir natürlich, dass ich aus irgendeinem Grund wichtig war. Also glaubte ich es auch irgendwann. Ich war wichtig. Das aktivierte ein altes Muster. *Jetzt* war ich tatsächlich wichtig. Mit Amt und Siegel. Niemand riskierte es, sich mit offener Kritik gegen mich zu richten. Ich war unantastbar.

Was war nur aus den freundlichen, offenen Gesprächen mit Pablo geworden, die sich so beiläufig mit den Kollegen auf dem Flur oder bei einer Tasse Kaffee einfanden? Ich hatte bald den Eindruck, als Oberarzt im falschen Film zu sein. Ich wollte nicht diese Art von Macht. Das lag mir nicht. Bald tauschte ich den weißen Mantel des Oberarztes gegen den Schlabberlook des freischaffenden Therapeuten und Praxisinhabers ein. Ich wollte ja so ein lockerer Typ wie Johannes werden, und ich hatte den Eindruck, im System einer Klinik sei das nicht möglich.

Tom und Tina: Feel Good Management

Amerikanische Unternehmen, auch solche mit Niederlassungen in Deutschland, haben einen *Feel Good Manager*, was ein smarter Move des Arbeitgebers ist. Dieser Manager kümmert sich um das Wohlbefinden der Mitarbeiter. Tina erfuhr zufällig davon, und sie fing an, mit Kleinigkeiten wie einer gefüllten Obstschale die Stimmung in den Büros des Unternehmens aufzupeppen. Sie schlug ihrem Chef behutsam vor, für wenig Geld die Großraumbüros umzugestalten. Mit

Ruhe- und Arbeitsbereichen. Heute kennen das viele als Open-Space-Büros, aber damals, als Tina in die Geschäftsführung wechselte, war das noch ziemlich unbekannt.

Tina wusste, dass Mitarbeiter bei besonderen Arbeitsbedingungen eher das Gefühl haben, einen wertvollen Beitrag zu leisten. Dass das gut für die Motivation war.

Schwierig wird es natürlich, wenn schlechte Vorgesetzte schlechtes Personal um sich reihen. Nur exzellente Führungskräfte schätzen die Kreativität und Inspiration ihrer Mitarbeiter und haben von ihnen nichts zu befürchten, weil sie kooperieren. Schlechte stellen sogar gerne deutlich schlechteres Personal ein, da sonst ihr persönliches Risiko zu hoch wäre, von den eigenen Leuten überholt oder weggebissen zu werden. Gute Mitarbeiter werden somit ausgebremst.

Tinas Herangehensweise war erfrischend anders. Sie wusste, bei ihren Präsentationen ging es unbewusst immer auch darum, den Idioten in der ersten Reihe zu zeigen, was für eine tolle kompetente Type sie war. Dafür dachte sie sich folgenden Trick aus, damit ihre Präsentation erfolgreich funktionierte. Tina erklärte es Tom: »Wenn ich die Präsentation mache für einen Haufen cooler Leute, die alle super sind, dann wird die Veranstaltung toll. Die kann zwar auch noch misslingen, aber dann war sie halt zumindest cool. Ich freue mich mehr, den coolen Leuten was zu erzählen als ein paar Idioten. Es liegt an dir selbst, diese Einstellung zu bringen!« Tom, der ihr zusah, wie sie vor dem großen Schlafzimmerspiegel ihren Talk übte, verstand nicht genau, was sie damit meinte. »Die Schuld liegt nicht bei den anderen, vor allem wenn es um so persönliche Dinge geht wie die Eigenmotivation«, fuhr sie fort. »Dazu gehört auch, die Wertschätzung, wenn sie denn mal kommt, bewusst anzunehmen und sie nicht abzutun als gegeben oder wertlos.«

Tina muss irgendeine merkwürdige Erkrankung bekommen haben, dachte sich Tom. Er verstand nicht, wie ehrliche Wertschätzung funktioniert. Wertschätzung, die nicht oberflächlich war und den Wall der Arroganz durchbrach. Ehrliche Wertschätzung kann nur eine kurze Halbwertszeit haben, dachte er sich.

Tina hatte erkannt, dass sie diese Wertschätzung selbst, aus sich heraus, praktizieren und artikulieren konnte. Tom verstand nur Bahnhof. Tina musste verrückt geworden sein. Tina aber sprudelte vor plötzlicher Erkenntnis: »In einer Partnerschaft die uneingeschränkte Liebe zu erfahren wird immer einen Platz haben, egal was du machst. Die Wahrheit wird sich durchsetzen, und dann wird sich die Liebe uneingeschränkt mitteilen.«

Carlota sah von dem Manuskript auf und zu mir rüber: »Mein Schatz, hat die doofe Tina das wirklich so gesagt, oder hast du ihr das in den Mund gelegt? Kennst du diese Tina eigentlich? Ist die deine Patientin? Hast du zu der Kontakt? Magst du die etwa? Hast du was mit der?«

Ich grinste, schwieg und verwies auf den nächsten Teil in diesem Buch: Paarbeziehungen.

Teil II:

»Du, es liegt an dir!«

Wie man sich in Paarbeziehungen gegen Narzissten behauptet

»Du bist schuld!«

Warum Narzissten immer recht haben

Ich ... *bewundere* narzisstische Paare. Hier zeigen sich die dunkelsten Abgründe und die höchsten Gipfel der Persönlichkeitspsychologie. Das zu beobachten fasziniert mich. Dieses Theater zu leben und zu überleben ist ... einfach bewundernswert!

Narzissmus ist eine schwere Störung auf der Ebene der Beziehung. Es geht dabei um Kontrolle und natürlich auch um Bestätigung. Wer die Macht hat und wer in der Opferrolle steckt. Wer aktiv oder passiv-aggressiv ist. Wer die Täterrolle übernimmt. Wer auf welche Weise Gewalt ausübt. Wer auf welche Weise manipuliert. Auf welche Art der andere besetzt und gekapert wird. Wie die Grenzen verletzt oder unmerklich langsam verschoben werden. Wie tief die gegenseitigen Verletzungen sind. Narzissmus zerstört Beziehungen, weil er den Selbstwert des anderen angreift und auffrisst.

Tom und Tina kriseln

Das hätte Tina wissen müssen, als sie Tom heiratete. Aber sie wusste es nicht.

Tina fiel nur auf, dass Tom sie immer wieder auf ähnliche Weise nervte. Manchmal fiel ihr das erst sehr viel später auf, wenn die Situation längst eingetreten war. Tom war sehr geschickt darin, ihr Dinge einzureden. Er konnte sie überzeugen, ein dünnes T-Shirt anzuziehen, wenn es draußen kalt war, nur damit sie sexy genug aussah. So ein Blödsinn, dachte sich Tina, als ob ich nicht für mich selbst denken könnte! Irgendwie fühlte sich ihr Leben mit Tom langsam genau so an, als ob sie das falsche lebte. Als ob Tom ihr ein Leben übergezogen hätte, das sie nie leben wollte. Aber sie war doch auch ein Teil davon, also wollte sie es auch, oder?

Tina konnte sich auch nicht vorstellen, dass Tom einem definierten unbewussten Verhaltensmuster folgte, wenn er sie wieder manipulierte. So einfach gestrickt kann Tom nicht sein, dachte Tina. Menschen sind doch komplex. Menschen haben doch komplizierte Gefühle und widersprüchliche Bedürfnisse, dachte sie. Das fragte sie sich immer dann, wenn sie etwas Zeit für sich allein hatte und nicht wie gefangen von Toms Aktivitäten war.

Er wollte sie immer um sich herum haben. Ständig mit ihr seine Freunde besuchen, ständig mit ihr etwas unternehmen. Sie hatte keine eigenen Freundinnen mehr, nur mit den Frauen von Toms Freunden hatte sie Kontakt. Aber immer nur dann, wenn Tom mit dabei war.

Es gab ein intensives Freizeitprogramm. Kein Wochenende und keinen Abend verbrachte Tina allein. Er hatte sie irgendwie in Besitz genommen. Sich irgendwie auf sie draufgeschoben. Er bestimmte alles, was sie tat.

Und dann kam die Nachricht, dass sie schwanger war. Zwillinge. »Das ist deine Schuld!«, sagte Tom zu Tina. Tina gab ihren sehr gut positionierten Job in der Kosmetikbranche auf. Sie wollte die Zwillinge bekommen. Lange zermarterte sie sich den Kopf, ob sie wirklich Kinder in die Welt setzen wollte. Die emotionskalten Diskussionen, die immer im Streit endeten, drehten sich darum, die Kinder wegmachen zu lassen oder nicht. Tom sprach wie ein Autoverkäufer über die ungeborenen Zwillinge. Das machte sie sehr wütend. Tina stammte aus einem eher traditionell konservativen Elternhaus, und ein Abbruch der Schwangerschaft war für sie keine Option. Schuldgefühle plagten Tina. Sie hatten doch beide richtig verhütet.

Ihre Gedanken kreisten ständig in der Vergangenheit und in der Zukunft. Wie würde das werden mit Tom als Vater? Tina verlor sich Stück für Stück in ihren Sorgen, bis sie sich nicht mehr spürte. Tom verletzte sie emotional so sehr, dass es besser für sie war, nichts mehr zu spüren.

Emotionen managen wie ein Profi

In einer narzisstischen Beziehung wird die ständige Nähe zum narzisstischen Partner anstrengend. Unter anderem weil der Narzisst immer recht haben will. Das geht einem permanent auf den Zeiger. Was tun also in der Situation, wenn der Narzisst immer recht haben will, und wie mit den Emotionen umgehen, die in einem auftauchen? Den Narzissten davon zu überzeugen, dass er nicht richtigliegt, ist schwer, wenn man seine eigenen Emotionen nicht im Griff hat. Niemand kann sich vernünftig konzentrieren, wenn man vor Wut explodiert. Das weiß der Narzisst, und deshalb löst er gerne in den anderen heftige Emotionen aus, das hält sein Opfer schön emotional beschäftigt, und so kommt er mit seinen Plänen durch.

Das bedeutet für das Narzissmus-Opfer zunächst, ein wenig Emotionsmanagement einzuüben! Wir erinnern uns: Emotionen sind die Horde Wildpferde, die plötzlich auf einen zugaloppieren. Typischerweise werden Emotionen immer dann ausgelöst, wenn Narzissten eine Grenze überschreiten oder verschieben. Generell gilt: Ärger, Wut und Zorn entstehen, wenn moralische oder persönliche Grenzen überschritten werden. Schleichende Grenzverschiebungen fühlen sich eher ungewohnt und unangenehm an. Jeder Narzisst hat da so seine Masche, die Grenzen der anderen, seiner Opfer zu verletzen. Für Tina war Toms herablassende Bemerkung, sie könne sich ja die Zwillinge »ausbauen« lassen, extrem grenzüberschreitend. Der Umgang mit diesen Gefühlen, die bei Grenzverletzung auftauchen und einen packen, muss geübt sein.

Hier sind ein paar Tricks, wenn der Narzisst wieder nervig wird und Grenzen überschreitet. Dabei nicht vergessen, das Gesagte immer freundlich zu verpacken und keine angriffslustigen »Du«-Sätze zu formulieren.

Tipp: Grenzüberschreitung sofort ansprechen!

Mit solchen Reaktionen liegen Sie richtig: »Das ist jetzt sehr unangenehm für mich.« – »Das kann ich nicht aushalten.« – »Ich mache das nicht mit.« – »Das hat mich jetzt verletzt und getroffen.« – »Ich würde mir wünschen, wenn du das nicht erneut tust.« – »Mit dem, was du gesagt hast, hast du eine Grenze in mir überschritten.« – »Ich wünsche mir eine Entschuldigung von dir.« – »Ich wünsche mir, dass es nicht wieder vorkommt.« – »Ich wünsche mir, vorher gefragt zu werden, bevor du dich so entscheidest und es so machst.«

Eine Fülle von diesen Grenzüberschreitungsmeldungen ist denkbar. Wichtig ist, dass die Botschaft beim Narzissten ankommt und ihn – soweit möglich – nicht verletzt. Wenn Sie selbst also ganz mutig sind, und es packt Sie die Wut, um es ihm nun richtig heimzuzahlen und die Meinung zu sagen, riskieren Sie selbst, grenzüberschreitend zu sein! Sie müssen gemäßigt reagieren und die verschobene Grenze mit sanfter Bestimmtheit wieder zurückschieben.

Das Bierdeckel-Modell einer narzisstischen Beziehung

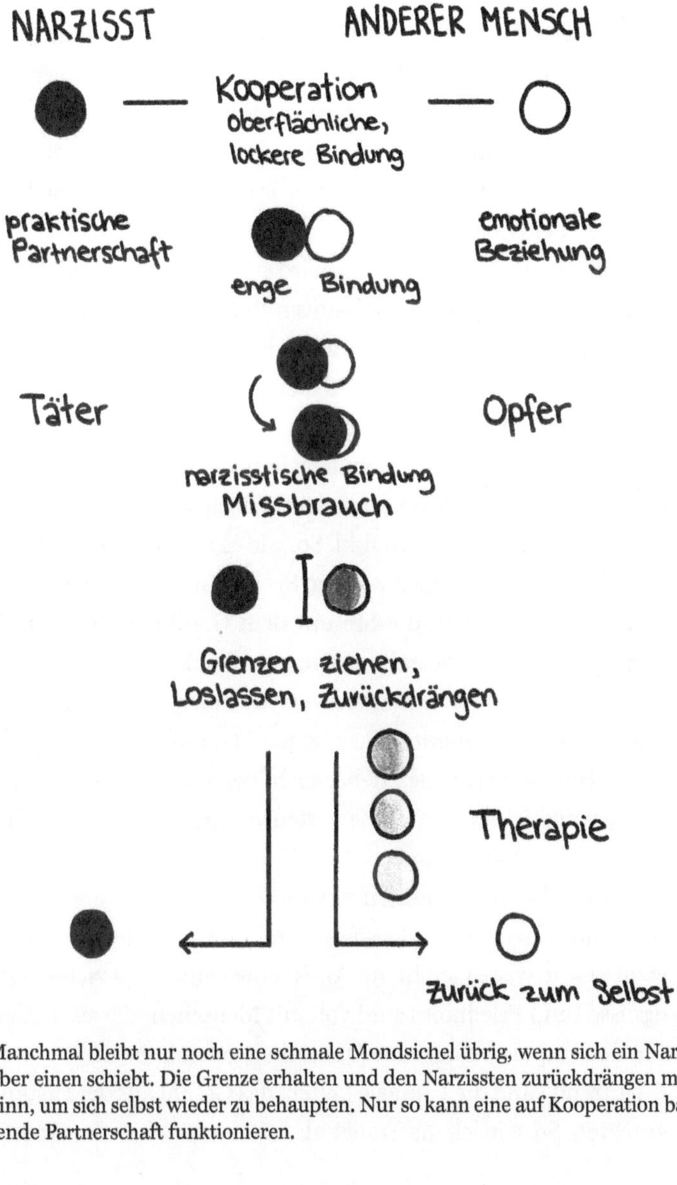

Manchmal bleibt nur noch eine schmale Mondsichel übrig, wenn sich ein Narzisst über einen schiebt. Die Grenze erhalten und den Narzissten zurückdrängen macht Sinn, um sich selbst wieder zu behaupten. Nur so kann eine auf Kooperation basierende Partnerschaft funktionieren.

Emotionale Grenzen setzen

Aus der Verhaltenstherapie nach Marsha M. Linehan gibt es viele schöne Übungen im Umgang mit heftigen Emotionen.[16] Eine meiner Lieblingsübungen ist, die Emotion aus der Distanz zu betrachten. Die Essenz der Übung lautet: Du hast zwar das Gefühl, aber du bist nicht das Gefühl. Wenn das Gefühl kommt, muss man einen Schritt zurücktreten und das Gefühl betrachten. Dann kann man versuchen, das Gefühl zu benennen.

Sobald man das Gefühl erkennt, wird es weniger drängend. Dann verschiebt es sich aus unserem primitiven Reptiliengehirn nach oben in den Bereich der analytischen Wahrnehmung unserer Großhirnrinde. Dann ist es ratsam, das Gefühl nicht zu bekämpfen. Lassen Sie das Gefühl in voller Pracht entstehen! Es will ja auch gesehen werden. Tun Sie dem Gefühl den Gefallen, beachtet zu werden, die eigenen Gefühle achtsam wahrzunehmen bedeutet noch keinen Narzissmus. Verändern Sie nichts an dem Gefühl. So, wie es ist, ist es in Ordnung.

Loswerden oder loslassen können Sie das Gefühl sowieso nicht. Aber Sie können die Zeit, die Sie mit dem Gefühl verbringen, so angenehm wie möglich gestalten. Die gute Nachricht ist nämlich, dass Gefühle wieder wie von allein verschwinden, wenn sie Raum bekommen. Falls die Emotion Sie zu einer Handlung drängt, gehen Sie diesem Handlungswunsch lieber nicht nach. Betrachten Sie den Handlungswunsch, ohne ihn zu bewerten. So ein Wunsch kann ganz unterschiedlicher Natur sein …

»Dich am liebsten töten zu wollen!«, rief Carlota und lachte laut auf. Zum Glück würde sie diesem Impuls nie nachgehen. Aber es besteht eine gewisse Gefahr, im Affekt eine Dummheit zu tun. Die Gefängnisse (und Friedhöfe) sind voll mit Menschen, die aus einem emotionalen Impuls heraus eine Dummheit getan haben.

Ergänzend kann die Fantasie helfen, das Gefühl aus der Distanz zu betrachten. So, wie ich die Trauer als in mir aufsteigendes Wasser spürte, als Johannes mich »bearbeitete«. Wut kann ein Feuerball sein, der vor einem schwebt und den Sie sich zuvor aus der vor Wut lodernden Brust geholt haben. Ekel ist wie grüner Schleim, der tropfend vor einem in der Luft hängt. Angst ist ein aufgescheuchtes Gespenst, das nervös vor einem flattert. Freude, als letzte der großen Emotionen, vielleicht eine wunderschöne Blumenwiese, die vor einem liegt. Aber Freude muss man gar nicht distanziert erleben wollen, denken Sie? Freude und Euphorie in einem zu spüren gehört leider auch zur Beziehung mit einem Narzissten, denn damit beginnt meist die Begegnung mit ihm.

Während sich das Gefühl aufbaut und wenn es dann in voller Stärke da ist, beobachten Sie die Reaktion des eigenen Körpers.

Bei Angst sind die typischen Zeichen Erstarren, Zittern, Magengrummeln, Pulsbeschleunigung, der Atem verändert sich, man hat ein Kälte- oder Wärmegefühl, bekommt Kopfschmerzen, Nackenschmerzen oder Schwindel. Manchmal gewinnt man auch den Eindruck, dass das Blickfeld sich einengt. In extremen Fällen dissoziiert man, man entrückt also der Wahrnehmung und fühlt sich wie abgetrennt von der Realität. Das kann auch dazu führen, keine Wahrnehmung oder Bewusstheit mehr in der Situation zu haben, an die man sich im Nachhinein nicht mal mehr erinnert. Fluchtimpulse können durchbrechen: Ich muss hier raus, ich muss hier weg!

Bei Wut und Zorn bebt der Körper, und der Herzschlag geht hoch, und alles stellt sich irgendwie auf Angriff ein. Anspannung: Muskeln werden fest, vielleicht ballt man die Faust oder spannt die Armmuskeln an oder beißt fest die Zähne zusammen, malmt auf ihnen herum. Der Atem ist kurz, oder man hält den Atem sogar an. Der Impuls kann anstehen, verbal laut zu werden, zu schimpfen und zu schreien, wie ein Druck in der Brust, der unbedingt und unkontrolliert rausmuss.

Bei Ekel ist es vielleicht ein starkes Gefühl der Übelkeit, es wird eng im Hals, und man spürt einen Brechreiz, man muss vermehrt schlucken und vielleicht würgen oder husten. Freude ist selbsterklärend und steht einem eh schnell im Gesicht: ein Grinsen, ein Glucksen, ein schallendes Lachen. Trauer legt sich irgendwie über einen und lässt einen still werden, nach innen gehen.

Für mögliche andere Gefühle, von denen es unendlich viele Kombinationen gibt, haben wir unsere typischen Körperreaktionen. Herauszufinden, wie die so sind in der Nähe Ihres Lieblingsnarzissten, ist doch schon mal eine erfüllende Aufgabe. Diese Emotionen dann mit der vorgestellten Übung zu managen wird Sie viel souveräner und selbstsicherer machen. Im Vorteil zum Narzissten sind Sie allemal, denn der kann ja nur schwerlich mit seinen wenigen und rudimentären Emotionen umgehen. Wenn Sie Ihre Emotionen kennen und die souverän kommen und gehen lassen, haben Sie wieder etwas mehr die Kontrolle über sich selbst gewonnen! Und niemals vergessen: innerlich reagieren, ohne im Affekt zu handeln! Folgen Sie nicht dem Handlungsimpuls, der mit der Emotion kommt.

»Wollen wir das mal üben, Carlota?«, fragte ich meine Frau mit spitzbübischem Gefühl in meiner Brust. Ich wollte sie herausfordern.

»Na gut, Elfjähriger!«, schoss es nur so aus Carlota heraus.

»Hey, so darfst du mich nicht nennen!!«

»Wütend? Wo spürst du denn die Wut des inneren Kindes an deinem Körper?«

Ich sah an mir herunter. Ich spürte nichts. Was meinte sie? Hatte ich mich irgendwo bekleckert?

Dann, als ich ihren spöttischen Blick auf mir spürte, erkannte ich, dass sie das, was sie in meinem Manuskript gelesen hatte, gegen mich verwendet hatte. Mit Erfolg.

Wenn die unangenehme emotionale innere Reaktion gespürt wird, muss man sie durchspielen! So lange, bis die Emotion schwächer wird. In Kurzform: Gefühl spüren, aus der Distanz betrachten, benennen, im Körper wahrnehmen, nicht danach handeln, obschon der Wunsch groß und verlockend ist, es doch zu tun ... langsam bis zehn zählen, abwarten, warten, warten und atmen nicht vergessen. Atmen ist wichtig. Und noch mal, weil es so schön war: Emotion ... spüren! Benennen! Betrachten! Körperreaktion? Handlungswunsch? Nichts tun! Von eins bis zehn zählen! Atmen! Und wieder von vorne, bis die Emotion einen nicht mehr so packt und kleiner wird, ja, vielleicht auch weggeht. Es kann natürlich dauern, bis die Emotion ganz verflogen ist. Trauer dauert ja bekanntlich länger, bis sie verschwindet. Aber die akuten emotionalen Reaktionen werden alle nach einer Weile, Sekunden bis Stunden, weniger. Dann kann der größte Narzisst auch gerne recht behalten. Er allein darf gerne recht haben, so für sich und ganz allein für sich.

Übung: Im Quadrat atmen (*box breathing*)

Meine Lieblingsübung: Im Karree atmen statt im Karree springen! Anleitung: Einatmen und langsam bis vier zählen. Atem halten und langsam bis vier zählen. Ausatmen und langsam bis vier zählen. Atem halten und langsam bis vier zählen. Dann wieder von vorne und so weiter und so fort. Bis die Anspannung nachlässt. Ich könnte diese Übung stundenlang machen! Wirkt aber auch in wenigen Minuten.

Humor kann helfen

Humor ist eine wunderbare Waffe im Kampf gegen Narzissten. Humor schafft durch Überzeichnung eine wunderbare Distanz zu schwierigen Themen. Etwa wenn der Narzisst laut wird und einen anschreit. Wie wäre es damit? »Lieber (Name), ich kann mich so schlecht auf deine Aussage konzentrieren, wenn du so laut sprichst. Vielleicht verstehe ich dich besser, wenn du angemessen mit mir sprichst. Sonst muss ich leider das Gespräch beenden, was ich sehr schade fände.«

Ironie und Humor schaffen vielerlei. Sie behalten die Kontrolle, und das Vergnügen liegt ganz auf Ihrer Seite. Begleitend zu Ihren humorvollen Reaktionen sollten Sie auch eine feste Grundhaltung zeigen und sich konsequent verhalten, wenn Sie Grenzen setzen. Wenn Sie in Ausschicht gestellt haben, das Gespräch zu beenden, und er wird nicht leiser, dann beenden Sie wirklich das Gespräch!

Tom und Tina auf der Sachebene

Wenn beim Streit die Emotionen abgekühlt sind und eine der Parteien erfolgreich dafür geworben hat, Grenzen einzuhalten, kann über das Sachthema gesprochen werden. So wie bei Tom und Tina. Tinas Emotionen waren Ekel und Wut, weil Tom so abfällig über das heranwachsende Leben unter ihrem Herzen gesprochen hatte. Tina hat verstanden, dass diese Emotionen sich bei ihr mit Schuldgefühlen und Ängsten, die sie schon von ihren Eltern eingeimpft bekommen hatte, vermischt haben. Sie musste zu Hause immer die Brave und Tolle sein, ein Mädchen zum Vorzeigen. Ihr Vater, das wusste sie als Kind natürlich nicht, war auch narzisstisch. Und das Kind narzisstischer Eltern zu sein hat sie geprägt. Ihrem Vater zu widersprechen war unmöglich. Auch er hatte meistens recht. Alles, was zu Hause besprochen wurde, blieb auch zu Hause. Eine

Kultur des Zur-Sprache-Kommens gab es nicht. Zu Hause wurde geschwiegen und getan, was der Vater sagte und was der Vater wollte. Sie war als Tochter nur das, was der Vater nie werden konnte. In Tom, das wurde Tina plötzlich klar, hatte sie sich einen ähnlichen Charakter wie ihren Vater ausgesucht. Das konnte unmöglich sein, aber es stimmte. Tom hatte immer recht. Er war es so gewohnt. Wer Tom genauer kannte, der wusste, dass Tom eigentlich immer nur die Kontrolle haben wollte. Rechthaberei war ein Mittel, die Kontrolle über andere Menschen zu erhalten. Ob seine Meinung Sinn ergab, für Tom oder für andere, war irrelevant. Hauptsache, er hatte die Deutungshoheit, Kontrolle eben.

Über Nacht entschied Tom, mit Tina und seiner Mutter einen Kurzurlaub in Zentralafrika zu machen. Er buchte die Flüge, das Hotel und mietete einen Geländewagen für eine mehrtägige Tour in den Urwald. Die Reise sollte in einer Woche losgehen. Tina überraschte er damit am nächsten Morgen. Sie war fassungslos. »Tom«, sagte sie, »weißt du nicht, dass das Ebola-Gebiet ist?« Tom zuckte mit dem Kopf. Ebola? »Ich bin schwanger, Tom! Ich will weder mich noch meine ungeborenen Kinder gefährden! Und deine Mutter ist fast siebzig! Du musst die Reise stornieren.« Das werde er nicht tun, antwortete Tom und wurde ganz bockig dabei, wie ein kleines Kind. Er belehrte Tina, Ebola sei nicht allzu ansteckend! Das wisse er genau! Tinas Antwort nicht abwartend verzog sich Tom in den Keller und hinter den Computer. Nicht dass er die Reise stornierte, nein, er suchte nach dem einen Beweis, dass Ebola, das tödliche, hochansteckende hämorrhagische Fieber, nicht ansteckend sei.

Am nächsten Tag ging Tom zu Tina und lud sie freudig ein mitzukommen. »Wozu?«, fragte Tina. »Lass dich überraschen!«, antwortete Tom und zog sie mit. Im Wohnzimmer saß Toms Mutter und blätterte in einem Afrikaprospekt. »Da ist sie, Mutter! Jetzt kannst du dich bei Tina bedanken, dass wir nicht nach Afrika fahren!« Tina begriff nicht, was hier ablief. Bedanken?

»Und Tina«, sagte Tom feierlich, »wie ist denn nun dein Vorschlag, den du uns unterbreiten wolltest, wenn du schon nicht nach Afrika willst? Wohin fahren wir denn nun in den Urlaub?« Tinas Stimme versagte. Sie bekam plötzlich einen heftigen Anfall von Übelkeit und rannte aufs Klo. »Schwangerschaftsübelkeit!«, sagte Tom bekümmert, und seine Mutter schüttelte den Kopf. Ihre Schwiegertochter war eine einzige Enttäuschung.

Mose und Dornröschen

Psychiater sind häufig historisch und literarisch interessiert und lieben alte Geschichten. Sie inspirieren manchmal zu schönen Analogien. Beim biblischen Mose und im Märchen vom Dornröschen finden wir zwei typische narzisstische Verhaltensweisen, die sich bei Paaren wiederfinden: das Mose-Syndrom und das Dornröschen-Syndrom. Der Prophet Mose befreite sein Volk aus der Sklaverei, führte es aus Ägypten in das Gelobte Land Kanaan. Dafür teilte er das Meer, erhielt in der Steinwüste Sinai die zehn Gebote vom *ihm*, dem Ewigen, brachte dem Volk fundamentale Sitten bei und goss damit das Fundament der heutigen Sozialethik.

»Pablo, komm auf den Punkt!«, schritt Carlota dazwischen.

»Was denn? Ich will nur korrekt referieren«, antwortete ich beleidigt.

»Deine Stimme wird wieder piepsig!«, bemerkte Carlota.

Wie auch immer. Mose steht also für denjenigen, der die Gesetze bringt und die Regeln aufstellt. So wie Tom, der immer bestimmte und immer recht hatte. Wie das möglich war? Na, dadurch, dass Tom sich für eine Art Gesetzeshüter hielt, auch wenn er sich gar nicht mit Mose beschäftigte.

»Und was ist mit Dornröschen?«, erkundigte sich Carlota.

»Dornröschen, die schlafende Schönheit, schläft ihren hundertjährigen Schlaf in ihrem von Bäumen, Dornbüschen und Brombeeren überwucherten Schloss und wartet auf den richtigen Prinzen, der sie wachküssen möge. Rette mich, oh Prinz, rette mich!«, mit einer großen Geste tänzelte ich durchs Wohnzimmer.

»Oh, wie wunderbar!«, feierte mich Carlota. Ich warf mich theatralisch in Pose, wie von einem großen Dorne erstochen: »Die meisten Königssöhne, die sie retten wollten, verendeten an den spitzen, langen Dornen. Bis der rechte Prinz angeritten kam, alsdann sich die Dornenhecke öffnete, der Königssohn hindurchschritt bis zum Schloss, wo er das schlafende Dornröschen fand und es wachküsste ...«

Bald trabte ich durchs Wohnzimmer, bald war ich bei meiner Carlota, die schon lasziv auf dem Sofa lag, bald wollte ich ihr einen Kuss geben.

»Alsdann alle im Hause erwachten, und so lebten sie glücklich und mit Freunden bis an ihr Lebensende!«, trug ich vor.

»Halt!«, sagte Carlota.

»Was?«, fragte ich verwundert.

»Du falscher Prinz, du bist ein Frosch!«

»Ähm«, sagte ich irritiert. Carlota hatte mich wieder auf einem meiner Höhenflüge ausgebremst. »Jedenfalls«, sagte ich schließlich weniger atmosphärisch, »kann ein Narzisst mit Dornröschen-Syndrom das Leben nicht so akzeptieren, wie es ist. Er oder sie sucht immer den perfekten Moment, den perfekten Partner. Doch welcher Mensch hat schon hundert Jahre Zeit, um darauf zu warten?«

»Du bist verrückt! Du spinnst!«

Manipulation und Gaslicht – wie macht der das mit mir?

Ich *liebe* es, andere zu manipulieren. Das ist eine krasse Methode, aber sie funktioniert. Kombiniere Emotionen mit Forderungen. Erniedrige deine Opfer und überhöhe sie zugleich. Sie werden dich lieben, und sie werden Angst vor dir haben. Mach sie alle abhängig von dir und von dem, was du ihnen zuführst. Du bestimmst ihren Wert. Du gibst ihnen das, was sie brauchen. Egal was. Solange du es ihnen geben kannst, wird es funktionieren. Und du wirst immer obenauf sein, denn sie werden dich tragen. Manchmal steckt die *Gaslicht*-Strategie hinter einer gut funktionierenden Manipulation.

Wer kennt solche Menschen nicht? Menschen, die mehr oder weniger nachweislich andere manipulieren. Mit denen man nicht unbedingt zu tun haben will, mit denen man aber gezwungen ist Zeit zu verbringen. Und dann macht man bei deren Show mit, lacht mit, wenn diese bestimmte Person einen schlechten, flachen oder dummen Witz macht. Manchmal sind es Vorgesetzte, manchmal Lehrer oder manchmal auch Freunde oder Ehepartner. Es sind meistens Menschen, von denen man irgendwie abhängig ist. Solche Personen nutzen es aus, dass man von ihnen abhängig ist. Emotional, körperlich oder finanziell.

Diese Leute können sich wie zur Tarnung als ganz lieb und verletzlich vor anderen darstellen, um dann wieder gezielte Angriffe gegen Sie zu starten. Sie können gemein, giftig, böse und herablassend mit dem, was sie sagen, sein. Und dadurch, wie sie es sagen und wie sie sich verhalten. Diese Leute können andere ganz beiläufig abwerten, andere ihre Macht spüren lassen und die Deutungshoheit an sich reißen. Was diese Leute sagen oder tun, mag lapidar wirken, vielleicht etwas zerstreut oder eine Nuance dümmlich, sie gehen aber häufig gezielt und mit entsprechenden Absichten vor. Sie verschleiern ihre verletzenden Absichten.

Diese Menschen wollen Herrscher sein über das Wissen und den Wert des anderen. Herrscher über alles sein. Solche Menschen greifen in Ihren Kopf und sortieren alles um. Ihre Gedanken und Ihr Empfinden. Das fühlt sich nur am Anfang der Manipulation (der Umprogrammierung) komisch an. Wenn solche Menschen Sie erst mal umgedreht haben und Sie loyale Jünger geworden sind, merken Sie es nicht mehr.

Solche Leute werden Sie für deren Zwecke einspannen. Irgendwann werden Sie solchen Leuten zuarbeiten. Erst etwas widerwillig, vielleicht. Eingegangene Verpflichtungen mit diesen Leuten werden Sie nicht mehr los, also machen Sie halt mal mit, werden gefügiger, lassen sich mal darauf ein, und dann tut es auch nicht mehr so weh. Dann werden Sie immer mehr in Anspruch genommen. Zeitlich und organisatorisch geraten Sie in eine Schieflage. Sie haben kaum noch Zeit für Ihre eigenen Angelegenheiten, und vielleicht möchten Sie in einem Gespräch das alles klären. Dann suchen Sie sogar Ihren Meister oder Ihre Meisterin freiwillig und unterwürfig auf, der (oder die) wieder viel spricht und verspricht, an das Sie aber irgendwie mit ein paar Abzügen glauben.

Vor allem werden Sie glauben, es selbst schaffen zu können, aus dieser Abhängigkeit rauszukommen. Ja, dieser manipulative Typ ist irgendwie schwierig, aber ich kann auf mich aufpassen, werden Sie denken. Bin ja schon groß. Irgendwann loben Sie den Typen in aller Öffentlichkeit. Sie merken, es ist profitabel mitzumachen. Narzissten umgeben sich gern mit Menschen, die ihnen nützen. Doch diese

»Nutzenbringer« meinen auch, vom Narzissten zu profitieren. Und so beteiligen sich beide Seiten am Spiel.

Zumindest glauben diejenigen, die sich auf Narzissten einlassen, gute Miene zum bösen Spiel machen zu können. Sie glauben, dass sie eine gewisse Kontrolle hätten. Dabei geht es meistens auf deren eigene Kosten, mit dem Narzissten zu tun zu haben. Aber das verdrängen die Menschen, die sich einem Narzissten dienlich machen. Denn sie erhoffen sich insgeheim einen Vorteil von ihrer Verbindung. Und wenn der Narzisst wieder einen schlechten Witz macht, dann lachen sie plötzlich am lautesten. Wie kann das sein? Diese Menschen sind dem Manipulator auf den Leim gegangen. Sich selbst haben sie dabei möglicherweise längst verloren. Sie existieren nur noch, weil der Narzisst definiert, wer sie sind.

Verwirrung mit Methode

Die Umkehr von Tatsachen oder Emotionen löst im Gegenüber ein natürliches Kontrollverhalten aus: eine Art kritische Selbstüberprüfung. Wird aber regelmäßig die Wahrnehmung des anderen umgedeutet (und ihm somit eine andere, einseitige, nicht selten falsche Wahrnehmung aufgezwungen), läuft die Selbstüberprüfung hohl, denn ständig überprüfen zu müssen, ob die eigene Wahrnehmung noch stimmt, ist sehr anstrengend. Bin ich verrückt geworden? Häufig folgt aus dem Verwirrspiel, das Narzissten perfektionieren, dass die Narzissmus-Opfer schließlich der eigenen Wahrnehmung misstrauen. Zieht sich so etwas über Jahre hinweg, kann das Selbstwertgefühl eines Narzissmus-Opfers nachhaltig geschädigt sein.

Typischerweise sorgt die Umdeutung der Realität im Gegenüber für Verwirrung. Das ist eine Manipulationstaktik, die zum Ziel hat, das Gegenüber emotional und kognitiv schachmatt zu setzen. Verwirrte Gefühle. Verwirrte Gedanken. Verwirrte Wahrnehmung.

Was ist nun wahr? Hinter diesem fein ausgeklügelten Manöver steckt allein die Absicht, den anderen zur Marionette zu machen. Es geht für den narzisstischen *Täter* auch darum, wieder mit den eigenen Plänen durchzukommen und auf Kosten des anderen den größten Nutzen zu ziehen. Das ist *Gaslicht*.

Zur Info: Gaslicht

Der Begriff *Gaslicht* stammt aus einem alten Theaterstück und Spielfilm vom englischen Schriftsteller Patrick Hamilton (1904–1962) aus den 40er-Jahren. Erzählt wird die Geschichte von einem Gauner, der eine reiche Dame heiratet. Die Herrschaften leben in einer Zeit, zu der es noch keine Elektrizität gab und man mit Gas die Zimmerbeleuchtung betrieb.

Um an ihr Vermögen ranzukommen, verwirrt der Gatte seine Ehefrau mit widersprüchlichen Aussagen. Er will sie für verrückt erklären und in die Irrenanstalt stecken. Jeden Nachmittag, wenn er aus dem Haus geht, lässt er seine Gattin mit der Täuschung zurück, dass er seinen Geschäften nachgeht. Dabei ist er auf dem Dachboden des Hauses, um nach dem dort vermuteten Vermögen der Dame zu suchen. Er braucht Licht, also schaltet er unter dem Dach die Gasbeleuchtung ein. Das führt dazu, dass die Gaslichter im Wohnzimmer flackern, just immer dann, wenn die Dame sich von ihren psychischen Strapazen erholen will.

Die Dame kann sich das Flackern nicht erklären und rätselt die ganze Zeit darüber. Sie kommt nicht zur Ruhe. Psychoterror pur: Das Flackern hört auf, sobald der Mann nach Hause kommt, weil er das Licht auf dem Dachboden zuvor ausgemacht hat. Um seine wahren Absichten zu verheimlichen, hört er nicht auf, seiner Frau einzureden, sie sei verrückt. Doch die Sache fliegt auf, der Gauner wird festgenommen, und die Dame wird nicht für verrückt erklärt.

Menschen, die Gaslicht betreiben, lügen schamlos und leugnen, etwas behauptet zu haben, selbst wenn Sie das Gegenteil beweisen können und sich genauestens an eine Begebenheit erinnern können. Solche Menschen verwenden alles gegen Sie, was Ihnen wichtig und lieb ist. Sie zermürben und ermüden Sie über die Zeit, bis Sie nicht mehr können und aufgeben. Menschen, die Gaslicht betreiben, halten sich nicht an das, was sie sagen, sie tun nicht das, was sie vorgeben, und lassen Sie warten. Sie lassen Sie einfach mit einer gestreuten Erwartung allein. Solche Narzissten sind ab und zu nett, lustig und freundlich zu Ihnen, aber nur um Sie emotional zu verwirren. Sie wissen, dass Verwirrung Sie schwächen wird. Sie projizieren eigene Schwächen auf Sie, um Sie an diesen Stellen zu bekämpfen und Sie damit gezielt abzuwerten. Sie streuen Misstrauen und Gerüchte, versuchen, Ihre Gruppe zu spalten und andere gegen Sie auszuspielen. Sie erzählen Ihren Liebsten und Ihren Freunden, dass Sie verrückt seien. Und dann sagen sie Ihnen, dass alle anderen Lügner sind. Menschen, die Gaslicht betreiben, sind toxische Narzissten. *Gaslicht* ist die totale Wahrnehmungsumdeutung des anderen.

Tom und Tina haben die Kunst des Gaslichts nicht perfektioniert. Nicht immer war Tom darin so gut wie im letzten Beispiel. Aber manchmal gelang Tom das Kunststück, Tina als dumm und verrückt dastehen zu lassen.

Wem das Gaslicht perfekt gelingt, ist Donald Trump. Überhaupt sind Politiker besonders darin begabt, Gaslicht zu betreiben. Selbst der Meister des Horrors, der Autor Stephen King, öffentlich bekennender Trump-Gegner, gab in einem Interview zu, dass Trump definitiv sein größter Horror sei.[17] Auch Bärbel Wardetzki, die bekannte Autorin zum weiblichen Narzissmus, beantwortete in einem Interview von *Hart aber fair* die Frage, ob sie nun Angst vor Trump habe, mit einem erst zögerlichen, dann ziemlich bestimmten »Ja!«.[18]

Eine Durchhalteparole der Anti-Trump-Bewegung in den USA ist *Resist!*. Widerstand! Nicht ermüden! Erst wenn der Widerstand zusammenbricht, haben der Mensch oder das System, die Gaslicht betreiben, gewonnen.

»Warum bist du hier wieder beim Baby Trump gelandet?«, fragte Carlota. »Erzähl mir von Tom und Tina!«

Tom und Tina bei Gaslicht

Na ja, wie gesagt, Tom und Tina hatten das nicht so drauf. Als Tina niederkam und ihre Zwillinge gebar, kommentierte Tom immer wieder ihre psychische Verfassung mit üblen Andeutungen. »Du wirkst irgendwie müde. Bist du erschöpft? Hast du irgendwas? Mütter bekommen doch so Depressionen nach der Geburt? Du bist depressiv. Jetzt weiß ich es, du bist depressiv!« Tom erzählte das unter vorgehaltener Hand in seinem Freundeskreis. Bis es irgendwann laut über die Bar gebrüllt wurde. »Hey! Was macht deine depressive Alte zu Hause! Du hier, komm, trinken wir auf deine Depressive!«

Was tun bei Gaslicht?

Das Weite suchen. Wenn das nicht mehr so einfach geht wie bei Tina, ist das die richtige Gegenstrategie: widerstehen. Jedes umgedrehte Wort aufnehmen und wieder richtig herum drehen. Zettel und Stift mit in die Gespräche nehmen. Minutiös Protokoll führen.

Gaslicht kann einem überall passieren. Es wird sogar zunehmen, so meine Prognose. Denn die Dominanz der Narzissten in der Politik prägt die Öffentlichkeit und bringt Nachahmer im Lebensalltag hervor. Narzissten werden Sie beleidigen und verletzen, worauf Sie natürlich und selbstverständlich emotional reagieren werden! Und dafür werden Sie als empfindlich und leicht kränkbar und hysterisch verfemt! Gaslicht ist, jemandem wehzutun und noch mal nachzutreten. Solche, die Gaslicht betreiben, suchen sich den schwächsten

Menschen aus, den sie angreifen. In einer Familie ist es vielleicht ein sensibles, schwaches Kind, das von dem narzisstischen Vater erniedrigt wird und dann, weil es weint, noch mal dafür geschimpft bekommt. In einer Büroumgebung wird man nachtreten, wenn Sie einen schwachen Moment haben. Das ist übel und tut verdammt weh. Wenn Sie die Kraft haben, kehren Sie das Heft des Handelns um!

»Das sagt man so nicht. Wieder das Heft in der Hand haben, das sagt man. Oder man dreht den Spieß um!«, erklärte Carlota.

»Korrigier mich nicht immer!«, kläffte ich zurück.

Carlota hatte natürlich recht. Redewendungen! Als Narzisst habe ich relativ spät erst kapiert: Man sollte nur das sagen, was man sicher beherrscht. Manchmal beherzigte ich diese Grundregel. Manchmal, da schwadronierte ich so durch den Blätterwald und Buchstabensalat, gab selbstverliebt irgendeinen Quatsch von mir und war irgendwie überzeugt, dass es stimmte und niemand mitbekommen würde, wenn es nicht stimmte. Im Kern jedoch war ich überzeugt richtigzuliegen. Lag ich mal daneben und erntete Hohn und Spott, verzog ich mich. Leckte meine Wunden und tauchte an anderer Stelle wieder auf. Ich brauchte nur eine neue Gelegenheit und ein paar neue Menschen, die mich noch nicht kannten. Dann sagte ich so ganz nebenbei, so als gut gemeinten, wertvollen Tipp: Wenn Sie es mit einem Typen zu tun haben, der Gaslicht betreibt, dann sollten Sie besser bald wieder das Heft in der Hand haben! Lassen Sie sich das Heft ja nicht aus der Hand nehmen! Holen Sie sich das Heft wieder zurück! Sie haben ab sofort das Heft in der Hand. Und drehen Sie den Spieß um!

Narzissten haben die Gabe, immer wieder neue Chancen zu nutzen, sich besser darzustellen, als sie eigentlich sind. Sie gewinnen immer wieder über diese Masche neue Menschen für sich, denen sie eine noch bessere Version ihrer selbst präsentieren. Neue Leute, neues Glück! Narzissten haben wenig Interesse am Gemetzel, das sie zurücklassen, der Blick geht immer nach vorne.

Spiegelung umkehren

Ich bin mir ziemlich sicher, wenn jemand die Chuzpe hätte, Trump in ein absurdes Gespräch zu verwickeln, nach dem er blöd dasteht und das völlig sinnentleert ist, wo es nur Polemik gibt und nur gelogen wird, dann wird das eine große Anzahl der Amerikaner gut finden. Weil viele Amerikaner halt auf merkwürdige, schräge Vögel stehen.

Irgendwann wird ein gewählter Clown auch gefährlich, wenn er wirklich einlöst, was er versprochen hat. Über Hitler wurde auch gelacht, am Anfang. Vielleicht stolpert Trump auch über seine eigenen Straftaten und wird rausgekegelt durch ein erfolgreiches Amtsenthebungsverfahren. Oder die Demokraten halten durch, bis Trump nicht mehr gewählt werden kann.

»Was auf dasselbe rauskommt«, ergänzte Carlota, »aber die Welt hat ihm ja ein Kind geschickt. Greta! Die wird er nicht kleinbekommen.«

Konfrontation mit dem Antihelden

In der Filmdramaturgie gibt es eine goldene Regel, nach der jeder gute Heldenfilm und jedes gute Drama funktioniert: Stelle dem Helden der Geschichte sein eigenes Zerrbild gegenüber, das viel schlimmer ist als er selbst. Der Held wird sich an seinem eigenen Monster abarbeiten müssen, um seine Heldenreise zu bestehen. So zelebriere ich es auch im Umgang mit Narzissten. Wenn ich einen Narzissten vor mir habe, zeige ich ihm seine grässliche Fratze, indem ich ihm ein verzerrtes Spiegelbild seiner selbst vorhalte und ihm einen großen Schrecken einjage. Das können Sie auch ausprobieren!

- Sei noch selbstverliebter, als der Narzisst es ist.
- Sei frecher, als der Narzisst es ist.
- Sei ordinärer als der Narzisst.

- Sei lauter als der Narzisst.
- Sei verrückter als er.

Jagen Sie dem Narzissten also den Schrecken seines Lebens ein. Nehmen Sie ihm dann den Spiegel weg und halten ihm einen normalen Spiegel hin. Sagen Sie dem Narzissten: »Schau, das bist du. Schau dich an. Ich bin dein Spiegel.« Die Manipulation umzukehren ist denkbar einfach. Kaum jemand tut es. Aus Angst, aus eigener Verunsicherung. Aber es funktioniert. Einzig wenn der Narzisst zu sehr viel Gewalt neigt, läuft man reale Gefahr, körperlichen oder seelischen Schaden davonzutragen. Die folgenden Ideen und Übungen also nur mit größter Vorsicht probieren, wenn der Narzisst zu gewalttätigen Ausbrüchen neigt.

Sollte jemals körperliche Gewalt ein Thema sein, nehmen Sie bitte professionelle Hilfe in Anspruch und beachten Sie die Hinweise unter »Hilfe bei häuslicher Gewalt« auf Seite 37.

»Wie hast du das eigentlich gemacht, Carlota?«, fragte ich meine Frau. Wir lagen auf dem Sofa aneinandergeschmiegt, und Carlota las in meinem Manuskript.

»Was? Dich gespiegelt?«, gab sie fast etwas gelangweilt zurück.

»Ja. Hast du, richtig?«

»Ich komme beispielsweise damit klar, dass du nicht perfekt bist«, antwortete Carlota.

»Aua.«

Dabei tat ich sehr viel, um *einen guten Eindruck zu machen* und perfekt zu *wirken:* immer mit meinen Liebsten zusammen sein, die uns gegenseitig spiegelten, dass wir perfekt waren.

Eine lustige Geschichte: Als meine Tochter Tischmanieren lernen sollte, zog ich sie damit auf, dass man ja nie wüsste, vielleicht sitzt man irgendwann im Leben neben einem Prinzen, und dann fällt man auf, wenn der Ellbogen auf dem Tisch steht oder die Gabel in der Luft wirbelt. Meine Tochter glaubte mir nicht, bis ihr neuer Schulkamerad tatsächlich ein Prinz war! Ich konnte nicht mehr vor Lachen, als sie mir das sagte! Heute erzähle ich diese Geschichte nicht mehr, weil ich damit meine Tochter beschäme. Vor allen Leuten! »Jetzt erzählst du sie ja schon wieder!«, fauchte Carlota.

Spürbar spiegeln

Die Umkehrung der Spiegelung für den Narzissten muss spürbar sein. Es wird ihn auch beschämen und kränken. Aber einer muss es ja unter kontrollierten Bedingungen machen. Einer muss es dem Narzissten mal sagen! Leider klappt das eher in Momenten, in denen der Narzisst die Bereitschaft hat zuzuhören: in einem passenden Moment, den man sich bewusst schaffen muss. Oder in der Psychotherapie.

Zur Info: Der passende Moment für Kritik

Ein paar Minuten. Den richtigen Moment erschaffen. Dieser passende Moment kann eine gezielte Verabredung sein. Eine Familienkonferenz beispielsweise. Bei Kaffee und Kuchen um fünf.

Jeder hat dabei das Recht der freien Rede für zwei bis maximal fünf Minuten. Gucken Sie auf die Uhr! Halten Sie die Zeit unbedingt ein! Jeder Einzelne darf in zwei Minuten alles sagen und darf nicht unterbrochen werden. Mehrere Durchgänge sind erlaubt. Bis alles gesagt ist. Man darf nicht für das Gesagte bestraft werden. Weder emotional noch anders unter Druck gesetzt werden. Es darf weder kommentiert noch widerlegt werden. Das Gesagte bleibt im Raum stehen und muss als die Wahrheit des anderen voll anerkannt werden. Versuchen Sie, Ihr Gegenüber so unvoreingenommen wie möglich wahrzunehmen. Versuchen

Sie zu erkennen, was das Gegenüber wirklich will und ist. Dann dürfen Wünsche an den anderen geäußert werden. Ergebnisoffen und ohne Zwang oder Druck: »Ich wünsche mir, dass du netter zu mir bist.« Auch diese Wünsche bleiben unbeantwortet und unkommentiert! »Ich wünsche mir, dass du mich weniger häufig belehrst.« Keine Kommentare! Narzissten neigen zwanghaft dazu, alles für sich passend hinzudrehen, das ist *verboten* in diesem Gespräch. Finden Sie nicht auch, dass es furchtbar ist, wenn Narzissten versuchen, ihr Verhalten zu rechtfertigen, über Stunden hinweg, um von ihrer Schuld abzulenken?

Sie dürfen als Narzissmus-Geschädigte (oder als -Geschädigter) auch nichts kommentieren und nicht auf das Gesagte antworten! Nach dem Gespräch lassen Sie die Zeit verstreichen und haben Sie viel Geduld! Das Leben wird weitergehen, und die Aussagen werden bewusst oder unbewusst ihre positive Wirkung entfalten. Wenn nicht, schicken Sie das Arschloch, das Sie zu Hause haben, einfach zu mir.

Abenteuer Therapie

Wer bei mir in Therapie geht, der kann was erleben. In der Therapie arbeite ich zunächst an der emotionalen Bindung. Dabei gehen freundliche Schwingungen hin und her, ich lasse uns Zeit, viel Zeit. Es geht ums Ankommen und ums Sichwohlfühlen. Das ist sehr wichtig. Narzissten haben ja eine unendliche Sehnsucht nach einer Bindung. Diese Sehnsucht ist zwar verkorkst und besitzergreifend, aber eine brauchbare Basis für Therapie. Sonst, ohne diese wichtige, vertrauensvolle Bindung, kommt der Narzisst vielleicht nicht wieder. Soll er aber, er macht ja Therapie. Der will ja vielleicht tatsächlich etwas lernen. Mit dieser positiven Haltung steige ich immer ein. Das spürt der Narzisst und findet das grandios. Davon will er selbstverständlich mehr.

Verständlicherweise sind am Anfang viel Scham und Unsicherheit im Raum, auch beim Narzissten, sodass erst einmal eine gute Vertrauensbasis geschaffen werden muss.

Irgendwann mache ich mich erst so ein wenig lustig über die narzisstischen Schwächen des anderen. Ich versuche, Ehrlichkeit und Freiwilligkeit zu fördern, auch das »Dunkle der Seele« gemeinsam zu teilen. Ehrlichkeit, um Scham ebenso wie Trauer behutsam zu erreichen. Die bewusste, kontrollierte Erlebniserfahrung starker Gefühle wie Scham ist ein Ziel.

Das geht mit Humor und Empathie. Mein Humor ist freundlich und nicht abwertend, sondern immer bestärkend und entlarvend. Mit starken selbstironischen Zügen. Zunächst wird gelacht, um die Kruste zu knacken. Dann wird schweigsam und empathisch hineingespürt. Manchmal erzähle ich Geschichten, die mir passiert sind, so beiläufig, aber das Thema des Narzissten kommt darin vor. Die Schwäche des Narzissten, die er nicht erkennt, halte ich ihm mit einer kleinen Anekdote hin.

Geschichten sind dann wie Spiegel. Diese können klein oder größer sein, je nachdem wen ich da vor mir habe. Irgendwann beginne ich damit, behutsam und tastend, den Spiegel direkter einzustellen. Die Reflexion des Narzissten mit einer versüßenden Prise Humor unangenehm und mittendrin spürbarer zu machen. Ihn zu blenden und zu irritieren.

Der Narzisst legt Wert auf Eleganz? Ich mache mich über andere Typen lustig, die auf Klamotten stehen. Einer hat besonders elegante Schuhe an? Ich erzähle beiläufig, wie ich mir Schuhe für achthundert Euro gekauft habe, die viel zu eng waren. Jemand erzählt nur von sich selbst, was nicht ungewöhnlich in einer Therapie ist, und ich fange an, nur von mir selbst zu erzählen, und überziehe gnadenlos die Therapiestunde, bis der Narzisst sagt, dass er gehen muss. Meistens ist es ja umgekehrt. Ich eröffne oft die Therapiestunde, die tatsächlich nur fünfzig Minuten lang ist, mit dem Satz: »Jetzt haben Sie für fünfzig Minuten meine volle Aufmerksamkeit, und um zehn vor ist Schluss« – das funktioniert nicht immer. Narzissten überziehen immer gern und bringen so kurz vor Ende der Stunde noch eine Geschichte, die ich dann brutal abwürge.

Weinen und Loslassen

Wenn ich den Impuls verspüre, eine kleine Übung zu machen, eine Imagination oder eine fantasierte Geschichte, die uns fortträgt und das unbewusste Thema des Narzissten aufgreift, dann mache ich das einfach. Wenn ich den Impuls verspüre, den Narzissten über ein paar Dinge des Lebens mal grundsätzlich informieren zu müssen, dann mache ich das. Dann setze ich den Narzissten »auf den Topf«, ich rede Klartext mit ihm. Wenn ich den Impuls verspüre, eine emotionale Saite beim Narzissten in Schwingung bringen zu wollen, dann mache ich das, und dann kommen Tränen. So ungefähr nach zwanzig Minuten darf geweint werden. Das ist in Ordnung. Alles muss raus. Das Leiden und Trauern ist ein Teil davon. Ein erster wichtiger Schritt. Bis Minute vierzig muss ich dann aber die Kurve kriegen und alles wieder aufräumen. Gefühle zurück ins Regal. Alte Geschichten ab in die Kiste. Neue Einblicke kann er mitnehmen, rein damit in den Rucksack. Platz machen für das Abschiedsritual. Denn jetzt kommt der große Moment des Loslassens. Jetzt muss man stehen lassen, was gesagt und gedacht wurde.

Wann ist der nächste Termin? Und danach? Und danach? Nicht selten begleite ich am Anfang der Therapie die Klienten aus der Praxis. Zeige ihnen den Weg. Viele sehen den Ausgang nicht mehr. Sie wollen einfach bleiben. Im Narzissten tut sich eine erste Dissonanz auf. Der Typ hier ist nett zu mir, und derselbe Typ will jetzt, dass ich gehe?

Herausforderungen

Manchmal lasse ich Narzissten auch vor meiner Praxistür warten. Das passiert mir auch sehr oft unbewusst, und ich weiß nicht, was das zu bedeuten hat. Damit die vorher schon merken, dass ich hier die Kontrolle habe? Um den heilsamen Widerspruch deutlich zu machen, dass es Angenehmes oft nur in Begleitung mit Unangenehmem gibt?

»Wie kannst du unbewusst einen Patienten vor der Tür vergessen?«, fragte mich Carlota.

»Ach, das kann ich ziemlich gut. Vielleicht unbewusste Ablehnung? Schwierige Klienten, die mich herausfordern. Manchmal habe ich so viel zu tun, da merke ich nicht, wie die Zeit vergeht.«

»Du machst zu viele Sachen gleichzeitig. Das ist es. Du verzettelst dich!«

»Ich verzettele mich nicht!!!«

»Deine Stimme piepst wieder!«

Manche meiner narzisstischen Klienten wollen mit mir nach der Stunde noch ein Eis essen oder ein Bier trinken gehen. Aber da helfe ich mir mit der Abstinenzregel. Keine private Beziehung zum Klienten aufbauen! Keine Geschenke annehmen, die einen Wert unter fünfhundert Euro haben! Kein Ferienhaus, das nicht in Südfrankreich oder an der Costa del Sol liegt, annehmen! Kein gemeinsamer Saunabesuch mit der Dame meiner Wahl! Riesling von der Mosel nehme ich nur kistenweise. Rotwein nur aus Südeuropa! Gefälligkeitsatteste nur ab 20.000 Euro aufwärts. Muss ja die Anwaltskosten mitberechnen, falls mir der Scheiß um die Ohren fliegt!

Therapeutische Reinigung

Warum tue ich gemeiner Kerl das? Weil nur so der Narzisst, Stunde für Stunde, seine Läuterung erfährt und sich von den schmutzigen

Seiten des pathologischen Narzissmus befreien kann. Ich muss nur elegant Widerstand leisten und den längeren Atem haben. Bis im Narzissten hoffentlich die selbstreflektierte Frage aufkommt: Warum macht der Hagemeyer das? Warum komme ich da nicht weiter? Warum windet der sich? Ich will ihn doch nur ganz für mich allein! Ich will sofort alles wissen, was er in mir sieht!

Manchmal habe ich das Gefühl, dass viele meiner narzisstischen Klienten nicht unbedingt alles wissen wollen, sie wollen schließlich nur sich selbst verstehen. Aber das dauert noch. Denn zunächst ist da diese Unruhe. Diese Gier. Diese, ja, diese Angst. Alles mischt sich, und ich sortiere zunächst.

Die unruhige, drängelnde Gier überträgt sich ja sofort. Dahinter ist die Angst, allein zu sein, etwas zu verlieren, was einem gehört. Der Geiz. Etwas zu wollen, was einem noch nicht gehört. Die Gier.

Nur ich, der Therapeut, kann helfen. Nur ich, der Therapeut, hat die glänzende Idee. Mitnichten. Die Lösung liegt immer im Narzissten selbst. Ich kann nur geschickt Fragen stellen, um den Narzissten behutsam zu entlarven und hilfreich über seinen psychischen Bauplan zu spekulieren.[19] Wenn die Gier zu groß, die Unruhe zu getrieben ist, dann verschwinden einige Narzissten auch wieder und suchen woanders weiter nach sich selbst. Werten mich dann ab als »nicht so guten Therapeuten«, übernehmen aber gern meine Hinweise als ihre ureigene Meinung und halten es mir vor, belehren mich und sind auf und davon. Das sind wenige. Die meisten wollen bleiben, da ich so wahnsinnig nett und charmant zu ihnen bin. Viele haben eine wahnsinnige Bedürftigkeit, sich angenehm durch mich gespiegelt zu sehen. Das ist die wohlwollende Anerkennung: der liebevolle, anerkennende Blick, den Narzissten viel zu wenig in ihrem Leben bekommen haben.

»Du, ich glaube, das fehlt«, sagte Carlota sanft.

»Was?«

»Dein anerkennender Blick, ich meine, hier zu Hause. Du bist nie da.«

Das stimmte sogar. Ich war lange in der Praxis. War oft unterwegs. Sah meine Familie kaum. Die Kinder. Der Hund, wie der sich immer freute, wenn ich spät nach Hause kam!

»Bleib mal länger bei uns, das tut den Kindern gut.«

»Aber ich dachte, ich nerve nur?«

»Nur wenn du schon auf der Türschwelle irgendwas willst. Dann ja, das nervt. Aber ... sei einfach mal da. Dass wir dich spüren können, in Ruhe.«

Mir kamen ein wenig die Tränen. Einfach nur da sein? Ohne was zu leisten? Ohne etwas zu wollen? Ohne etwas zu sagen? Wie soll das gehen?

»Und ab und an sehen wir uns an, schenken uns schweigend einen liebevollen Blick und wissen: Alles ist gut«, sagte Carlota, und sie lag damit so goldrichtig! Das sollte ich verändern. Ich sollte nicht nur Anerkennung einfordern, sondern sie auch geben.

Zum Ende der Therapiestunde werde ich übrigens noch viel, viel netter und freundlicher. Bei mir läuft eine Stunde nach einem klaren Plan ab. Auch wenn ich Tiefenpsychologe bin, ich habe eine verborgene Struktur. Im ersten Teil der Stunde bekommt der Narzisst seinen Raum. Das ist meist Redezeit und Ausbreitungszeit. Muss sein, gehört dazu. Dann steige ich ein, nach 10 oder 15 Minuten. Dann beginne ich mit der behutsamen Spiegelung der Dinge, mit denen Narzissten ungern konfrontiert werden: Gedanken, Gefühle, Verhalten, Wahrnehmungen, Projektionen, Übertragungen, Abwehrstrategien, Stimmungen und Bedürfnisse.

Ich checke natürlich auch, was ich meinem Narzissten alles zumuten kann. Versteht er mich? Wie kann ich ihm (oder ihr) etwas Kritisches sagen? Wie flexibel ist er im menschlichen Miteinander?

Was für ein Gedankengut trägt er mit sich herum, ist er konservativ oder liberal im Denken? Wie ist sein innerer moralischer Kompass? Wie feindselig ist er oder wie freundlich, hat er Humor oder nicht? Es gibt viel zu beachten.

Übertragungszentrierte Arbeit mit Narzissten

Eine wirksame psychotherapeutische Methode Otto Kernbergs ist die Verwendung der Übertragung: Der Behandler erfasst die unbewussten Charakteranteile des Narzissten und macht diese durch sein aktives Handeln dem Klienten bewusst.[20] Bei dieser Methode wird nicht wie in der Psychoanalyse die Kindheit bearbeitet. Bearbeitet werden die automatische Übertragung alter Muster aus der Kindheit und die heutige Reaktion darauf. Der Patient reagiert im Hier und Jetzt auf die Emotionen und Verhaltensweisen, die für ihn typisch sind.

Damit, so die Idee, ist der Klient sofort in der Eigenverantwortung seines Tuns und löst sich von den alten Geschichten, die er ständig mit sich herumträgt. Die alten Ressentiments. Ich will damit natürlich nicht behaupten, dass Traumata keine Rolle spielen! Die Beschäftigung mit der Erinnerung an alte Verwundungen hat ihre Berechtigung. Aber der Vorteil bei dieser Methode ist, dass das Beschuldigen oder Anklagen der Eltern nicht mehr bestärkt wird. Vielmehr wird die Eigenverantwortung des Klienten für das Gegenwärtige gestärkt. Alte seelische Lasten verlieren hierdurch an Macht.

Es ist nur wichtig, dass der Narzisst kapiert: Das, was *jetzt* passiert, ist wichtig. Ja, vielleicht bin ich früher zu kurz gekommen, aber jetzt kann ich das Leben anders gestalten: Jetzt kann ich dafür sorgen, dass ich nicht zu kurz komme. Vor allem darf ich andere Menschen nicht schwächen oder zerstören, nur weil ich selbst einmal schwach war und mich erniedrigt gefühlt habe.

Der Verzicht darauf, andere Menschen zu schwächen, ist die oberste Prämisse, die ich als Therapeut vermittle. So wird für jeden Augenblick daran gearbeitet, auf sich zu achten. Und sich selbst nicht dabei zu zerstören. Die Behandlung der übertragungszentrierten Psychotherapie wurde zunächst für die *Borderline-Persönlichkeitsstörung* entwickelt, funktioniert aber meiner Erfahrung nach sehr gut auch bei Narzissten.

Zum Effekt: Narzissten bewerten, sie idealisieren oder entwerten die Welt, und so auch ihr Gegenüber, wenn dieses in ihre Fänge kommt. Wie ein Therapeut, der sich einem Narzissten gegenübersetzt – freiwillig und aus beruflichen Gründen. Sofort übertragen sich Emotionen des Narzissten auf den Therapeuten, wenn der Therapeut sich emotional zurücknimmt. Der Therapeut wird wie von selbst, wenn der Narzisst ihn betrachtet, zum Ideal oder zum Versager.

Ich benenne stets diese emotionalen Reaktionen, die der Narzisst in mir auslöst. Ich gehe nicht auf den Inhalt der Botschaft ein. Sondern nur auf das Gefühl, das der Narzisst in mir auslöst: die narzisstische Wut und die Abwertung beispielsweise.

Im besten Fall verwechselt die emotionale Seite des Narzissten den Behandler mit einem seiner prägenden Menschen, erkennt Emotionen, Gedanken und Reaktionen in Bezug auf seinen Vater oder seine Mutter im Therapeuten. »Sie verhalten sich wie meine Mutter, so streng und kalt!«, ist ein typischer Satz. »Sie verwirren mich, Sie machen mir Angst. Ich bin jetzt wütend auf Sie! Ich brauche sofort einen neuen Termin!« Diese und andere Dinge sagt der Klient in der Reaktion auf meine Aktion, weil sein emotionales Gehirn, nicht sein vernunftbegabtes Gehirn (der Kortex), ihn dazu drängt.

Die Gefühle im Narzissten sind zu stark, um sie nicht zuzulassen. Sie beherrschen ihn, daher dürfen sie die Therapiesitzung mitsteuern. Es ist ein kontrollierter Aufzug eines immer wiederkehrenden

Theaterstücks. Das, was der Narzisst jeden Tag draußen in der Wildnis inszeniert, wiederholt sich in meiner Praxis. Damit zu arbeiten ist für mich ein großes, anregendes Vergnügen.

Selbsterfahrung

In meiner eigenen Psychoanalyse im Rahmen der Facharztausbildung spürte ich, dass da ein Wesen vor mir saß, das wie meine Mutter war. Sehr vertraut schien mir die Therapeutin zu sein, obwohl ich sie nicht lange kannte. Ihr wollte ich sofort zeigen, wie toll ich war und was ich alles schon verstanden hatte an der Psychoanalyse. Ich erzählte ihr begeistert davon, dass ich von meiner Mutter gelernt hatte, was ein freudscher Versprecher ist. Daher mochte ich schon so früh den Namen Sigmund Freud. Weil meine Mama ihn so oft sagte. Ich dachte mir immer: Das muss ein Kerl sein, wenn meine Mama den erwähnt!

Meine Analytikerin lächelte nur milde, tauschte einen freundlichen Blick mit mir und nickte. Als sie das tat, bemerkte ich zum ersten Mal, wie idiotisch ich mich verhielt. Meiner Analytikerin zu sagen, dass ich wusste, wer Sigmund Freud war! Das ist, als würde ich Angela Merkel sagen, dass ich wisse, wer Horst Seehofer ist. Sachlich gesehen war das, was ich sagte, im besten Fall überflüssig. Ich merkte, dass ich eigentlich etwas ganz anderes von der Therapeutin wollte, auf die ich meine Sehnsucht nach mütterlicher Anerkennung projizierte. Ich wollte einen emotionalen Austausch. Ein liebevolles Lächeln. Anerkennung, Liebe. Mehr nicht. Ich bemerkte auch im selben Augenblick, dass ich sehr wohl Liebe erfahren hatte. Sehr viel Liebe. Wieder erntete ich das anerkennende Lächeln der Analytikerin. Ich sah diese ganzen wunderbaren Augenblicke meiner Kindheit. Da gab es auch Geborgenheit und Wärme. Natürlich! Ich hatte es nicht mehr so sehr in Erinnerung. In diesem Augenblick wichen die schlechten Emotionen aus mir. Ich hatte erkannt, dass ich geliebt wurde. Meine Erinnerung korrigierte sich in diesem einen Augenblick. Ein Etappenerfolg! Ich hatte verstanden, ich war liebenswert. Nein, anders: Ich habe gelernt, dass ich liebenswert *bin*. Das füllte meinen Selbstwert anhaltend auf. Ab sofort stand es gar nicht mehr so schlecht darum. Das tat gut. Es fühlte sich irgendwie *gut* an.

Gesunder Narzissmus

Narzissmus wohnt eine Energie inne, die die Welt zum Guten verändern kann. Der gesunde Narzissmus ist die Quelle aller guten Leidenschaft, eine Kraft, die nicht verletzt. Die nicht zerstört. Ohne Narzissmus gibt es keinen Egoismus, und ein gesunder Egoismus wird aus gutem Grund jedem Menschen empfohlen. Also muss es auch einen gesunden Narzissmus geben.

Arnold Schwarzenegger sagte einmal treffend: »Break the rules, not the law«, man darf Regeln brechen, aber nicht gegen das Gesetz verstoßen.[21] Aus Niederlagen oder aus dem Wunsch, ein Ziel mit narzisstischer Hartnäckigkeit zu verfolgen, kann eine Kraft erwachsen, die sich erst an den Schwellen des Lebens zeigt.

Wie Fritz Perls (1893–1970), der Erfinder der Gestalttherapie, in *Wiederbelebung des Selbst* von 1951 schrieb, mobilisieren Hindernisse im Leben beim gesunden Kind die ihm »angeborenen Kräfte«. Er meinte aber, dass damit ein positiver, gesunder Narzissmus einsetzt.

Ein gutes Beispiel für das Wachsen an einer narzisstischen Kränkung (an der tatsächlichen oder imaginierten Zurückweisung) ist der junge Goethe: Er war aussichtslos verliebt in Charlotte Buff, die mit einem anderen Mann verlobt war. Dann schrieb er *Die Leiden des jungen Werthers*, einen Briefroman, in dem die ihm ähnliche Hauptfigur aus Liebeskummer sich das Leben nimmt. Goethe wurde durch das Werk europaweit als Dichter berühmt, nachdem er Liebeskummer erlitten hatte. So schlimm das Liebesunglück auch war, was Besseres hätte dem jungen Dichter nicht passieren können!

Jede menschliche Energie kann sich auf Narzissmus zurückführen lassen. Der Narzissmus macht einen großen Teil unserer Lebensenergie aus. Er treibt uns an, weil wir wissen: Unsere Existenz auf dem Erdenrund ist limitiert. Gesunder Narzissmus und die aus ihm erwachsende Leidenschaft machen den Weltschmerz des Narzissten nicht nur erträglicher, sondern überhöhen die eigene Existenz zu etwas Besonderem. Jeder Mensch will etwas Besonderes sein, jeder Mensch ist etwas Besonderes! Es gibt jeden Menschen nur einmal.

»Deine Schwäche ekelt mich an!«

Grenzen ziehen und Paroli bieten

Ich, sagen wir mal, ... *respektiere* Grenzen. Vor allem wenn es die sind, die ich selbst ziehe. Oder verschiebe. Das kann mitunter gefährlich werden für die anderen. Vor allem wenn die anderen nicht bemerken, dass gerade eine Grenze überschritten wird. Einen Frosch in heißes Wasser zu werfen soll ja nicht gelingen, weil der Frosch das bemerkt und dann raushüpft. Aber das Wasser, in dem der Frosch sitzt, langsam zu erhitzen, bis der Frosch gar nicht mehr ist, das soll funktionieren.

Wenn die narzisstische Persönlichkeitsstruktur *krasser* ist, dann hilft eine lustige Spiegelung meistens nicht mehr. Dann ist Schluss mit lustig. Als Therapeut für besonders harte Brocken kann ich auch ernst, hart und verdammt direkt werden. Dann halte ich meinen Klienten mal ihr abgrundtiefes Seelengrab vor. Dann sehen sie hinein ins Reich der Schatten, spüren ihre dunkel aufklaffende Flanke, aus der dieser schwarze, übel riechende, giftige Saft fließt. Dann sehen sie vielleicht auch mal hin und erkennen ihre machiavellistische, egozentrische, selbstgerechte, herzlose, empathielose, kalte, aggressive und vielleicht auch psychopathische Seite. Denn krasse Narzissten sind übel dysfunktionale Menschen. Diese wieder so hinzudrehen, wie es sich gehört, ist schwierig bis unmöglich. Wenn Sie es mit einem ausgeprägten Narzissten zu tun haben, kann es wirklich toxisch für Sie werden. Ganz gefährlich. Vielleicht stehen Sie schon knietief im schwarzen Saft?

Narzissten vermischen, weil sie es nicht besser wissen oder weil es ihre Taktik ist, die emotionale Ebene mit der Sachebene. Weil Narzissten Emotionen gegen ihre Liebsten als Werkzeug benutzen, wirkt das manchmal verdreht. Psychologen sagen dazu *dysfunktional.* Emotionen und das Verhalten, das, was gesagt, und das, was getan wird, passen nicht zusammen. In der therapeutischen Arbeit mit einem solchen Prachtexemplar versuche ich also zunächst, eine starke emotionale Bindung herzustellen, um in einem zweiten Schritt die Sachebene auseinanderzunehmen – das Fehlverhalten massiv auf den Narzissten selbst, den Urheber, zurückzuwerfen. Dieser hält ja bekanntlich jedes Fehlverhalten von sich fern. Schuld sind bekanntlich andere.

Dann, ganz harmlos daherkommend, mache ich den Narzissten damit vertraut, dass er selbst und sein Verhalten der einzige Grund für das Geschehene sind. Weint der Narzisst, weine ich vielleicht mit ihm, sage ihm aber zugleich, dass ich sein Verhalten als Fehlverhalten erkannt habe und ablehne. Das ist oft eine Überraschung für den Klienten, aber heilsam.

Normalerweise würde man emotional nicht mitgehen, sondern es abstoßend finden, wenn jemand jammert und klagt, und man würde ihm ein Fehlverhalten verzeihen. Aber genau dann, wenn die emotionale Bindung da ist, auf das Dysfunktionale hinzuweisen und nicht zu schweigen, ist genau das, was Sie für Ihren Narzissten tun können. Ich spiegele meinen Klienten übrigens ihr Fehlverhalten so lange, bis der Klient nachhaltig kapiert, dass er selbst tatsächlich dafür verantwortlich ist, was er in seinem Umfeld auslöst. Denn der Patient sitzt auf meiner Couch. Warum sollte nur ich dafür verantwortlich sein, was in dem Therapiezimmer passiert?

»Ja! Das wäre mal eine schöne Übung!«, Carlota sprang vom Sofa auf und holte sich ein Glas Wasser. »Dir einen Spiegel vorzuhalten!«

»Du musst jetzt weiterlesen, jetzt wird es nämlich krasser. Jetzt kommt so langsam Schwung in die Geschichte hier …«

»Ich brauche mal eine Pause …«, bettelte meine Frau.

»Nein, jetzt wird weitergelesen!«

Carlota trank ihr Glas aus, warf sich aufs Sofa, griff das Manuskript und las weiter.

Tom und Tina: Landpartie mit Folgen

Tom und Tina machten eine Überlandfahrt. Die Fahrt ging nach Südtirol. Tom packte seine Mutter mit ein, und die Zwillinge saßen festgeschnallt auf dem Rücksitz der großen Familienkutsche, die Tom eigens für die Tour gekauft hatte. Ein Impulskauf. Hatte einfach sein müssen.

Tom bat seine Frau, den Bus zu lenken. Die Zeit nach der Schwangerschaft, das erste Jahr allein zu Hause, hatte Tina ängstlicher werden lassen. Sie hatte zurückgezogen gelebt und vermieden, lange Strecken mit dem Auto zu fahren. Jetzt aber sollte alles anders werden, Tina wollte ihre Ängste überwinden und zur Premiere den neuen roten Bus lenken.

Tom wählte die Route über den Fernpass, und Tina steuerte den Bus über enge Straßen, bis sie an eine Art Sackgasse kamen. Hatte sich Tina verfahren? Tom sah auf sein Navigationsgerät und auf das Verbotsschild vor ihm. Ruppig fuhr er seine Frau an, sie solle einfach weiterfahren. Er kenne ja schließlich den Weg. Tina wusste, dass das nicht sein konnte, dass Tom die Route nicht kannte. Tom befahl ihr noch einmal weiterzufahren.

Sie fuhr also weiter, und aus dem engen Feldweg wurde plötzlich ein Radweg, aus dem Radweg schließlich ein Fußweg. Tina hielt den Bus vor einer Schranke und schaltete den Motor ab. Tom fuhr sie an, warum sie denn den Motor abschalte. Tina zeigte wortlos auf die Schranke. Tom stieg aus, beorderte Tina auf den Beifahrersitz, setzte sich hinter das Steuer, startete den Bus und fuhr um die Schranke herum. Dabei lenkte er den Bus über einen schräg abfallenden Hang, vorbei an einer tiefen Schlucht. Tina schrie »Stopp!« und hielt sich im Inneren des in extreme Schieflage geratenen Busses panisch fest.

Ihr Blick ging nach hinten, wo die festgeschnallten Zwillinge mit großen ängstlichen Augen um sich sahen. Tina blickte zu Toms Mutter, die völlig gelassen ihren Sohn gewähren ließ und, von den Bodenwellen geschüttelt, hin und her schaukelte. Tom wiederholte erneut, er wisse, wo er sei, das sei eine Abkürzung und dahinter, den Berg runter, liege Meran. Sein Navi habe ja schließlich recht! Tina konnte nicht begreifen, wie verbissen sich Tom gegen die Naturgesetze stemmte. Die Schräglage, der Hang, der Abgrund, die Schwerkraft, der hohe Bus, der holprige Untergrund. Tom handelte völlig irrational und gab Gas.

Der Bus wurde von Tom über den schrägen Hang gelenkt, entlang des Fußwegs, bis aus dem Fußweg ein breiter Feldweg wurde und dieser auf eine Straße führte, die nach Meran ging. Die Fahrt zum Hotel verlief schweigend. Jeder war mit seinen Gedanken befasst. Der Schreck saß Tina tief in den Knochen. Die Kinder waren aufgewühlt und unruhig. Die Oma blickte unbeteiligt aus dem Fenster. Tom lenkte selbstbewusst den Bus und war der Einzige, der sprach: »Was für eine tolle Landpartie! Das war doch mal was Schönes! Diese Erhabenheit der Berge!«

Im Hotel angekommen, präsentierte Tom stolz seine Familie an der Rezeption. Das hier sind die wunderbaren Zwillinge! Das hier ist meine wunderbare Mutter! Ja, und meine Frau natürlich auch. Tina lächelte müde. Sie wollte sich hinlegen, während Tom seine Familie vor dem Rezeptionisten als perfekt inszenierte. Eine Familie, eine Einheit. Keine Probleme.

Die Wahrheit: Es gab mittlerweile eine riesengroße Menge an Problemen unter der Oberfläche. Die Zwillinge würden das

Problem übernehmen, wenn sie größer waren, jetzt als Kleinkinder spürten sie vielleicht schon diese künstliche Stimmung, die da war, wenn der Papa sich so merkwürdig anders verhielt. Wenn er mit anderen Leuten sprach. Die Zwillinge würden irgendwann perfekt und korrekt, brav sein und eine tadellose Erziehung zeigen, hinter der sie ihre Trauer und ihren Schmerz verbergen würden. Stille und ruhige Kinder würden sie sein, die wenig interagierten und nie antworteten.

Warum es so kommen würde? Weil es diesen Kindern sehr schlecht ging. Sie fühlten sich allein. Sie waren allein mit ihren emotionalen Problemen. Sie konnten sich emotional nicht weiterentwickeln. Weil alles, was Emotionen betraf, durch Tom unterdrückt und vermieden wurde. Bis es sich irgendwann mal explosionsartig entlud. Wenn Tom wieder einen dieser entsetzlichen Wutausbrüche bekam.

Tom wollte eigentlich nur, dass seine Zwillinge die besten werden, damit er sie vorzeigen konnte. Die Zwillinge sollten nicht die beste Variante ihrer selbst sein, sondern sein eigenes Echo. Toms Echo. »Hier, das sind sie, meine großartigen Zwillinge!« Die Zwillinge merkten in dieser künstlichen Stimmung, dass sie nicht um ihrer selbst willen geliebt wurden, sondern nur, wenn sie das Projekt des Vaters wurden.

Tina war müde und erschöpft und hatte längst aufgegeben, sich gegen Toms Durchsetzungsmacht zu stemmen. In dieser Familie war Liebe zu einer Bedingungssache geworden. Liebe war zu einer Sache geworden, mit der Handel getrieben wurde. Nach dem Motto: Wenn du nicht tust, was ich dir sage, dann liebe ich dich nicht, dann bin ich nicht mehr nett zu dir.

Tom redete und redete auf Tina ein. Er besetzte sie mit seiner Stimme, und sein Sprechen wurde zum Instrument seiner Macht. Er konnte keine liebevolle Beziehung führen. Als Narzisst wusste er nicht, wie das geht. Neben so einem Menschen zu leben, das spürte Tina, war emotional schwer erträglich. Die emotionale Kälte ließ sie erstarren. Es fühlte sich irgendwie ekelig an. Im Hotelzimmer, allein, zog sie sich wieder einmal zurück. Sollte Tom doch die Zwillinge nehmen ...

Erfolgreiche Beziehungen

In narzisstischen Beziehungen ist der Erfolg der Maßstab. Der sichtbare Erfolg. Narzissten können keine Beziehungen erfolgreich führen. Das bleibt ihnen verwehrt. Beziehungen erfolgreich zu führen ist etwas völlig anderes, als eine erfolgreiche Beziehung zu haben. Eine Beziehung mit Erfolg zu führen meint, ein liebevolles Zusammensein zu haben. Mit Qualitäten wie Nähe, Tiefe, Rücksichtnahme, Resonanz, Empathie, Flexibilität, Kooperation und Verantwortung. Die Liste positiver, zwischenmenschlicher Qualität ließe sich unendlich weiterführen. Hieraus wächst auf natürliche Weise Lebensfreude, Vergnüglichkeit und Leichtigkeit.

Die Beziehung von Tina und Tom war hingegen schwer und verkrampft. Das verstand Tom keineswegs. Denn für Tom war die Landpartie erfolgreich, eine Bestätigung. Eine *Selbstbestätigung*. Sein Narzissmus wuchs noch mehr! Die Landpartie bestätigte Tom, dass sein Navigationssystem richtiglag, dass er ein richtig guter Autofahrer war, dass er seine Familie im Griff hatte.

Die Landpartie bestätigte Tom, dass er seine Familie sicher durch unwegsames Gelände führen konnte. Die Landpartie bestätigte Tom, dass er alles richtig gemacht hatte. Nur Tina machte ihm diesen Erfolg madig. Tina hatte einen anderen Standpunkt. Für Tina war die Landpartie eine klare Bestätigung, dass ihr Tom nicht ganz sauber war. Tom mochte zwar herausfordernd und grenzgängerisch sein, aber das hier war lebensgefährlich. Hier hatte er die Kontrolle verloren. Für Tina bestätigte sich, dass Tom krank ist.

Nur was ist das? Tom ging an die Grenze heran, die für ihn gerade noch erträglich war. Er wollte es auskosten, dass er seinen Willen durchbringen konnte. Es kümmerte ihn kaum der Stress, den er in seiner Frau und seinen Kindern auslöste. Ihn kümmerte der Stress, den er aufbringen musste, die anderen zum Mitmachen zu bewegen. Übrigens litt er auch selbst an diesem Stress, denn es war für ihn nicht immer leicht zu bekommen, was er wollte. Doch im Prinzip war es das Schönste in Toms Leben, seinen Willen durchzusetzen. Das befriedigte für kurze Zeit seine Seele. Wenn alle anderen genau das taten, was er wollte, dann ging's ihm eine Zeit lang besser. Wenn nicht, dann wurde Tom wütend. Punkt.

»Wenn du etwas willst, dann kannst du auch echt unangenehm werden«, wusste Carlota.

»Aber nicht so schlimm dränglerisch wie der Tom?«

»Hängt davon ab, um was es geht ... deine tausend SMS, wenn du dich verabredest. Deine Frage, wann es Abendessen gibt. Ich lese mal vor: ›Wo bist du heute?‹ – ›Wann machen wir das?‹ – ›Denk bitte an dies, denk an das!‹ – ›Das ist Mist, wie machen wir es dann?‹ – ›Waas? Das ist doch Blöööödsinn!‹«

Carlota hörte nicht mehr auf, aus dem Verlauf der WhatsApp-Konversation vorzulesen. Mist! Woher kommt diese extrem unangenehme drängelnde Unruhe? Es ist die Erwartung, die Sehnsucht nach sofortiger Selbstbestätigung.

Bestätigung ist Erfolg

Erfolg ist – nach dem psychologischen Modell von Julian B. Rotter (1916–2014) und in meiner vereinfachten Darstellung[22] – die Summe von Erwartung und Bestätigung:

$$E + B = E'$$

Erwartung E plus Bestätigung B ist Erfolg E'. Eigentlich, so Rotter, geht es beim Erfolg E' um ein Erfolgs*gefühl.* Narzissten müssen also Gefühle haben, zumindest wenn es sie selbst betrifft, denn Narzissten reagieren heftig darauf, wenn etwas mit ihrem Erfolgs*gefühl* nicht stimmt ... Um den Narzissten bei den Hörnern zu packen, brauchen wir diese Formel. Denn je kleiner die Erwartung, desto weniger Bestätigung braucht es, um ein Erfolgsgefühl auszulösen. Zu große Erwartungen führen regelmäßig zu Enttäuschungen, da die Bestätigung nie groß genug ist.

Übertreffen die Erwartungen die Erfolgsgefühle auf Dauer, fühlt sich der Narzisst schlecht und leidet. Aus dem englischen Sprichwort *no expectations, no disappointments* nun mein gut gemeinter Merksatz für Narzissten: Keine Erwartungen! Keine Erklärungen! Keine Erregungen! *No expectations, no explanations, no exclamations!* Wenn man dauerhaft Erwartungen bewusst niedrig hält, hat man dauerhafte Erfolgsgefühle. Insgeheim dürfen Sie natürlich, liebe Narzissten, Ihre Ziele im Leben verfolgen. Aber gehen Sie uns damit nicht auf die Nerven. Bleiben Sie verträglich! Danke.

Viele werden nervös, wenn Narzissten da sind. Lassen ihre Schilddrüsenwerte testen, weil sie zittern oder fahrig sind. Dabei ist es der Narzisst, der sie nervös macht. Viele organische Symptome sind rein psychosomatisch. Bevor Sie sich wegen einer Schilddrüsenunterfunktion behandeln lassen, prüfen Sie, ob Sie nicht einen Narzissten zu Hause haben!

Tom und Tina: Selbstbestätigung durch Hungern

So war es ja auch bei Tina, die körperlich langsam kränker wurde. Sie magerte ab und fand, dass sie über die Kontrolle ihrer Ernährung auch ein wenig Selbstwertbestätigung hatte. Anorexie, die schwere

Magersucht, ist oft eine weibliche Form des Narzissmus: Hier habe ich die Kontrolle, und ich bin besser als all die anderen, die ihre Essgewohnheiten nicht im Griff haben! Ich verachte euch, die ihr nicht wisst, euch selbst zu kontrollieren. Tina bekam dann irgendwann Mangelzustände. Sie hatte zu wenig von allem, sie war körperlich schlaff, hatte Magenprobleme und Zittern. Nahm weiter ab. Sie ging zum Hausarzt, der eine Schilddrüsenerkrankung feststellte und ihr Schilddrüsenhormone verschrieb. Sie solle sich schonen.

Hundetraining

Mit »Nein!« können Sie hervorragend einem Narzissten begegnen. Sie glauben mir nicht? Haben es schon lange probiert? Vermutlich nicht lange genug? Irgendwann eingebrochen? Ja, das kann passieren.

Hier ein paar Gedanken dazu: Es gibt drei klassische Verhaltensweisen zu reagieren, wenn jemand eine Grenze überschreitet: positive Verstärkung, negative Verstärkung und Löschung. Und eine vierte, mein persönlicher Favorit: Nein sagen und massiv Gegendruck andeuten. Denn Hunde, die bellen, beißen nicht. Sie müssen andeuten, dass Sie zurückbeißen *könnten*. Sie müssen es schaffen, ein Bedrohungsszenario im Kopf des Narzissten aufzubauen, vor dem der Narzisst Angst hat und das ihn dann innerlich blockiert.

Verhalten kann von außen beeinflusst werden. Wenn Sie als Betroffene (oder Betroffener) nicht wissen, wo anzusetzen, dann geht das so: Sie müssen sich zunächst darüber klar sein, was das von Ihnen erwünschte Verhalten ist. Wie soll sich Ihr narzisstischer Partner oder Ihr narzisstischer Chef, wie sollen sich Ihre narzisstischen Eltern idealerweise verhalten? Solange Ihr Lieblingsnarzisst sich nicht so verhält, wie Sie das möchten, gehen Sie auf Verweigerung. Diese wird durch ein »Nein!« ausgedrückt.

Erst wenn Ihr Lieblingsnarzisst das von Ihnen gewünschte Verhalten zeigt, sagen Sie »Ja«. Sobald der Narzisst das erkennt, wird er sich daran halten! Sie müssen aber selbst konsequent sein und dürfen keine Gnade walten lassen.

Löschung, also Nichtbeachtung durch Ignorieren, ist dabei meine Lieblingsdisziplin, weil man mit ihr die eigenen Kräfte schont und dennoch das effektivste Signal setzt.

»Das ist ja so wie bei Luki!«, sagte Carlota und meinte damit unseren Rhodesian Ridgeback. »Klassische Konditionierung funktioniert super bei Narzissten«, bestätigte ich.

Zur Info: Verstärkung und Löschung

Verstärkung ist, wenn das eigene Verhalten das Verhalten im anderen bestärkt. Also auch unbewusst das Fehlverhalten des anderen anregt. Positive Verstärkung ist, wenn Ihr Verhalten durch positive Äußerungen oder positive Verhaltensweisen das erwünschte Verhalten im anderen anregt. Negative Verstärkung ist, wenn Sie sich negativ äußern oder verhalten und damit das unerwünschte Verhalten im anderen reduzieren. Ob Sie etwas für Ihren Lieblingsnarzissten tun oder sich verweigern, löst im Narzissten das entsprechende Verhalten aus. Sie könnten ihn steuern.

Löschung bedeutet, dass Sie nicht mehr verstärken. Vereinfachtes Beispiel: Sie lächeln Ihren Narzissten immer dann an, wenn der das von Ihnen erwünschte Verhalten zeigt! Sobald er nicht mehr das erwünschte Verhalten zeigt, nicht mehr lächeln! Wenn Ihr Narzisst sich nicht erwünscht verhält, dann betreiben Sie Löschung durch Ignorieren. Nicht mit Bestrafungen operieren. Nicht beachtet zu werden ist für einen Narzissten schlimmer. Weder gestraft noch belohnt zu werden, wie es die neutrale Haltung bei Löschung verlangt, ist für Narzissten eine Höchststrafe. Langfristig verliert der Narzisst dann das Interesse und lässt ab.

Als meine Frau Carlota die Hundetrainerin zu uns nach Hause einlud, freute ich mich. Luki, der Rhodesian Ridgeback, ein Koloss von einem Hund, knapp fünfzig Kilogramm schwer, bis zur Kastration voller Testosteron und Muskeln, jetzt liebevoll und verschmust wie eine große Wildkatze, lebte mit uns in seinem Haus. Wir setzten uns an den Esstisch, es gab Kaffee und Kuchen, und Carlota begann sogleich: »Er ist viel zu dominant. Er macht einfach nicht das, was ich will!« Die Hundetrainerin Sasha nickte und hörte Carlota weiter zu.

»Er setzt sich immer an den besten Platz!«

Die Hundetrainerin sah uns beide an, nickte und trank einen Schluck.

»Er respektiert mich nicht, er guckt mich mit dem Arsch nicht an!«

»Ja, verstehe«, sagte Sasha.

»Und er bedrängt mich immer so, geht gleich auf die Zwölf, ohne zu fragen!«

Diese Bemerkung löste ein erstes Stirnrunzeln bei der Hundetrainerin aus.

»Auf die Zwölf?«, fragte Sasha nach.

»Ohne meine Erlaubnis«, antwortete Carlota.

»Ja, das ist problematisch.« Die Hundetrainerin sah mich an.

Ich verstand nicht ganz. Sprachen die beiden jetzt über den Hund?

Sasha, die Hundetrainerin, setzte sich etwas zurück und sagte zu meiner Frau Carlota: »Bleib konsequent und arbeite mit eindeutigen Signalen. Ein Nein ist ein Nein. Also verbinde das, was du willst, mit einer klaren Eindeutigkeit, das muss klar sein für den hübschen Kerl.«

Wer war der hübsche Kerl?

»Sag klar, was du willst, und fordere es ein. Mach dazu ein klares Zeichen, es muss immer dasselbe Zeichen sein! Immer dieselbe

Haltung. Arbeite auch mit der Stimmlage und Körperhaltung. Werde auch etwas lauter. Kontrolliert lauter. Werde auch kerniger. Setze einen Punkt. Benutze deine Energie. Wenn er wie ein Kasperl rumzappelt und es sich noch in Grenzen hält, beachte ihn nicht. Keine Aufmerksamkeit. Nicht anschauen. Nicht reagieren. Als wäre er nicht da. In einer Hundegruppe funktioniert das sehr gut. Unruhige, nervige Hunde werden eher ignoriert, bis sie sich beruhigen. Wenn es zu krass ist, dann erst werden sie reglementiert. Erst wenn sie sich sozial verträglich zeigen, werden sie positiver wahrgenommen. Erst dann. Falls du doch reglementierend reagierst und der Kerl endlich macht, was du willst, dann sofort sekundenschnell umschalten, Energie rausnehmen und freundlich belohnen. Mit einer freundlichen Zuwendung. Mit deiner ganzen liebevollen Aufmerksamkeit!«[23] Wieder sah mich Sasha an. Ich war irritiert, behielt aber mein Pokerface und lächelte.

Sasha lächelte auch. Hm. Hatte ich in Sasha meinen Meister gefunden? Carlota nickte, und ihr schien gerade vieles klar geworden zu sein. Ich aber blieb verwirrt zurück. Carlota schloss hinter Sasha behutsam die Haustür, als hätte sie etwas verinnerlicht, sie sah nachdenklich und entschlossen aus. Luki saß mit wedelndem Schwanz vor ihr und sah sie unterwürfig an. Bald, dachte er, bald hat sie wieder ein Leckerli für mich.

Loslassen der Illusion

Narzissten und ihre Opfer verbindet oft ein Wunschbild. Der Narzisst versucht, sein Opfer damit zu manipulieren, und sein Opfer lässt sich manipulieren, weil es ja auch an dieses eine Scheinbild glaubt. Die gemeinsame Illusion über das Gelingen einer Ehe. Die gemeinsame Illusion über das Gelingen eines Projektes. Es wird etwas miteinander geteilt, aber für den Narzissten bedeutet dies eine machtvolle Verschmelzung mit dem anderen. Der Narzisst hat einen Traum, der für sein Opfer ein Albtraum wird. Ein Gefängnis.

Das Bemühen des Narzissten ist es, sein Opfer dazu zu verwenden, die eigene Großartigkeit zu stärken. Daher fällt es Opfern von Narzissten so schwer, sich von ihrem Lieblingsnarzissten zu lösen, weil sie sich damit selbst ein Stück weit aufgeben und die eigene Illusion, die selbstverständlich auch etwas narzisstisch gewesen sein kann, aufgeben und loslassen müssen. Auch Opfer von Narzissten haben Träume, die sie loslassen müssen. Das fällt schwer und tut weh.

Teil III:

Narzisstensprüche und Narzisstengrade

Was die Sprache und die Ausprägungen von Narzissten über sie verraten

Lügen ist ein großer Spaß!

Lügen und andere Voraussetzungen für Narzissmus

Ich ... *trüffle* liebend gern nach Lügengeschichten. Wie ein Wildschwein. Wenn andere sie erzählen, herrlich. Wenn ich sie selbst präsentiere, eine große Überraschung, auch für mich selbst. Weil sie meistens funktionieren. Herauszufinden, ob die anderen herausfinden, was ich im Schilde führe – ein Riesenspaß. Ich liebe Geschichten. Narrative. Erzählungen. Märchen. Das Tolle daran ist: Die schlechte Lügengeschichte des Narzissten ändert sich immer wieder, wirkt irgendwie ausgeschmückt oder zu detailliert. Außerdem wird darin die Tendenz erkennbar, vom Narzissten abzulenken.

Narzissten lügen gern, indem sie noch eine zweite Geschichte dazuerfinden. Und noch eine. Und noch eine. Die Lüge wird immer ein kleines Stückchen weitergedreht, bis sie sich wie eine Wahrheit anfühlt.[24]

Im Gespräch mit einem Narzissten, der lügt, entlarven sich seine Lügen oft durch emotional unpassende Verhaltensweisen, durch Mikroexpression, durch die mikroskopisch kleinen Regungen der Mimik. Diese kleinen Auffälligkeiten wie Verlegenheitsgesten beobachte ich gern.

Eigentlich ist das ein Feld für Spezialisten. Doch kann es sein, dass ich als Lügner bereits viel darüber weiß und es nur noch nicht so richtig durchdacht habe? Wie läuft das ab, wenn ich lüge? Wenn ich an der Wahrheit herumdrehe, dann bin ich so unauffällig wie möglich und so normal wie möglich. Ich bin schnell darin, in die Scheinnormalität zu schalten, aber nicht gut genug. Ich glaube, man sieht es mir letztlich an, wenn ich lüge. Außer ich vermische die Lüge mit der Wahrheit. Wenn ich feierlich gestimmt bin, gelingt mir das am besten. Dann kann ich so was von lügen! Wenn ich auf der realen oder einer gedachten Bühne stehe, da liefere ich oft einfach nur noch ab!

Allein die psychopathischen Narzissten, die sich selbst extrem gut unter Kontrolle haben, weil sie kaum emotionale Regungen zeigen, sind die besten Lügner ihrer Zunft. Sie als Lügner zu erkennen ist verdammt schwierig. Sie blinzeln nicht mal, wenn sie einer Lüge überführt werden.

Wahrheit und Wahrhaftigkeit

Es gibt einen kruden Satz in der Medizin: »Glaube niemals das, was dein Patient dir sagt.« Er kommt aus der somatischen Medizin. Mit einer guten Begründung, wie ich finde. Ein Arzt muss sich für eine klare Diagnose selbst ein Bild machen, den Patienten untersuchen und die Symptome zuordnen. Die Interpretation durch den Patienten kann dabei stören.

Was mir aber ab und zu hilft, weil ich mich ja selbst kenne, ist zu überlegen: Was von dem Bericht des narzisstischen Klienten ist nun wirklich wahr? Die Wahrheit ist stets ein Konstrukt und eine Mischung aus Sachverhalten, subjektiven Erinnerungen und Annahmen. An die ganze Wahrheit komme ich als Therapeut nicht ran, aber ich kann ein Gefühl dafür bekommen, wie hoch ungefähr der Wahrheitsgehalt ist.

Den Anteil, der nicht wahr ist, stempele ich aber nicht als Lüge ab. Es gibt nämlich noch eine andere Qualität, und das ist die *Wahrhaftigkeit* des Menschen: Auch wenn etwas so nicht stimmt, macht der Blick dieses Menschen auf die Dinge, den er momentan nicht ändern kann, seine Wahrhaftigkeit aus. Jemand, der zum Beispiel sich selbst belügt, lügt zwar, aber er ist wahrhaftig dabei, weil er nun mal gelernt hat, Sachverhalte zu verzerren, um zu überleben. Für ihn ist alles real, er will nicht lügen, er schildert die Dinge so, wie er sie erlebt und bewertet hat.

Genau diese Wahrhaftigkeit muss ich beachten. Ich will wissen, was für einen selbstverliebten und selbstwertgeschwächten Kerl ich da vor mir sitzen habe. Jemand, der ständig lügt? Der sich ständig selbst belügt? Den Narzissten als wahrhaftig annehmen – das ist meine Devise. Nur so fühlt sich der narzisstische Klient angenommen. Würde ich seine Aussage als unwahr brandmarken und kleinreden, würde ich nicht an den Menschen rankommen. Wer sich das Unwahre ansieht, erkennt die Wahrhaftigkeit im Unwahren. Wenn er sich auf den Menschen einlässt. Und das müssen Therapeuten.

Es ist eh müßig, die ungefilterte Wahrheit zu suchen. Mit meinen narzisstischen Klienten einigen wir uns eher stillschweigend darauf, dass hinter der großspurigen Fassade eine sensible Seele wohnt, die Trost und Zuspruch und Wohlgefallen sucht. Darüber verlieren wir zunächst wenig Worte.

Manchmal erfahre ich von Angehörigen und auch von Opfern des Klienten die andere Seite der Medaille, eine andere Version der Geschichte. Was ziemlich überraschend ist, wenn dann die Partnerin oder der Geschädigte des Narzissten sich als ebenso narzisstisch entpuppt. Manchmal bin ich überrascht, wenn Klienten, die ich bisher als wenig narzisstisch erfasst habe, durch die Fremdangaben ihrer Liebsten als verdeckt agierende, stille Narzissten entlarvt werden. Die meisten Narzissten finden aber schwächere Opfer, seien es narzisstische oder auch solche mit stark abhängigen oder emotional instabilen Wesenszügen, die selbst keine Narzissten sind.

Es macht immer Sinn, alle Versionen einer Wahrheit zu hören. Jedoch auch mit einer gewissen Vorsicht, denn auch hier kann viel gelogen werden. Zeugenaussagen sind hilfreich, aber nicht immer so ganz richtig, sondern von der Intention des Überbringers der Nachricht gefärbt.

Was Narzissten auch sehr gerne machen, ist, einem vorzuwerfen, dass man wieder den Spieß umdrehe. Ewiges Spießchendrehen, das Lieblingsspiel des Narzissten. Irgendwann ist man ganz durcheinander. Wer hat denn nun angefangen? Schnell kommt der Eindruck auf, das Opfer hätte angefangen.

Es stimmt nie, dass es nur einen Bösen gibt. Es ist naiv zu denken, dass das Böse nur eine Person gepachtet hat und dass es nur einen Lügner gibt in einer dysfunktionalen Beziehung. Auch Opfer haben das Potenzial und die Fähigkeit, bösartig zu sein.

Suggestion wirkt

Vor Gericht beispielsweise gilt eine Aussage als glaubwürdig, wenn sie emotional glaubhaft vorgetragen wird. Wenn also der Richter vom Gefühl her davon überzeugt ist, dass der Zeuge die Wahrheit spricht! Das ist gängige Lehrmeinung. Dabei, dass muss man wissen, haben Zeugenaussagen vor Gericht die geringste Beweiskraft. Das wissen die Richter, das wissen die Staatsanwälte und die Sachverständigen. Aber es werden viele Dinge vor Gericht gesagt, die reine Spekulation sind und sehr suggestiv anmuten. Suggestive Fragen sind manipulativ. Sie enthalten bereits die Antwort und lassen nur eine Antwort zu, die negativ auf den Befragten abfärbt. Ein Trick, um den Gegner schlecht dastehen zu lassen.

»Einspruch! Suggestivfrage!« Diesen Satz kenne ich nur aus dem Fernsehen. Der Alltag ist voller Suggestion und Einflussnahme, hier hat man selten einen Anwalt zur Seite, der einen aus dem Dreck zieht. Einem manipulierenden Narzissten ist man erst mal ausgeliefert. Denn wenn mit einer kleinen eingestreuten Lügengeschichte die gegnerische Partei ein wenig mehr diskreditiert werden kann, dann wird sie genutzt.

Als psychiatrisch-sachverständiger Gutachter vor Gericht habe ich schon viele Pferde vor Apotheken kotzen sehen. Bitte richtig verstehen, ich will hier weder die Justiz denunzieren noch unseren demokratischen Rechtsstaat. Worauf ich hinauswill, ist dies: Sollten Sie sich jemals mit Ihrem Lieblingsnarzissten vor Gericht treffen, müssen Sie gut vorbereitet sein, dem Stahlgewitter, den Suggestivfragen und den Lügengeschichten, die Sie so gut wie nur möglich entkräften müssen, emotional standzuhalten. Zeigen Sie als Narzissmus-Geschädigte oder -Geschädigter Ihre emotionale Seite, das kann überzeugend wirken! Ein Pokerface-Arschloch wird vielleicht eher den Kürzeren ziehen, weil er bei seiner Aussage keine emotionale Regung zeigt.

Tipp: Mit Schlagfertigkeit gegen Suggestion

Achten Sie darauf, ob Ihr narzisstischer Partner suggestive Fragen und Antworten formuliert, die subtil emotionale Botschaften transportieren. Verwahren Sie sich gegen diese untergeschobenen Bewertungen und Abwertungen, sobald Sie sie bemerken! Aber achten Sie dabei darauf, dass Sie sich in das Angedeutete nicht verstricken.

Beispiele: »Du weißt ja nicht, wie das richtig geht, du bist ja eine Hausfrau.« Sie sollten auf so eine Suggestion reagieren, ohne inhaltlich auf sie einzugehen. Selbst wenn der Impuls, das Gesagte sachlich zu widerlegen, stark ist. Wenn man nämlich so etwas wie »Gerade als Hausfrau weiß ich das« sagt, verstrickt man sich in die Suggestion. Der Narzisst hat dann die Möglichkeit, noch eins draufzusetzen. Auf Rechtfertigung folgt oft erneute Abwertung.

Suggestionen stoppen Sie mit einer klaren Verweigerungshaltung, sodass klar wird, dass Sie selbst die inhaltliche Auseinandersetzung verweigern. Häufig genügt ein zweifelndes »Ach, was?!« oder ein ironisches »Na klar!«. So bleibt man immer schlagfertig. Ein »Ach was?!« kann man partout wiederholen und dabei die Intonation beliebig ändern, so lange, bis der narzisstische Angreifer sich lächerlich vorkommt.

Erlaubtes Lügen

Mit Lügengeschichten zu arbeiten ist, na ja, wenn man Gutes im Schilde führt, noch in Ordnung. Auch wenn wir nicht wissen, wie wir uns konkret verhalten würden, wissen wir, dass wir für einen uns teuren Menschen lügen würden, um ihn zu schützen. Auch wenn es ganz *auf den Fall* ankommt.

Wenn ich jetzt aber zugebe, auch an anderer Stelle zu lügen, dann werde ich vielleicht geteert und gefedert. Aber ich kann uns alle beruhigen: Der Mensch lügt bis zu zweihundert Mal am Tag.

»Guten Morgen! Schönen Tag! Ich freue mich, Sie zu sehen! Mir geht es gut, danke! Sie sehen heute aber wieder klasse aus! Vielen Dank für den Tipp! War sehr hilfreich! Ich habe keine Probleme. Mein Leben läuft prima. Ich bin glücklich. Ich liebe meine Frau und meine Kinder und meinen Hund.« Das sind fast schon unzählbar viele Unwahrheiten.

Wir lügen ständig aus diplomatischen Gründen. Lügen ist mitunter auch der Kitt, der uns als Gesellschaft zusammenhält. Es sind diese kleinen Geschichten, die wir uns erzählen, um einen üblen Konflikt zu vermeiden. Lügen erleichtert auch unser eigenes schlechtes Gewissen. Wer lügt, dem geht's kurzfristig besser. Prüfen Sie nun einmal aus Spaß alles, was Sie so sagen, auf den Wahrheitsgehalt Ihrer Aussage. Können Sie wirklich alles belegen, was Sie sagen? Umgekehrt: Wenn Sie sich mal festlegen, nur das zu sagen, was Sie wirklich belegen können, werden Sie etwas Fantastisches feststellen. Sie werden weniger Blödsinn reden. Sie werden viel authentischer wirken auf andere. Das ist ein langfristig sehr positiver Effekt. Das empfehle ich auch immer dringend meinen Narzissten. Das macht sie auf Anhieb sympathischer. Aber auch jeden Nichtnarzissten.

Auch wenn Narzissten Meister der Lüge sind, sie haben sie nicht erfunden.

Tom und Tina: Lüge mit Erfolg

Tom war sehr geschickt darin, andere zu begeistern und davon zu überzeugen, dass er die richtige Adresse war. Tom wurde zum Illusionskünstler, baute verführerische Kulissen für gierige Kunden auf und lockte reiche Unternehmer ins Autohaus. Wir müssen Events machen! Tom warf mit prominenten Namen um sich und stellte fest: Seine Lügengeschichten funktionierten, weil die Leute sich belügen lassen wollten. Wenn der Minister kommt, dann können Sie doch auch kommen? Dann machen wir zusammen Party! Tom war von seiner Strategie völlig begeistert, und als sein Chef den ersten großen Kunden sah, hatte das ihn überzeugt. Tom erzählte Geschichten über Nachhaltigkeit und E-Mobilität, die jeder hören wollte. Firmen mussten nur ein teures Ausstellerpaket kaufen. Dann waren sie beim Event dabei. Er löcherte Hunderte und bekam ein halbes Dutzend Anmeldungen. Jedem versprach er ein Foto mit dem Bundesminister. Am Tag der Veranstaltung kamen dann ein paar mittelgroße Fische, aber nicht der Minister. Der Minister wusste von alldem gar nichts.

Tom hatte seinen Namen nur benutzt und stellte sich dann überrascht, aber nicht dumm. »Jetzt bin ich aber überrascht! Man kann sich ja auf niemanden mehr verlassen! Nicht mal auf Minister oder Könige!« Das kommunizierte er dann auch ganz offiziell – vom Wahnsinn getrieben in einer E-Mail an den Staatssekretär: »Nach persönlicher Zusage durch den ehrenvollen Bundesminister erhält nun der Veranstalter des Autohauses Huber kurzfristig die Absage. Wie wollen Sie nun damit umgehen? Bereitet das Ministerium nun einen Empfang für die ehrenwerten Herren des Autohauses vor? Wir würden zu viert anreisen, und ein kleines Programm für unsere begleitenden Ehefrauen wäre angemessen. Wir übernachten im Adlon. Kosten übernimmt das Bundesministerium. Hochachtungsvoll, Tom Schubert.«

Der Staatssekretär wies Toms »unanständige und überzogene« Forderungen schriftlich ab, leitete jedoch keine juristischen Schritte gegen ihn ein. Tom kam glimpflich davon.

Manchmal aber ging die Masche auf, und die Angeschriebenen (ein paar Zulieferbetriebe) empfingen Tom, der dann seine Frau und die Zwillinge mitschleppte. Sie vorzeigte. Wie Püppchen. Es musste alles großartig aussehen! Tom fand immer wieder Leute, die Toms Verhalten stärkten und die seine Ideen gut fanden. Die vereinnahmte er und machte sie zu Botschaftern des Autohauses. Sie bekamen eigene Visitenkarten und einen VIP-Status.

Tom nutzte es aus, dass er einen schwachen Chef hatte. Als endlich ein großer Zulieferer einstieg, erzählte er seinem Chef, für den Großkunden müsse eine unabhängige Agentur für die Finanzen her, und er selbst meldete die Eventagentur ProGreenCommunications an. Eine weitere Kulisse, hinter der dann das ganze Geld verschwand, das der Großkunde in das Event investierte. Tom machte einfach so weiter, bis wieder ein Fisch anbiss: ein saudischer Scheich, ein alternder Rockstar, ein berühmter Fußballspieler. Dann freute er sich innerlich wie ein Kind.

Lügen sind jung und männlich

In einer großen deutsch-israelischen Übersichtsstudie zum Thema Lügen von 2019 wird klar: Lügner sind eher männlich und jünger, und es hängt von den Bedingungen ab, unter denen gelogen wird.[25] Je eher die Gelegenheit zum Schummeln gegeben ist, desto eher wird auch geschummelt. Es liegt nicht allein am Charakter. Vermutlich wird also ein Narzisst eher lügen, wenn die Bedingungen dafür günstig sind. Gelegenheit macht ja bekanntlich Diebe.

Der Psychologieprofessor Philip Zimbardo zeigte in seinen Forschungen: Es ist nicht die Natur des Menschen, sondern sein Umfeld, das aus einem Menschen einen kriminellen Psychopathen macht. »Jeder von uns hat das Potenzial in sich, selbstsüchtig oder zerstörerisch zu sein, wenn die Umstände es erlauben und hervorrufen«[26], so Philip Zimbardo.

Zur Info: Böses Experiment

Philip Zimbardo ist der *Godfather*, der Pate des Bösen. Er bewies 1971 eindrucksvoll, dass das Böse im Menschen durch das Umfeld entsteht. In seinem weltberühmten Stanford-Prison-Experiment ließ er Wärter und Gefangene im Rollenspiel aufeinander los. Das Experiment geriet außer Kontrolle und musste abgebrochen werden, weil die Wärter immer sadistischer und die Gefangenen durch die Quälereien der Wärter psychisch traumatisiert wurden. Das Experiment wurde nie wiederholt, aus Sorge, dass es erneut eskalieren könnte.

Verantwortung als Schuld projizieren

Viele kleine Schritte führen zum Bösen. Es ist eine *slippery slope*, wie Zimbardo sagt, ein glitschiger Pfad, auf dem wie bei einem Dominoeffekt die negativen Konsequenzen des eigenen Handelns immer schlimmer werden. Man ist nicht sofort ein Teufel, sondern probiert sich aus, bekommt immer mehr Gelegenheiten und sammelt Erfahrungen, bis man sich immer größere Schummeleien traut.

Innerlich löst man sich von moralischen Grundsätzen, das eigene Fehlverhalten wird irgendwie vor sich selbst entschuldigt. Es wird zur Ausnahme oder zur Notwendigkeit erklärt. Es gibt immer eine gute Begründung für eine Lüge. Diese Begründung ist sehr individuell, weil sie eben neu erschaffen wurde, eben für diese eine Lüge. Die Schuld wird anderen zugeschoben, die eigene Verantwortung wird verdrängt. Vorgesetzte und, ja, sogar die Opfer werden beschuldigt. Frei heraus.

Tom und Tina: Sadismus macht groß (und klein)

Toms Großspurigkeit nahm unerträgliche Ausmaße an, und Tina wusste nicht, ob seine Geschichten stimmten oder ob er sie erfand, um besser dazustehen. Sie hinterfragte seine Geschichten, was ihn sofort verärgerte. Sie gehe nicht freundlich mit ihm um, beklagte Tom. Für das, was er für sie tue, erwarte er mehr Respekt und Anerkennung.

Dann buchte Tom einen Urlaub auf Sardinien. Tina freute sich und ließ sich an einem wunderschönen Nachmittag am Strand auf Toms Avancen ein. Sie tranken Alkohol, und Tina war bald sehr angetrunken, als Tom sie wie ein stolzer Sarde packte, mit groben Schimpfwörtern als freches Mädchen überzog, das ja nur das eine wolle. Er tat, als hätte Tina ihn zwischen den Liegestühlen zu verführen begonnen. Tina beschimpfte ihn im Scherz als *cazzo,* als Penis, und lachte, während Tom, ganz ungewöhnlich für ihn, plötzlich sehr gewählt sprach.

»Schau«, sagte er, »so sprichst du mit mir, das ist doch vulgär! Wie du dich wieder aufführst!« In Tinas Ohren klang das wie der Teil eines erotischen Spieles, und sie warf sich an Toms Hals, lachte und schrie lauthals: »Du großer *cazzo!*« Tom kommentierte das ruhig und ungewöhnlich gestelzt: »Sieh, wie die anderen Leute schon schauen!« Tina lachte.

Vier Tage später, im Flugzeug auf dem Rückflug nach Deutschland, zückte Tom sein Handy, legte es ihr hin und sagte ernst, dass er nun den Beweis habe, wie schlecht sie sich benehme und mit ihm umgehe. Tina fragte nach, was er damit meine. Er startete die Videoaufnahme, und Tina sah die Szene am Strand, wie sie betrunken herumschrie und Tom dies nüchtern und belehrend kommentierte. »Du hast es aufgenommen?«, fragte Tina entsetzt. Es war wie ein

Verrat. Tom kam in der Aufzeichnung sehr gut weg, Tina wirkte vulgär. Den intimen Moment hatte Tom dazu missbraucht, um es gegen Tina zu verwenden. »Tom, das kannst du doch nicht machen, das sind doch wir!« Tom blieb kaltherzig und steckte das Handy ein. Er verlor weder ein Wort über den romantischen Moment noch über das Leid, das seine Grenzverletzung in Tina auslöste. Sie war in seine Falle geraten, und die Aufnahme fühlte sich wie eine Waffe an, die Tom gegen sie richtete. Tina war nicht klar, dass Tom den ganzen Urlaub inszeniert hatte.

»Lösch sofort die Aufnahme!«, forderte Tina. »Aha. Es geht dir also nur um die Aufnahme?«, sprach er überheblich und machte sich groß vor Tina. Je mehr Tina es einforderte, desto mächtiger wurde Tom. Nein, er werde seine persönliche Aufnahme selbstverständlich nicht löschen. Tina war schockiert. Sie fühlte sich sehr schlecht, machtlos, und ihr missfiel die Vorstellung, wem Tom diese Aufzeichnung noch zeigen könnte. Seiner Mutter? Seinen Geschäftspartnern? Tom hatte erneut mit einer Falle die Grenzen des Anstandes auf Tinas Kosten verschoben und sich mächtig und sadistisch verhalten.

Sadismus stärkte Toms Selbstwertgefühl, und Tina rutschte in die Ohnmacht des Opfers. Tina lächelte ein aufgesetztes Lächeln, als die Stewardess kam und den Tomatensaft brachte. Beziehungen mit Narzissten können sich extrem dysfunktional mit einer sadistisch-masochistischen Dynamik entwickeln. Ein Kreislauf quälender Unterwerfung und strafender Unterdrückung, aus dem es kein Entrinnen zu geben scheint.

Therapeutisches Lügen

Lügen haben aber auch eine gute Seite. Lügen beschützen. Lügen stärken. Auch in der Therapie ist das manchmal wichtig. Ich hatte einmal den Fall eines Kollegen, dessen Patientin ihn wie eine

Stalkerin belagerte. Er rief mich an, war sehr verunsichert und wusste nicht, wie er sich ihr gegenüber zu verhalten habe. Nachdem wir das Thema Stalkerin hin und her gewälzt hatten und sich der Kollege nicht durchringen konnte, die Patientin wegzuschicken, versuchte ich es mit einer Lügengeschichte. Ich riet ihm am Telefon, den Kontakt abzubrechen und Termine in seiner Praxis abzulehnen, mit der Begründung, seine eigene Supervisorin habe ihm geraten, dass er keinen Kontakt mehr zur Patientin haben dürfe. Ich erfand für seine Argumentation diese anonyme, sehr mächtige weibliche Autorität, die ihm das diktierte. Mein Auftrag, er solle das genau so der Stalkerin sagen und dann den Kontakt abbrechen. Ich spekulierte, da Menschen autoritätshörig sind, auch Ärzte und Stalker, dass eine imaginierte weibliche Autorität auch sehr mächtig wirksam ist, die weibliche Stalkerin einzubremsen. Von Frau zu Frau quasi. Hat funktioniert. Vor allem hat es funktioniert, weil der etwas selbstunsichere Kollege Kraft aus der fiktiven Autorität schöpfen konnte. So fiel es ihm leichter, auf Distanz zu dieser Patientin zu gehen.

Ein Trick aus der Suggestionskiste: Ich selbst war ja in Wirklichkeit diese Autorität, aber die fiktive Autorität konnte er viel leichter annehmen. Meinen Rat konnte er nicht annehmen. Aber den Rat einer erfundenen Instanz. So kam es, dass er eine wahrheitsbezogene Lüge zum Besten geben konnte. Wie schon gesagt, sind das die besten Lügen. Eine Geschichte stärkte die Willenskraft meines Kollegen. Mit Geschichten Menschen zu behandeln ist meine Lieblingsbeschäftigung. Wirklich, ich *liebe* meinen Beruf.

Rechtfertigungen und Ausreden

Es gibt so viele schöne Geschichten, die das eigene unmoralische Handeln zu entschuldigen versuchen. Sind Sie schon mal über eine rote Ampel gefahren und nicht dabei erwischt worden? Haben Sie schon mal etwas geklaut? Schon mal irgendwo eingebrochen? Ich weiß, Sie hatten gute Gründe dafür. Bitte keine ausschweifenden Erklärungen! Sie spürten Ihr Recht auf Unrecht. Ich verstehe. Das kenne ich auch.

In der Psychologie nennt sich das *Actor-Observer-Bias*. Wenn ich mich selbst einmal falsch verhalte, erregt mich das nicht so sehr, wie wenn sich jemand anderes falsch verhält. Als Beobachter empöre ich mich. Die eigene Aktion rechtfertige ich als Ausnahme.

»Ach, das finde ich ja interessant!«, schaltete sich Carlota ein.

So wie sich eine Klientin bei mir über Greta Thunberg beklagte, man könne ja nicht Schulschwänzen als moralisch unbedenklich feiern! Am Ende der Stunde zuckte sie plötzlich zusammen. Ihr war eingefallen, dass sie als Schülerin auch mehrmals die Schule geschwänzt hatte. »Und?«, fragte ich, »haben Sie ein Jahr nach dem Schulschwänzen vor der UNO eine Rede gehalten?« Wir einigten uns darauf, dass auch bei ihr der *Actor-Observer-Bias* zugeschnappt hatte. Ich war, zugegeben, erleichtert. Was für ein blödsinniges Argument! Woher diese schlechten Gefühle gegen ein Schulkind?

Solche Kommentare entlarven Narzissten. Sie können die Größe anderer Menschen nicht ertragen, erst recht nicht von jungen Menschen, die, obwohl noch heranwachsend und authentisch, das Weltgeschehen geprägt haben. An alle Erwachsenen, die einen »Fuck you Greta«-Aufkleber neben dem Doppelrohr-Auspuff platziert haben: Na, neidisch auf die Kleine? Lust, sich wichtig zu machen? Dann her mit einem zweiten Aufkleber mit der Aufschrift »Narzisst!«. Mitten auf die Stirn. Tut mir leid, aber mein Respekt vor der aggressiven Abwertung engagierter Minderjähriger ist begrenzt.

»Als ich dich kennenlernte und du noch kein Psychiater warst, warst du ganz harmlos. Ich wusste nicht, dass du dich so ungünstig entwickeln würdest. Ich wollte eigentlich keinen Klugscheißer zu Hause.« Das war natürlich wieder Carlota, die meinen Narzissmus mit stumpfen Nadeln behandelte.

»Dabei habe ich so viel über mich selbst gelernt!«, gab ich zu.

»Aber du bist irgendwie anders geworden, du hast dich verändert«, klagte Carlota.

»Schatz, Narzissmus wird *gemacht*. Ich bin unschuldig, das Umfeld formte mich! Das kannst nur du gewesen sein. Und vielleicht ein paar andere kleine Teufel«, hörte ich mich sagen. Hölle, war ich wieder gut drauf!

In der Phase des Kennenlernens und der ersten Verliebtheit hatte ich mich immer zurückgehalten. Mich als stiller Narzisst herangepirscht. Dadurch wirkte meine Frau neben mir viel klüger.

»Haaa!«, schrie meine Frau, als sie das im Manuskript las. Was ich toll fand. Zurück zur Eroberung Carlotas: Natürlich betrieb ich Love Bombing, und zwar so: Als ich gertenschlank, lasziv und in enger Lederhose auf der Party eines befreundeten Gitarristen Ende der 90er-Jahre auf die große Brünette Carlota Hansen aus Hamburg zusteuerte und mit spanischem Akzent murmelte: »Um-ber bis'u, Däubschen? Olé!«, und sie im Tango-Griff über die Tanzfläche schob, war sie mir sogleich verfallen.

»Du Schuft!«, schimpfte Carlota und schlug mich. »Das war privat!«

Anstrengende Lügengebilde

Narzissten neigen immer dazu, Geschichten zu erzählen, um sich besser darzustellen, als sie sind. Darüber definieren sie sich. Einige meiner Therapeutenkollegen lehnen daher die Behandlung von Narzissten kategorisch ab. Denn was soll es bringen, sich mit jemandem auseinanderzusetzen, der ständig lügt? Das ist richtig anstrengend.

Doch mich interessieren die narzisstischen Lügenkonstrukte. Narzissten lügen zur Ablenkung, zur Unterhaltung, um ihr Selbstbild zu erhalten, letztlich, um auf ihre Art zu überleben. Sie belügen sich selbst, um sich und anderen zu gefallen. Das aufzudecken und zum Kern hinter der Fassade vorzudringen ist die Herausforderung, der sich viele meiner Kollegen verweigern. Doch ich kann das nachvollziehen.

Es ist übrigens auch sehr anstrengend für die Narzissten selbst, narzisstisch zu sein. Immer dieser Druck, immer dieser Leistungszwang, immer diese Erfolgssucht, immer diese Kontrollimpulse, immer diese Anerkennungsgier, immer dieser Kreativitätsüberschuss, immer dieses Geschichtenerzählen, immer diese Not, Zurückweisungen, Ablehnungen und Kränkungen aus der Ferne schon zu erkennen und ihnen auszuweichen. Immer dieser Drang, auf eine mögliche Verletzung vorbereitet zu sein. Vor allem die inneren Regungen wie Wut und Eifersucht vor dem Blick der anderen zu verbergen oder auf andere zu übertragen. Dabei die Maske mit dem Permafrost-Grinsen fest auf die eigene Depression pressen, damit sie nicht abrutscht.

Das ist alles sehr anstrengend! Wenn dann noch eine unerwartete Kränkung einschlägt: Ein typisch narzisstischer psychologischer Reflex ist die Umdeutung der eigenen Unzulänglichkeit. In diesem Fall eine negative Umdeutung. Ich bin gekränkt worden und verletzt, also habe ich das Recht, zu betrügen und über die Grenzen der anderen zu gehen.

Gesund wäre, die eigene Unzulänglichkeit positiv umzudeuten: Ich akzeptiere meine Schwächen und meine Unfähigkeiten, meine Unzulänglichkeit und mache das menschlich Beste daraus, indem ich mich annehme, mich mag, für mich sorge und mich als Menschen sehe. Aber das ist furchtbar trivial für Narzissten und wird abgelehnt. Eine gesunde Reaktion wäre, wieder aufzustehen, das Krönchen zu richten und weiterzugehen.

Ein Blick auf erfolgreiche Biografien kann helfen, das leidende Narzisstenherz zu trösten. Wer wirklich etwas ehrlich für sich will, findet dorthin einen Weg und muss nur lange genug mit flexibler Beharrlichkeit und Ausdauer sein Ziel verfolgen, bis es sich irgendwann einstellt.

»Ich lese gerade die Biografie von Donald Trump«, kommentierte meine Frau Carlota, »steht doch schon alles da, genau so, wie er es jetzt macht, so hat er es seit Jahrzehnten gemacht. Der wird es doch weiter so machen.«

»Das Gefährliche am US-Präsidenten ist«, sagte ich, »was viele Fachkollegen in Amerika befürchten. Wenn Trump unter großen Druck gerät, haben ihn seine Vertrauten an der kurzen Leine? Oder wird er durchdrehen?«

»Er wird seine eigenen Leute verraten, nur um seine eigene Haut zu retten, das ist sicher«, sagte Carlota.

Droht irgendwann das Selbstbild des Narzissten zu kollabieren? Wenn der Narzisst nicht mehr die Aufmerksamkeit und Anerkennung bekommt, die er erwartet, gerät das narzisstische System in Alarmbereitschaft. Die Existenz ist bedroht. Das gekränkte Kind im Narzissten fühlt sich bedroht, verfolgt und wird dieses Gefühl loswerden wollen und den vermeintlichen Auslöser bekämpfen. Den anderen. Die Ängste des Narzissten sind einfach und tief gehend. Es geht immer um alles. Um das blanke Überleben. Psychisch und körperlich. Dieser Narzissmus-Mechanismus ist wie eine Falltür, in die der Narzisst am Ende seiner aufgeblasenen Reise hineinstürzt.

Davor legt der bösartige Narzisst vielleicht noch ein Feuer, um von sich abzulenken und es seinen Kontrahenten heimzuzahlen.

Und am Ende, wenn kein Ausweg mehr sichtbar ist und der Größenwahn explodiert oder kollabiert, wird er sich selbst vernichten.

Tom und Tina in der Selbsthilfegruppe

Tina ging mittlerweile in eine Selbsthilfegruppe, weil sie erkannt hatte, dass ihr Tom ein manipulativer, fauler, schaumschlagender, selbstgerechter Typ war und weil ihr die Ärzte sagten, dass sie körperlich nichts hatte. Da wollte sie Hilfe von Profis und Erfahrenen einholen. Sie hatte bislang keine Ahnung, was mit ihr los war, aber nun hörte sie zum ersten Mal von den anderen Frauen, was die so sagen. Sie erfuhr etwas über den geheimen Bauplan des Narzissten.

»Er schmückt sich mit fremden Federn und schiebt anderen die Schuld in die Schuhe!«, war das Erste, was Tina in der Gesprächsrunde der Frauen hörte. Es saßen nur Frauen hier in der Gruppe. Das muss System haben, erkannte Tina. Ein wiederkehrendes Muster. Eine andere Stimme sagte: »Er ist einfach ein Arschloch. Ein Arschloch ohne jegliche emotionalen Bestandteile, er erfüllt nur seine Bedürfnisse, stärkt nur sein Ego. Er macht immer wieder dasselbe. Was du am Anfang natürlich ganz toll findest. Du lobst ihn, gibst ihm das Gefühl, etwas Besonderes zu sein, dadurch stärkst du sein Ego noch mehr. Und irgendwann fällt das aber weg, irgendwann bist du steuerbar. Wie ein Wasserhahn stellt er dich auf Kalt oder auf Warm, und du reagierst so, wie er will, weil er deine Triggerpunkte genau kennt und die Kontrolle über dich hat.«

Die Leitung der Gruppe ergänzte: »Tina, schön, dass du heute da bist. Wir wollen dir Hoffnung machen. Begründete Hoffnung. Irgendwann, wenn du mal anfängst, dich mit dem Thema Narzissmus in der Partnerschaft zu befassen, wirst du merken, dass auch du deinen Narzissten zu Hause steuern kannst. Indem du einfach ruhig und gelassen und entspannt bleibst. Locker bleibst im Kopf. Irgendwann wirst du den Kopf zur Seite legen, ihn anschauen und dir denken: Was hast du eigentlich für ein Problem? Jetzt kann ich dich auch steuern, wenn ich nicht auf dich reagiere.«

Tina traute sich noch nicht, etwas zu sagen. Sie schämte sich so sehr. Sie weinte.

Nahezu zeitgleich fuhr Tom mit seinem Sportwagen rasant in die Kurve. Heute würde er zum ersten Mal mit dem Gleitschirm allein fliegen. Es war Wochenende, und er suchte wie jedes Mal die Herausforderung in einer neuen sportlichen Betätigung. Das Voralpenland bot fantastische Absprungmöglichkeiten. Tom liebte die Berge. Sie waren eine Metapher für seine Seele. Ein Sehnsuchtsort.

Tom erreichte den Pass und bog auf einen kleinen Parkplatz zur Absprungstelle. Er war richtig nervös, freudig angespannt. Er schnappte sich seinen Rucksack mit dem Gleitschirm und meldete sich beim Trainer an. Nach nur vier Tagen im VIP-Trainingskurs konnte es heute mit dem ersten Höhenflug losgehen.

Tom rannte den Hang abwärts, der Schirm spannte sich weit über ihm auf, und die Stimme des Trainers kam aus dem Sprechfunk: »Du bist der Größte, Tom, du kannst jetzt fliegen!« Na bitte, dachte sich Tom und flog.

Tina schnappte in der Gruppe auf, dass es nicht unmöglich sei, sich gegen einen Narzissten durchzusetzen. Sie müsse auch noch über sich selbst etwas herausfinden. Tina fragte nach: »Wieso?« Schuld sei doch ganz klar Tom, da war sie sich sicher. So lernte Tina zum ersten Mal, dass narzisstische Männer sich gern ihre Partnerinnen nach einem passenden Schema aussuchen.

»Du musst dein eigenes Schema kennen, Tina, erst dann wirst du wirklich gelassen werden. Wenn dein Mann dich dann wieder mit Vorwürfen überschüttet und dich bedrängt, wird es dich nicht mehr treffen, du wirst nie wieder nervös werden«, sagte die Gruppenleiterin.

»Er wird nämlich nervös, wenn du ruhig bleibst«, kicherte eine der Frauen in der Gruppe, und die anderen lachten auf.

»Ich kenne mein Schema nicht.« Tina sprach das Wort Schema zögerlich aus. Es klang so fremd, beinahe wie eine Krankheit. »Wir haben alle ein Schema!«, gluckste wieder eine andere, und alle anderen lachten erneut, und es war, als würden sie Tina anlachen.

»Ich bin dependent!«, sagte eine.

»Emotional instabil!«, rief eine andere.

»Narzisstisch co-abhängig!«, hörte sie schließlich.

Es fühlte sich irgendwie befreiend an, die anderen zu hören, zu wissen, nicht allein damit zu sein. Und dann sagte Tina noch ein Wort, das sie schon sehr lange nicht mehr als so wichtig empfunden hatte: »Danke. Ich danke euch.«

In der Gruppe schnappte Tina noch ein paar Tipps auf, die sie eilig auf einen abgerissenen Zettel kritzelte:

- Erkennen.
- Keine Angst haben.
- Ruhig bleiben.
- Nicht beachten.
- Das Problem bei ihm lassen, nicht annehmen.
- Bei meiner Meinung bleiben.
- Immer authentisch und sachlich bleiben.
- Ihn als Kind sehen, das trotzig reagiert.

Tinas Lösung passte auf einen kleinen abgerissenen Zettel. Verrückt! Sie atmete einmal tief ein und seufzte.

Carlota sagte: »Tina ist mutig. Sie tut das Richtige. Du ja auch ...«

»Na ja. Ich glaube, dass ich hier lediglich der Aufhänger bin für das Thema. Seien wir ehrlich, sooo narzisstisch bin ich nicht.«

»Lass dich doch testen«, sprach Carlota.

»Bitte was?«, ich war überrascht.

»Lass dich testen. Psychologisch. Ob du wirklich einer bist. Vielleicht bist du ja einfach nur hysterisch!«

»Ich bin nicht hysterisch!« Ich war nicht hysterisch. Ich wollte narzisstisch sein. Zumindest fürs Buch.

»Dann lass dich testen, dann wissen wir es alle. Dann weiß es die ganze Welt!«

»Echt? Die ganze Welt?«, der Gedanke klang verlockend.

Echt ätzend!

Die Ausprägungen des Narzissmus und wohin sie führen

Ich sammele … *leidenschaftlich gern* Persönlichkeitsstörungen. Der Begriff *Persönlichkeitsstile* gefällt mir als nettem Narzissten viel besser, doch es ist damit dasselbe gemeint. Es gibt so viele Persönlichkeitsstile, und sie ähneln sich dennoch. Wichtig für die Diagnose ist ein anhaltendes Muster, das über Zeit und Raum stabil ist. Wenn eine Person dauerhaft und wiederholt ein bestimmtes Verhaltensmuster zeigt, über Jahre, dann lässt sich das beschreiben und messen. Das nennen Psychologen *Konstrukte*. Es sind Begriffe, die versuchen, das, was vermutlich real ist, zu beschreiben. Narzissmus etwa ist auch so ein Konstrukt. Als Begriff existiert es nun, aber das bedeutet noch lange nicht, dass dieser Begriff etwas Reales wiedergibt.

»Was heißt das? Es gibt keinen Narzissmus?«, grätschte Carlota dazwischen.

»Doch, es gibt ihn schon.«

»Aber warum sagst du dann so was?«

»Nur so, um dich zu verwirren …«

Narzissmus ist nicht immer gleich ausgeprägt, zeigt Unterschiede zwischen den einzelnen Individuen und sogar stark situationsabhängige Schwankungen innerhalb des Individuums. Doch selbst dann kann er dennoch erfasst werden. Daher ist es hilfreich, sich mit Konstrukten zu befassen, weil sich davon auch der allgemeine Umgang mit dem Konstrukt Narzissmus ableiten lässt. Auf ein

Muster passt immer ein Gegenmuster. Ein mittelalterliches Konzept im Umgang mit Narzissten wäre, sie zu jagen und einzusperren. Dann gäbe es keine Narzissten mehr. Ist das aber hilfreich? Nein. Denn es gibt viel zu viele davon, und das Risiko danebenzuliegen ist hoch. Bei den Hexen hat man sich ja auch schwer getäuscht, damals.

Ganz gleich, ob ein Konstrukt stimmt, der Beweis wird durch das Konstrukt selbst stark beeinflusst. Wir würden bei der Jagd viele falsche Narzissten erwischen, und viele Narzissten würden sich tarnen und untertauchen.

»Das heißt, du bist gar kein echter Narzisst!«, jammerte Carlota.

»Möglich ...«

Natürlich wird ein Mensch, den wir als Narzissten bezichtigen, sich möglicherweise wie ein Narzisst verhalten, ohne es tatsächlich zu sein, wenn er gejagt und verfolgt wird. Wer würde das nicht? Es kann durchaus sein, dass ein Narzisst mit seinem narzisstischen Persönlichkeitsstil sozial verträglich ist, wenn er, so wie ich, zu der *netten Sorte* gehört. Mit *Stil* durchs Leben schreiten, das hat doch was!

»Aber was ist, wenn man nur *meint*, verfolgt zu sein?«, fragte Carlota.

»Das ist dann narzisstische Paranoia, diese Leute brauchen Hilfe ...«

»Dürfen wir also nur die bösen Narzissten jagen?«, ergänzte Carlota.

»Es ist kompliziert ...«

Wir haben Narzissmus als eine Selbstbewertungsstörung kennengelernt. Ein brüchiges, leicht kränkbares Größenselbst hat nicht genug Empathie, um zu sehen, wie das eigene Verhalten das Leben der anderen belastet. Der Narzisst ist selbstbezogen und anderen Menschen gegenüber blind, taub und unsensibel. Er sieht sich selbst im Zentrum der Aufmerksamkeit und benutzt andere zur Selbstspiegelung und Selbstbestätigung. Kurz gesagt: Der Narzisst ist eine Person, die andere benutzt, um sich selbst zu spüren, und die auf eigene und auf Kosten von anderen wächst und gedeiht.

»Willst du dich endlich testen lassen?«, fragte meine Frau.

»Zwing mich nicht!«

Wiederholungszwang

Extreme Narzissten sind daran erkennbar, dass sie ein starker Wiederholungszwang beherrscht, narzisstisches Verhalten auszuüben. Darauf kann man warten oder die Uhr danach stellen. Das ist einfach zu beobachten! Immer und immer wieder.

In diesem Zusammenhang ist der genial einfache Ansatz von Craig Malkin, Psychologieprofessor der Harvard Medical School in Boston, zu nennen.[27] Er hat ein Spektrum von dem selbstlosen Echo bis zum selbstverliebten Narzissmus aufgestellt, dabei geht es um eine Skala von null bis zehn.

Wer bei null und eins liegt, scheut die Anerkennung und Aufmerksamkeit auf der Bühne des Lebens. Hier sind die selbstunsicheren Menschen. Sie fühlen sich überhaupt nicht besonders. Sie kommen sich völlig unwichtig vor. Doch Vorsicht! Hier lauern auch die narzisstischen Parasiten. Sie warten, bis sie einen Wirt finden, und dann saugen sie sich fest, um die ganze Energie des Wirtes herauszusaugen. Hier sind die stillen und die co-abhängigen Narzissten. Auch möglich, dass sich hier Opfer narzisstischer Täter tummeln, die wie ein Echo den Narzissten reflektieren. Für diese Position wäre es ein Gewinn, in die Mitte der Skala zu finden.

Der Narzissmus zwischen den Werten vier bis sechs stärkt den Selbstwert und motiviert. Wer einen Narzissmus-Wert von fünf hat, ist ausgeglichen und bildet eine sich selbst behauptende und verträgliche Persönlichkeit. Sensible Narzissten sind bei einem Wert von drei und vier recht robust, aber gelegentlich verletzbar. Narzissten mit den Werten sechs und sieben neigen dazu, andere abzuwerten und zu verletzen. Das ist eine noch korrigierbare Angewohnheit. Solche Narzissten haben noch einen Sinn für den Schaden, den sie anrichten: Manchmal fällt das Laserschwert runter und erwischt aus Versehen jemanden am Fuß. Ups! Sorry! Bei einem Wert von neun und zehn ist die Lage kritisch. Das Bedürfnis, als wichtig zu gelten, ist besonders hoch, der Drang nach Selbstaufwertung steigert sich zu einem Wiederholungszwang. Das nervt die Umgebung extrem und verrät den narzisstischen Psychopathen.

Die extremen Werte (null, eins, neun und zehn) haben eine wichtige Gemeinsamkeit: Narzissten dieser Ausprägungen leiden alle unter Wiederholungszwang. Die selbstunsicheren Narzissten können also nicht anders, als sich in größeren Gruppen zurückzuhalten und in engen Beziehungen umso heftiger um Anerkennung zu kämpfen. Es sind also nicht nur die Neuner und Zehner wahre Wiederholungstäter. Den geringsten Wiederholungszwang, wichtig zu sein, haben Narzissten mit dem Wert fünf.

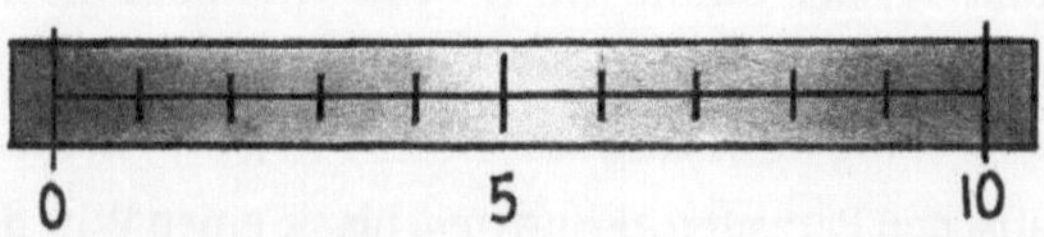

Malkins Spektrum des Narzissmus: eine einfache horizontale Skala von null bis zehn. Die Grauschattierung illustriert den Wiederholungszwang, sich selbst als »sehr unwichtig« oder »sehr wichtig« zu sehen: Dieser ist bei null und eins wie auch bei neun und zehn am stärksten, in der Mitte am schwächsten ausgeprägt.

Therapieansätze: Tutti-Frutti-Therapie

In der Behandlung des Narzissmus versucht der Therapeut, den narzisstischen Klienten in die Mitte des Spektrums zu bewegen.

Um die Fixierung auf den extremen Positionen zu lockern, ist alles erlaubt, was hilft. Neuerdings werden auch therapeutische Methoden für Narzissmus möglich, die aus der Behandlung von Borderline-Patienten[28], schweren Depressionen[29], schweren Angststörungen[30] und Traumatisierten[31] erfolgreich Anwendung finden.

Ich nenne die Verbindung dieser speziellen Behandlungsformen die *Tutti-Frutti-Therapie*, weil alle wirksamen Methoden zusammenkommen. Hauptsache, wir bekommen den fixiert zwanghaften Wiederholungsangeber irgendwie in die demütige Einsicht eingenordet.

Der co-abhängige Narzissmus

Meiner Beobachtung nach werden die Probleme der *kleineren* Narzissten unterschätzt, solcher Narzissten also, die selbstwertschwach und passiv sind und sich angewöhnt haben, aus einer Opferrolle heraus zu agieren. Kaum vorstellbar, dass jemand narzisstisch ist, der sich unterwirft und abhängig ist. Bekannt wurde dieses Phänomen als »weiblicher Narzissmus«, in dem sich die narzisstische Frau einem stärkeren Narzissten unterwirft und hierüber ihre narzisstische Seite befriedigt. Unterwirft sich die Frau einem sehr dominanten Narzissten, der sie beherrscht, dann haben wir einen perfekten Match. Opfer- und Täterrolle passen perfekt zusammen. Selbstverständlich ist, dass sich viel mehr Frauen als Opfer einer narzisstischen Beziehung sehen und Männer gern verleugnen, dass sie die Täterrolle bekleiden. Aber so ist es meistens.

»Auch bei uns?«, fragte Carlota.

»Ich finde ja, dass du auch ganz interessante narzisstische Seiten an dir hast.«

»So?«

»Beim Einräumen der Spülmaschine beispielsweise!«, ich spürte meine Nervosität. Sollte ich ihr das sagen?

»Ja, bitte? Ich höre.« Carlota fühlte sich in diesem Augenblick so dominant an. Mir wurde ganz anders, aber ich traute mich: »Du räumst die Müslischalen immer verkehrt herum ein. Weil du Linkshänderin bist.«

»Ich? Nein, du!«

»Nein, du!«, sagte ich.

»Nein, du!«, sagte sie.

»Nein, du!«

Der Teufelskreis des Narzissten

Wer das Normale, die Ausgeglichenheit nicht kennt, gerät leicht und immer wieder in einen Teufelskreis. Der Teufelskreis ist ein gnadenloser Lernakt mit vielen Wiederholungen und Frustrationen.

Es gibt in Teufelskreisen auch Triumphe zu feiern, doch sie sind kein Dauerzustand. Eine solche Position der Selbstüberhöhung nenne ich *Hyperfuck-Position*. Hier fühlt sich der Narzisst wohl. Die Position des überhöhten, narzisstischen Selbst hält, bis die Realität ihren Tribut fordert. Fakten zerstören die narzisstische Illusion. Unausweichlich ist der *Mindfuck-Moment*, der Augenblick der Selbstüberschätzung, in dem das Größenselbst kippt und abstürzt. Die Fallhöhe ist umso größer, je verstiegener und wahnhafter die *Hyperfuck-Position* war. Der Narzisst landet immer hart. Es schmerzt in der *Fucked-up-Zone*, da, wo die Bruchlandung erfolgt ist: ein Tal des Jammerns und Beklagens. Narzissten leiden sehr in dieser Position.

Jemand anderes muss nun schnell fertiggemacht werden! Auf in die *Fuck-the-others-Position*. Selbstbezogene Stimulation, übertriebene Leistung oder Showeffekte sind der Fahrstuhl nach oben. Wahn, Realitätsverkennung und extreme Wahrnehmungsverzerrung können den Kreislauf jederzeit begleiten und lassen Narzissten explosiv und toxisch werden, wenn sie unter hohen psychischen Druck geraten. In sehr seltenen Fällen ist das auch extrem gefährlich für sie selbst und ihr Umfeld.

»So wie du, Pablo! Du musst immer ganz viel bewirken, machen, schreiben, dich selbst inszenieren, damit du dich wieder besser fühlst«, wusste Carlota.

»Aber ich mache niemanden fertig damit!«, konterte ich.

»Nur dich selbst ...«

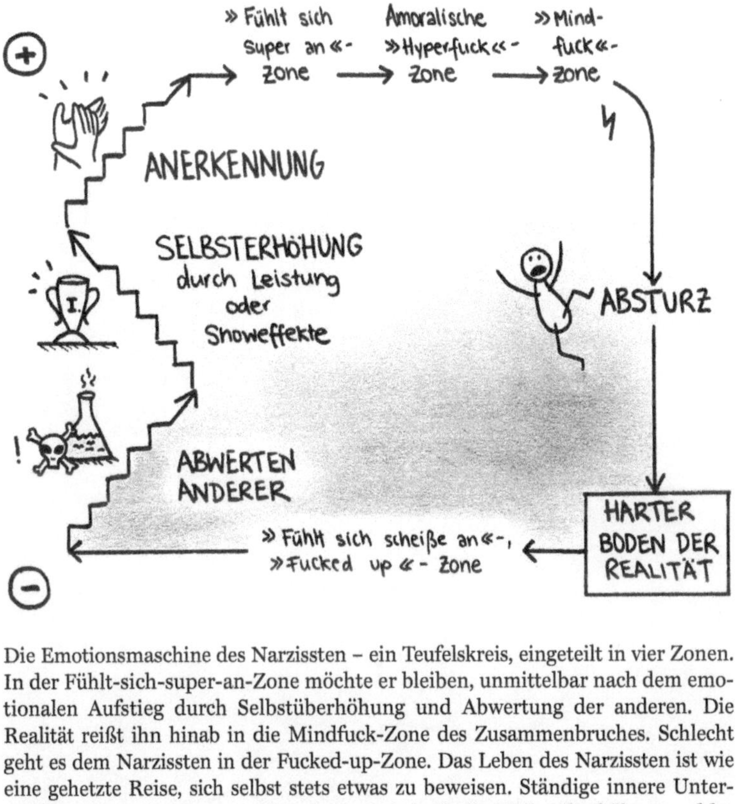

Die Emotionsmaschine des Narzissten – ein Teufelskreis, eingeteilt in vier Zonen. In der Fühlt-sich-super-an-Zone möchte er bleiben, unmittelbar nach dem emotionalen Aufstieg durch Selbstüberhöhung und Abwertung der anderen. Die Realität reißt ihn hinab in die Mindfuck-Zone des Zusammenbruches. Schlecht geht es dem Narzissten in der Fucked-up-Zone. Das Leben des Narzissten ist wie eine gehetzte Reise, sich selbst stets etwas zu beweisen. Ständige innere Unterwerfung unter ein perverses Wertesystem und ständige Selbstüberhöhung auf der Suche nach Anerkennung.

Teil IV:

Wenn es für die Opfer ganz ernst wird

Verluste, Auswirkungen und zu meidende Schäden

Ewige Opferrolle?

Häufigste Opfer-Typen und wie die Schwäche der Opfer ausgenutzt wird

Ich habe *große* Empathie für die vielen Opfer von Narzissten. Auch wenn ich dieses Buch selbstironisch betont geschrieben habe, so bleibt die harte Wahrheit, dass die ungeschützte Begegnung mit einem bösartigen Narzissten gefährlich ist.

Das Schema der Narzissmus-Geschädigten

Die Selbstbehauptung des Opfers einer narzisstischen Beziehung beginnt über die Erkenntnis, dass nicht der Narzisst immer recht hat, sondern dass die Gefühle und die Wünsche, die Sie haben, immer im Recht sind. Zwar hat der Narzisst meist oder immer bekommen, was er wollte, doch das heißt nicht, dass er immer im Recht war. Wenn Sie jahrelang von einem Narzissten geprägt wurden, kann es sein, dass Sie in dieser Zeit verlernt haben, für Ihr eigenes Recht zu streiten: möglicherweise prinzipiell, zumindest jedoch in Ihrer Beziehungskonstellation.

Sie müssen sich darüber im Klaren sein, dass Ihr Selbst durch den Narzissten erheblich angenagt wurde und dass Ihnen ein natürliches Verständnis dieser selbstverständlichen Dinge fehlt:

- Autonomie (kaum Selbstständigkeit)
- Macht (wenig Kontrolle)
- Versorgung (keine Selbstfürsorge)
- Schuld und Scham (lassen Sie schweigen)
- Selbstwert (ist im Besitz des Narzissten)

- Identität (mit dem Selbstwert abhandengekommen)
- eine für beide Seiten erfüllende Sexualität (die Sie nicht mehr haben)
- Empathie (durch Selbstaufgabe verlernt)

Ihr Narzisst hat diese Bereiche besetzt. Er hat Ihnen Ihre Selbstständigkeit genommen, lässt Sie seine Macht spüren, nutzt Ihre Arbeitskraft für die eigene Versorgung und Absicherung, er macht Ihnen Schuldgefühle und Schamgefühle, die Sie auch noch zusätzlich als schlechtes Gewissen kultivieren, er gibt Ihnen keine Möglichkeit, Ihren Selbstwert wachsen zu lassen, Ihre Sexualität ist entweder eingeschlafen oder ein Akt der Gewalt, der Perversionen oder eine Petitesse geworden, auf Ihre Identität pfeift er, denn Sie sind längst ein identisches, höriges Anhängsel von ihm geworden, oder er schmückt sich mit Ihnen wie mit einem Kunstwerk, und Empathie hat er weder für Sie noch für Ihren Standpunkt. Eine völlige Katastrophe! Sie haben sich selbst verloren.

Diese emotionalen Kerben Ihrer Seele sind wie passgenaue Gegenstücke zum Narzissmus. Diese emotionalen Kerben sind Ihr inneres maladaptives Schema, entdeckt durch die US-amerikanischen Psychologen Jeffrey E. Young und Aaron T. Beck.[32]

Die 18 maladaptiven Schemata

Warum fallen wir immer wieder auf Narzissten rein? Es liegt an unserer Schwäche. Diese eingebrannte Schwäche nennt sich Schema. Jeder hat ein oder mehrere Schemata in sich. Das Schema ist wie der Auslöser, der uns schwach werden lässt. Drückt der Narzisst auf den Auslöser, werden wir sofort gefügig und sind machtlos. Ein Schema fühlt sich an wie ein sehr altes Gefühl aus der Kindheit oder Jugend. Es zeigt sich übertrieben und sehr intensiv, es wird Ihnen sofort auffallen, wenn Sie die folgende Liste überfliegen.

Langsam und behutsam können Sie nun prüfen, welches Schema Sie haben. Ich bitte Sie, diese Liste langsam zu lesen. Lassen Sie die aufgeführten Dinge emotional in Ihnen wirken. Es dauert ein paar Sekunden, bis sich die Gefühle aufbauen und die Erinnerungen kommen. Ich möchte, dass Sie Zeile für Zeile nur auf Ihre emotionale Reaktion achten, nicht auf Ihre Gedanken. Ihre kognitive Reaktion ist eher irrelevant. Wenn Sie Ausdrücke nicht verstehen, ist es auch in Ordnung. Vermutlich haben dann diese Begriffe nichts mit Ihrem Schema zu tun. Markieren Sie in der rechten Spalte Ihre emotionale Reaktion. Typisch wäre, wenn ein paar Schemata Sie stark emotional packen.

	Schema	**Emotionale Reaktion**
1.	Verlassenheit und Instabilität	keine/mittel/stark
2.	Misstrauen und Missbrauch	keine/mittel/stark
3.	Emotionale Entbehrung	keine/mittel/stark
4.	Unzulänglichkeit und Scham	keine/mittel/stark
5.	Soziale Isolation und Entfremdung	keine/mittel/stark
6.	Abhängigkeit und Inkompetenz	keine/mittel/stark
7.	Anfälligkeit für Krankheit und Schaden	keine/mittel/stark
8.	Unterentwickeltes Selbst, Neigung zur Verstrickung	keine/mittel/stark
9.	Versagen	keine/mittel/stark
10.	Anspruchshaltung und Großartigkeit	keine/mittel/stark
11.	Mangel an Selbstkontrolle und Selbstdisziplin	keine/mittel/stark
12.	Unterwerfung	keine/mittel/stark
13.	Selbstlosigkeit und Selbstopferung	keine/mittel/stark
14.	Streben nach Zustimmung und Anerkennung	keine/mittel/stark
15.	Negatives Denken und Pessimismus	keine/mittel/stark
16.	Emotionale Blockade	keine/mittel/stark

17.	Übertriebene Erwartungen und kritische Haltung	keine/mittel/stark
18.	Fehler gehören streng bestraft	keine/mittel/stark

Ohne zunächst eine weitere Erklärung für diese einzelnen Schemata zu liefern, bin ich mir sicher, ein paar dieser Schlagworte haben in Ihnen eine emotionale Reaktion, vielleicht sogar eine Erinnerung oder ein Bild vor Ihrem geistigen Auge ausgelöst. Ich verrate Ihnen nun, welche dieser Schemata besonders von Narzissten in ihren Opfern ausgelöst werden. Es sind die Ziffern 1, 2, 3, 4, 12, 13, 16 und 17, die das Opfer verstärkt gegen sich selbst ausrichtet. Ich verrate Ihnen nun auch, welche dieser Schemata typischerweise bei Narzissten selbst aktiv sind. Auch Narzissten haben es. Es sind diese Ziffern: 2, 3, 4, 10, 11, 12, 14 und 17.

Beim narzisstischen Täter werden diese Schemata verstärkt nach außen ausagiert, gegen das Opfer. Sehr gerne ergänze ich Ziffer Nummer 3, emotionale Entbehrung. Sie geht einher mit fehlender Zuwendung, fehlender Empathie und fehlendem Schutz. Ziffer Nummer 12, Unterwerfung, setzt sich aus Unterwerfung der eigenen Bedürfnisse und Unterwerfung der eigenen Emotionen zusammen. Vor allem Wut wird hier unterdrückt, darf nicht geäußert werden. Ziffer Nummer 17, übertriebene Erwartungen (überhöhte Standards), besteht aus Perfektionismus, strengen Regeln und inneren befehlsartigen Glaubenssätzen sowie aus dem ständigen Sichbeschäftigen mit dem Zeitaufwand für eine Sache und deren Wirksamkeit (Effektivität). Ich sehe schon, wie Sie das Buch jetzt erstaunt zur Seite legen und Ihnen die Augen aufgehen, richtig?

Das haben Sie jetzt alles selbst herausgefunden, ohne dass ich Sie persönlich kenne. Jetzt kennen Sie den Bauplan der Dynamik zwischen den Narzissten und Ihnen. Jetzt können wir etwas mehr ins Detail gehen. Wird also nun eines dieser Schemata, also eines dieser alten emotional angelegten Themen, wie eine Saite eines Instrumentes in Ihnen angerissen, dann entstehen Emotionen und hieraus resultiert ein Handlungsdrang. Sie erinnern sich an die Wildpferde? Der Narzisst drückt jetzt bei Ihnen auf die Knöpfe 1, 2, 3 und so weiter ... und löst in Ihnen Verhaltensmuster aus, die von inneren Ängsten und Sorgen angetrieben werden. Gehen wir doch einmal die Opfer-Schemata gemeinsam durch:

Schema 1: Sie fürchten, (wieder) verlassen zu werden? Der Narzisst droht damit, Sie zu verlassen. Sie tun alles, damit Sie nicht verlassen werden.

Schema 2: Sie fürchten, (wieder) ausgenutzt und missbraucht zu werden? Der Narzisst missbraucht Sie und bestätigt, dass Sie, nur wenn Sie ausgenutzt und missbraucht werden, wertvoll sind.

Schema 3: Sie erwarten (erneut), dass Ihr Bedürfnis nach einer normalen, emotionalen Unterstützung enttäuscht wird? Der Narzisst macht das sogar freiwillig und intuitiv. Schwups!

Schema 4: Sie kennen das alte Gefühl, irgendwie unzulänglich, minderwertig, schlecht und unfähig zu sein? Der Narzisst bestätigt es Ihnen jeden Tag. Sie befürchten, dass er recht hat? Er bekommt jedenfalls recht. Und Sie ertragen es. Sie kennen es nicht anders.

Schema 12: Unterwerfung. Eine leichte Übung für Sie: nicken, Ja sagen, zustimmen, mitmachen oder ihn machen lassen.

Schema 13: Sie tun alles, um die Bedürfnisse der anderen zu erfüllen. Tag um Tag und Stunde für Stunde. Der Narzisst nimmt das gerne an. Perfekt.

Schema 16: Ihre Emotionen sind blockiert, Sie haben nie gelernt, emotional sinnvoll zu kommunizieren oder Ihren Emotionen als positive Kraft zu vertrauen. Lieber unterdrücken Sie Ihre Wut oder sind nicht konsequent genug, Ihren Gefühlen zu glauben, Sie tauchen lieber emotional ab. Die Gefühle sagen Ihnen täglich, das hier ist keine gute Sache, aber Sie hören nicht hin. Dem Narzissten gefällt das. Er hilft Ihnen dabei, Ihre Gefühle zu unterdrücken!

… und 17: Ihre übertriebene kritische und anspruchsvolle Haltung setzt Sie selbst stark unter Druck. Alles muss perfekt sein. Hoffentlich findet Ihr Narzisst keine Fehler. Aber er wird sie finden. Sie selbst sind vielleicht sogar der Fehler. Ihr schlechtes Gewissen ist sehr mächtig, und diese Haltung verunmöglicht, dass Sie mal richtig entspannen. Es macht Sie körperlich krank, immer angespannt zu sein. Sie kennen es nicht anders, und der Narzisst nutzt Ihre geringe Selbstachtung, um Sie bis an den Rand des Nervenzusammenbruches zu bringen. Vielleicht schiebt er Sie auch vor lauter überzogenen Erwartungen in eine ordentliche psychosomatische Erkrankung oder Depression. In Ihrer Krankheitsphase wird er Sie übrigens nicht unterstützen, das versichere ich. Sie werden einen Arzt aufsuchen, er nicht.

Tom und Tina: Eskalationen und Eskapaden

Die Zwillinge von Tom und Tina waren jetzt in dem Alter, in dem sie anfingen, Fragen zu stellen. Sie waren acht. Klavier spielen war Tom zu laut. Singen, mit dieser schiefen Stimme: »Oh, nein!« Außerdem: »Den ganzen Unterricht, den müssen wir ja sogar doppelt zahlen. Es sind ja Zwillinge! Nein, die sollen einfach ihre Hausaufgaben machen.«

Unfassbar, dass der kreative Narzisst seinen eigenen Kindern ihre natürlich angelegte Kreativität und Neugierde verwehrt. Aber das tut ein Narzisst. Tom formte sie hingegen so, dass die Zwillinge Autos gut fanden. Sie könnten ja später bei Papa in der Firma anfangen. Events machen oder noch besser: zuerst eine solide Kfz-Ausbildung!

Als die Zwillinge anfingen, Tom zu widersprechen, begann er, sie zu schlagen. Er zählte bis drei, und wenn sie bei drei nicht gehorchten, schnappte er sich einen Zwilling und verprügelte ihn. Er legte den kleinen Körper übers Knie, hielt das strampelnde Kind mit der linken Hand an der Schulter fest und schlug so lange mit der rechten Hand auf das Gesäß, bis es nicht mehr schrie. Dann ließ er erschöpft ab. Tina schrie Tom an: »Das lasse ich nicht zu, dass du Gewalt ausübst! Du wirst ein selbstbewusstes Kind nicht brechen!«, und stellte sich schützend vor die Zwillinge.

Tom hörte aber nicht auf, die Zwillinge regelmäßig zu verprügeln. Tina bedauerte das, aber sie verdrängte es, um sich zu schützen. Kompensatorisch begann Tina, Affären zu haben. Einer dieser Männer war sogar aus dem Freundeskreis ihres Mannes. Ein Oberstudienrat. Der wollte sie sogar heiraten und mit ihr abhauen. Aber Tina wusste: Das war für sie beide nur eine Fantasie. Tina genoss die Zeit mit ihrem Oberstudienrat. Wie sie ihn mit ihrer Sexualität reizen und ihn sogar ein wenig von ihrem Körper abhängig machen konnte.

Nach ihren Eskapaden musste sie sich wieder zurückziehen und den Haushalt führen. In einem ungeteilten Augenblick, bevor die Zwillinge von der Schule heimkamen und von Tom verprügelt wurden, masturbierte sie leidenschaftlich im Schlafzimmer und kam sogar zum Orgasmus.

»Pablo! Du Schmutzfink!«, rief Carlota.

»Was denn? Das ist wichtig! Gesunde Selbstbehauptung hat sehr viel mit einer selbstbewussten Sexualität zu tun. Was ist?«

»Wie viele Affären hatte Tina?«

»Fünf. Aber nur drei von kurzer Dauer. Sie hatte einen Favoriten aus London.«

»Ein Engländer? Uhhh.«

»Nee, ein Schotte.«

»Neeee, echt? Ein echter Schotte?«

»Ja.«

»Sag mal, hast du dich eigentlich schon auf Narzissmus testen lassen?«

»Das ist jetzt nicht so wichtig. Also, weiter im Text!«

Zerstörung ist Selbstzerstörung

Die waghalsigen narzisstischen Manöver mit Hang zum Extremen, dieses Den-anderen-Überrollen, diese Kamikaze-Aktionen, die das Gegenüber angreifen und das Feld freiräumen für die Umsetzung egoistischer größenwahnsinniger Ideen ist immer auch ein Stück weit Selbstzerstörung. Narzissten nehmen in Kauf, bei ihren Aktionen selbst draufzugehen. Gerade psychopathische Narzissten scheinen nichts zu verlieren zu haben. Ihre willigen Gefolgsleute, die selbst moderate Narzissten sein können und von der kraftvollen Vorwärtsbewegung profitieren, mögen vielleicht noch nicht daran glauben, wie ernst es dem Anführer dieses Bündels ist, wie weit dieser gehen würde, um sein Ziel zu erreichen.

Die wahre Absicht des extremen Narzissten zeigt sich erst unter sehr hohem emotionalen und psychischen Druck, dann wird deutlich, wie radikal seine Sicht auf die Realität ist und wie hart er durchgreifen will. So werden zweifelnde Gefolgsleute selbst zu Opfern dieser Radikalität und aus dem Weg geräumt.

Auf dem Weg zur Vollstreckung ihrer Untaten kann nur ein mächtiger Gegenpol diese Bewegung stoppen: ein mächtiger Vorgesetzter, ein beherzter Kollege, ein gewissenhafter Freund oder sogar die Organe des Staates wie Polizei oder Verfassungsschutz.

Aber zu viele Menschen, zu viele Mittäter oder Opfer von Narzissten – das zeigen unzählige dokumentierte Kriminalfälle – unternehmen viel zu lange nichts. Wegsehen. Stumm bleiben. Zu lange warten, in der Hoffnung, es betreffe sie selbst nicht. Zu lange schweigen, in der Annahme, es werde sich schon von selbst regeln. Ein unerhörter Fehler! Der US-Psychologe Philip Zimbardo nennt dies den Bystander-Effekt. Niemand unternimmt etwas sehenden Auges, in der Fehlannahme, jemand anderes würde sich schon darum kümmern.

Der narzisstische Straftäter selbst leidet auch unter seinem Drang, anderen Schaden zuzufügen oder sich daran zu erfreuen, Dinge und Menschen zu zerstören. Von seinen mitunter wahnhaften, eingebildeten Größenideen gelenkt, von dem eigenen Erfolgsdruck oder Bestreben, sein Fehlverhalten zu verschleiern und zu verbergen, gerät er immer mehr unter Druck. Die Welt, die er erschaffen hat, droht über ihm zusammenzubrechen. In dieser sadistischen Extremform wird der Narzisst zum Betrüger und Verräter und kann in letzter fataler Konsequenz zum Totschläger und Mörder werden. Oft ist in wenigen Sekunden alles zerstört und verloren. Aus einer grausamen Fantasie, einem verzerrten Selbstbild, einer makabren Selbstüberhöhung der Einzige zu sein, der nun das Recht darauf hat, Schicksal zu spielen, kommt es zu Katastrophen. Dabei ist es das Umfeld des Narzissten, das lange vor der Katastrophe die Verhaltensauffälligkeit beobachtet und sie häufig verkennt, sie als normal wahrnimmt oder sie aus Angst oder Opportunismus verharmlost.

Das Umfeld einer narzisstisch schwer gestörten Person sollte sich der dringenden Verantwortung bewusst werden. Im Umfeld findet sich hoffentlich eine Person, die sich heldenhaft zu Wort meldet und sich traut. Suchen Sie untereinander das Gespräch und solidarisieren Sie sich. Bringen Sie es zur Sprache.

Dabei bedarf es eines inneren kräftigen Impulses, sich dem Narzissten zu stellen und ihn zu konfrontieren, was nicht jeder schaffen kann, denn viele sind emotional blockiert und unterwürfig-vermeidend. Machen Sie sich schuldig, wenn Sie den narzisstischen Kerl konfrontieren und bloßstellen? Nein. Nie! Wägen Sie die Güter ab. Was ist wichtiger, die eigenen Vorteile, die Sie aus dem Fortbestehen der Situation ziehen, oder die immer größer werdende Gefährdung, die von dieser Person ausgeht? Die immer größer werdenden eigenen Nachteile? Ihre größer werdenden Kosten? Sie sind auch als Umfeld ein wesentlicher Teil der Fortentwicklung des narzisstischen Weges in den Abgrund.

Diesen kleinen *Duldungszellen*, die zur bitteren Realität unserer Gesellschaft gehören, zu entkommen ist sehr schwierig. Sei es der eingeschworene Freundeskreis, die politische Gruppierung, der Verein oder die Familie. Am Ende will es niemand gewusst haben. »Er war doch so ein netter und unauffälliger Nachbar! Dann hat er seine Familie an einem schönen Sonntagvormittag ausgelöscht.«

Die Zerstörung anderer ist immer auch Selbstzerstörung. Im Innersten des narzisstischen Täters rumort eine wahnhafte, also unrealistische und sehr mächtige Idee. Ich darf nicht auffliegen! Was würden die anderen sagen? Ich muss den schönen Schein aufrechterhalten! Ich werde es nicht ertragen, so beschämt zu werden! Ich bin katastrophal gescheitert und kann es vor mir selbst und vor den anderen nicht verantworten! Ich bin ein Versager und insuffizient! Das darf keiner sehen! Ich lösche mich und meine Familie einfach aus, radiere uns alle vom Antlitz der Welt. Als wären ich und meine Nachkommen nie da gewesen. Es ist der auf Kränkung beruhende Wahn, der narzisstische Straftäter gedanklich dazu bewegt, sich und andere mit in den Tod zu ziehen. Der Wahn, unverrückbar davon überzeugt zu sein, was für alle das Beste ist.

Glaube und Spott

Was einem fehlt, um das perfekte Opfer eines Narzissten zu sein, ist der *Glaube* im Opfer. Das narzisstische Opfer *funktioniert* am besten, wenn es selbst nie daran *glaubt,* durch den Narzissten schlecht behandelt zu werden. Nur dann kann der Narzisst in seinem egoistischen Sinne wirken und sein Opfer sogar verhöhnen. Am Anfang einer neuen Beziehung noch unsichtbar, lernt der Narzisst mehr und mehr, mit der narzisstischen Tour durchzukommen und die Grenzen immer weiter zu überschreiten.

Viele Partnerinnen können daher nicht glauben, als was sich die Lichtgestalt von damals nun zu Hause entpuppt hat.

»Du meinst also«, fragte Carlota skeptisch, »wenn ein Opfer nicht daran glaubt, schlecht behandelt zu werden, dann kann der Narzisst das Opfer erst recht schlecht behandeln? Dann kann er machen, was er will?«

»Das ist eben der Trick«, bestätigte ich.

»Das Opfer ist schuld?«, fragte Carlota.

»Zum Teil. Wegen der Duldung der vielen kleinen Grenzüberschreitungen. Am Anfang wirkt die Inbesitznahme wie eine kleine Schwäche des Opfers, wie ein kleiner Mangel an Selbstbewusstsein. Aber daraus wird eine riesengroße Schwäche, wenn nach Jahren vom Opfer kein eigener Wille mehr ausgeht. Die allmähliche Übernahme des Opfers macht es möglich.«

»Das ist hart. Aber es stimmt. Dich habe ich so ja auch nicht kennengelernt. Das kann ich ja auch kaum glauben, wie du dich verändert hast.«

»Nettigkeit plus Langsamkeit gleich: narzisstische Übernahme! Das Opfer ist nicht naiv, es hat sich in einem Opferschema an die Beziehung angepasst, um zu überleben, obwohl die Beziehung langfristig schädigend ist. Das Opfer zieht den Untergang auf Raten einem sofortigen Untergang vor.«

»Unglaublich«, sagte Carlota nachdenklich.

»Eben! Hast Lust auf einen Kaffee? Wenn du dir einen machst, bring mir einen mit!«, sagte ich und lachte laut auf.

Narzisstische Abwertungen und Erniedrigungen verstecken sich sehr häufig auch im Witz und Spott. Spott über Menschen ist immer eine Verletzung der Würde. Die Grenze des Anstandes wird hochnäsig und lachend überschritten. Die Kurden hätten »genug Sand in der Wüste zum Spielen«, sagte US-Präsident Trump am 16. Oktober 2019 vor laufenden Kameras über seine vor dem türkischen Angriff im Stich gelassenen, verratenen Verbündeten im Kampf gegen die Terrormiliz IS. Carlota stand auf und kochte sich einen Tee. Keinen Kaffee für mich. Gut für sie. Schlecht für den Narzissten in mir.

Erfolg durch Veränderung

Was bleibt nun für eine Möglichkeit zur Veränderung? Tatsächlich sind es unendlich viele Möglichkeiten, die Ihnen als Opfer zur Verfügung stehen. Aber leider ist das fehlangepasste Schema ziemlich fest in Ihrer Psyche verankert. Sie *sind* das Schema. Sie glauben daran. Um das zu verändern, müssen Sie sich verändern.

Narzissmus zählt – eigentlich unnötig, es zu erwähnen – zu den unreifen Persönlichkeitsstilen. Wie also kann ein Narzisst überhaupt reifen? Er sollte wie jeder andere Mensch eher das tun, was er liebt – und zwar nicht aus dem Grund, allein etwas tun, um dafür geliebt oder bewundert zu werden. Wer aufhört, für die (narzisstische) Fassade des Lebens zu arbeiten, und für das arbeitet, was er wirklich will, führt ein ganz anderes Leben.

Vielleicht liest ja irgendjemand diese Zeilen und ändert dann die Welt. Fühlen Sie sich angesprochen? So wie in Michael Endes

(1929–1995) *Unendlichen Geschichte* der Leser zum Helden wird, als der Protagonist Bastian beim Lesen des geheimnisvollen Buches merkt, dass er persönlich in der Geschichte auftaucht.

Verstehen Sie mich bitte nicht falsch: Sie brauchen nicht das große System zu verändern! Wenn Sie auch nur ein Detail in Ihrem Leben ändern, hat das Auswirkungen auf Ihr ganzes Leben und auf Ihre Umgebung. Wer sich ändert, ändert automatisch die Welt.

Denken Sie darüber nach, ob Sie nun Narzisst sind oder nicht. Diese Frage geht jeden an: Leben Sie eine Fassade, oder leben Sie ein Leben, Ihr eigenes Leben? Ein Grund, das Buch kurz wegzulegen und in sich zu gehen. Mit gesundem Narzissmus.

Raubtier sein und doch scheitern

Wenn Scheitern keine Option ist und dennoch passiert

Ich … *schätze* Raubtiere. Sie sind so elegant und voller Anmut. Sie treten einzeln und in Gruppen auf. Ich kann sie aus sicherer Entfernung im Fernsehen beobachten, wenn wieder ein Tierfilm läuft und ich so ein bisschen herumhänge. Große Wildkatzen. Narzissten sind leider sehr unerträglich, wenn sie zu Hause auf der Couch lungern. Bring mir dies! Bring mir das! Heute hatte ich wieder so einen Durchhänger – auch der afrikanische Löwe da, in der Mittagsglut der Serengeti, hing schön durch.

Unzulänglichkeit: unerträglich

Narzisstische Menschen haben besonders große Angst vor der eigenen Minderwertigkeit. Haben Angst vor Erwartungen, die nicht erfüllbar sind, Angst vor Ablehnung, Angst vor Kritik. Sie haben Angst vor dem Alleinsein und vor dem Abgewiesenwerden. Angst vor dem Versagen und vor der offenen Konfrontation. Existenzangst, wenn nichts sicher scheint. Alles zusammen genommen haben Narzissten große Angst vor dem eigenen Misserfolg.

Sich über den eigenen Misserfolg einen Kopf zu machen bringt Narzissten in Hochspannung und Stress. Daher sollten Sie, wenn Sie mit einem Narzissten verpartnert sind, in Erwägung ziehen, Ihre eigene Selbstbehauptung zu stärken, indem Sie Ihrem Narzissten im übertragenen Sinne die Eier *abschneiden.*

»Bitte was?«, fragte Carlota und legte das Handy weg. Sie fand meine Idee etwas zu … na ja, radikal. Ich nicht.

Menschen mit Narzissmus haben keine reifen Lösungsstrategien im Umgang mit ihren Ängsten vor dem eigenen Misserfolg. Außer davonzulaufen und sich in die Arbeit zu stürzen oder so zu tun, als seien sie mit Arbeit beschäftigt. Daher ist es sinnvoll, Narzissten klare Ansagen zu machen und ihnen zu sagen, was geht und was nicht. Bevor sie zu unerträglichen *Machos* werden.

»Stimmt!«, sagte meine Frau Carlota und sprach wieder ins Handy zu einer Dame der Presse. »Mir ist viel lieber, wenn mein Mann beschäftigt ist, dann nervt der nicht … oh ja, nerven kann er.«

Ich konnte die Stimme am Ende der anderen Leitung gut hören: »Wie schafft Ihr Mann das eigentlich alles? Die Praxis … was macht der noch gerade, fernsehen? Und dann schreibt er auch noch das Buch …«

»Ja, das höre ich auch ständig!«, sagte Carlota zur Journalistin und verdrehte die Augen. »Ich verrate Ihnen jetzt was: Manchmal liegt er nur rum und pennt den ganzen Tag. Dann wieder nicht. Manchmal wird er total pingelig. Dann wieder nicht. Manchmal kann er extrem schnell und manchmal auch total langsam sein. Er ist *flexibel.* Manchmal ist er total streng, aber manchmal kann er auch ein wahrer Softie sein.«

»So wie Softeis?«, fragte ich Carlota mit einem schlangenartigen Zischeln in der Stimme.

»Ja, meinetwegen auch so wie Softeis. Mein Softie. Lass mich das Interview fertig machen!«, zischte meine Frau zurück.

»Wieso wirst *du* eigentlich interviewt? Ich schreibe doch das Buch«, fragte ich Carlota. Aber sie musste ja unbedingt ihr wichtiges Telefonat führen.

Tom und Tina: Tom sattelt um

Tom war aufgrund der Krise der Automobilindustrie ins Eventmanagement gewechselt, hatte sich sogar selbstständig gemacht und sein Büro im Haus bezogen. Das Autohaus im Dorf war geschlossen worden. Der Konzern war zerschlagen. Tom stand nun allein da und musste sich durchschlagen. Das war nicht ganz sein Ding.

Nun musste er Aussteller akquirieren, Themen platzieren, Vorträge und Galas veranstalten. Es ging um Sponsoring und Finanzierungspläne. Er hatte den Eindruck, sich einen Mühlstein um den Hals gehängt zu haben.

Toms Steuerberater, der auch in seiner Eventagentur mitmischte, schlug jedes Mal die Hände über dem Kopf zusammen, wenn es an die Jahresbilanz ging. Seine Buchhaltung war kriminell. Der Laden lief nicht. Tom geriet emotional unter extremen Druck. Alles, was er tat, war nicht genug, um das Ideal zu retten, das er versucht hatte zu erschaffen. Ihm zerrann alles wie Wasser zwischen den Fingern. Nichts blieb.

Nach außen aber versuchte Tom, die Fassade des erfolgsverwöhnten Unternehmers aufrechtzuerhalten. Aber immer wieder brachen seine heftigen emotionalen Ausbrüche durch, mit denen er Kunden verprellte und auf Nimmerwiedersehen verscheuchte. Es gab nur noch wenige, die Toms Arbeit flankierten und seine emotionalen Ausbrüche verkrafteten. Indirekt unterstützten die wenigen, die von ihm profitierten, seine Tyrannei. Nach demselben Prinzip, wie er damals als Autoverkäufer agierte, benutzte er auch jetzt die Namen ahnungsloser Neukunden, um andere Ahnungslose anzulocken. Wenn das wieder mal aufflog, bekam er einen erneuten Wutausbruch und wollte hinschmeißen.

Viele Narzissten kommen sich wie Hochstapler vor und fürchten, jeden Moment entlarvt zu werden.

»Ich warte auch ständig, dass jemand vorbeikommt und dich mitnimmt!«, lachte Carlota, als sie das Gespräch mit der Journalistin beendete.

Ich schaute sie nachdenklich an. Was genau meinte sie damit? Eventuell würde ich von meiner eigenen Partnerin entlarvt? Ich musste meine Haut retten.

»Schatz, glaubst du, ich bin ein Hochstapler?«, fragte ich.

»Was wäre, wenn?«, antwortete meine clevere Frau Carlota. »Hast du dich jetzt endlich mal testen lassen?«

»Nein. Aber ich habe selbst einen Test entworfen. Schau ...«

Selbsttest Narzissmus

Ich habe hier mal einen recht rohen, politisch nicht ganz korrekten und dennoch, wie ich meine, ziemlich realistischen Test für Ihren Narzissten erstellt, sei es Ihr Partner, Elternteil oder Vorgesetzter (Vorsicht – nicht jeder Vorgesetzte wäre offen dafür, einen solchen Test zu machen). Der Test kann aber auch für Sie sein, sollten Sie den Verdacht haben, selbst narzisstisch zu sein.

Es gibt einen bestimmten Grund, warum ich diesen zugegebenermaßen saloppen Test entwickelt habe: Narzissmus ist ein komplexes Phänomen, für welches ich mir in der Regel mehrere Sitzungen Zeit nehme, bevor ich eine Diagnose erstelle. Ein Selbsttest, wie man ihn in Zeitschriften findet und der dem Leser hilft, sich in einem von drei Härtegraden eines Problems (schwach, mittelstark, extrem) zu verorten, würde zu kurz greifen.

1. Wird Ihnen oft vorgeworfen, arrogant oder eingebildet zu sein?
2. Sind Sie ein Klugscheißer?
3. Fühlen Sie sich intellektuell den meisten überlegen?
4. Haben Sie besondere Fähigkeiten oder Talente?

5. Fragen Sie sich, warum die anderen, obwohl sie weniger Fähigkeiten und Talente als Sie haben, im Leben weiter kommen?
6. Zerfrisst Sie Eifersucht oder Neid?
7. Sind Sie bei Kritik leicht zu kränken?
8. Kränkt es Sie besonders, wenn Sie öffentlich kritisiert werden?
9. Sind Sie wichtig? Also wirklich wichtig?
10. Haben Sie oft den Eindruck, ausgelacht oder belächelt zu werden?
11. Leiden Sie stark darunter, ausgelacht oder belächelt zu werden?
12. Erwarten Sie Lob und Anerkennung von Ihrer Umgebung?
13. Müssen die Menschen Ihres Umfeldes erkennen, was Sie für großartige Fähigkeiten oder Talente haben?
14. Haben Sie oft den Eindruck, dass Sie nur von Idioten umgeben sind?
15. Sind Sie in Ihrem Fachgebiet, in Ihrer Hauptkompetenz unnahbar?
16. Haben Sie den Eindruck, von Gegnern oder Mächten verfolgt zu werden?
17. Haben Sie eigentlich Karriere gemacht?
18. Wäre es falsch zu sagen, dass Sie zu inkompetent für Ihre berufliche Position sind?
19. Glauben Sie von sich, ein toller Kerl zu sein, sogar *der tollste Kerl* zu sein?
20. Benutzen oder beuten Sie andere Menschen für Ihre Zwecke aus?
21. Haben Sie in Ihrem Leben eigentlich etwas erreicht?
22. Würden Sie ein Gespräch darüber, dass Sie in Ihrem Leben gescheitert sind, ablehnen?
23. Sind Sie überhaupt in Ihrem Leben gescheitert?
24. Mal eine offene Frage: Was verstehen Sie unter dem Wort »scheitern«? (Für einige bedeutet »scheitern« auch »lernen«.)

25. Können Sie sich eingestehen, dass Sie Ihre großen Ziele nicht erreicht haben?
26. Können Sie sich eingestehen, einen Knall zu haben?
27. Können Sie sich eingestehen, dass Sie schleunigst zum Therapeuten müssen?
28. Wären Sie von sich enttäuscht oder würden Sie sich schämen, in Therapie zu gehen?
29. Wäre das Einholen von Unterstützung bei einem Therapeuten so enttäuschend für Sie, dass Sie die Lust zu leben verlieren würden?
30. Bitte denken Sie daran, sich Hilfe zu holen, wenn Sie nicht mehr leben wollen, denn das Leben kann so schön sein! In welcher Situation auch immer man ist.
31. Ärgern Sie sich oft über andere?
32. Wenn Sie sich über andere ärgern, geraten Sie leicht in Rage, schimpfen Sie leicht?
33. Geht es Ihnen besser, wenn Sie andere niedermachen?
34. Geht es Ihnen besser, wenn Sie sich selbst überfordern und das Unmögliche möglich machen?
35. Sind die anderen allein schuld, wenn etwas schiefläuft?
36. Sind Sie niemals ganz allein an etwas schuld?
37. Machen Sie niemals etwas falsch?
38. Schieben Sie oft anderen die Schuld in die Schuhe, mehr oder weniger direkt?
39. Sind Sie gierig (oder geizig)?
40. Sind Sie hungrig und werden nie satt?
41. Wenn Sie ehrlich sind: Leiden andere Menschen an Ihrer Art zu leben oder beim Kontakt mit Ihnen?
42. Sind Sie manchmal gemein zu anderen, verletzen andere absichtlich mit Worten und Gesten?
43. Kennen Sie es von sich, auch mal sadistisch zu sein zu anderen Menschen?

44. Kennen Sie es von sich, Menschen zu unterdrücken?
45. Haben Sie dabei ein Gefühl von Macht oder Genugtuung?
46. Finden Sie solche Gefühle geil?
47. Müssen Sie regelmäßig jemanden fertigmachen?
48. Neigen Sie außerdem zu körperlicher Gewalt?
49. Bewundern Sie andere Menschen weniger als sich selbst?
50. Wer ist für Sie der wichtigste Mensch auf der Welt? Sie?

Für diejenigen, die sich mit diesen Fragen beschäftigt haben: Je mehr Fragen Sie mit Ja beantwortet haben, umso größer ist der Narzissmus-Anteil in Ihnen. Wer die meisten Fragen bejaht und so antwortet, dass die anderen Menschen stets als schuldig oder schlecht dastehen, darf sich nicht wundern, von seinen Mitmenschen als Arschloch wahrgenommen zu werden.

Wir können uns den Hinweis, dass jeder Narzisst den Fragebogen so beantworten kann, dass er gut dasteht, schenken. Doch für alle Menschen mit Leidensdruck und dem ehrlichen Wunsch, etwas im Leben zu ändern, kann dieser nicht ganz ernst gemeinte Fragenkatalog helfen, über sich und sein Umfeld nachzudenken. Da bin ich mir sicher.

»Kann man jetzt gratulieren? Hast du den Test selbst gemacht? Wie viel *Arschloch*«, Carlota zeichnete mit den Zeige- und Mittelfingern zwei Anführungszeichen in die Luft, »steckt in dir?«

»Keine Ahnung. Ich mache doch keinen Test, den ich selbst entwickelt habe. Du könntest doch den Test mal machen«, sagte ich.

»Jetzt lenk mal nicht von dir ab! Sagen wir, du machst den Test, und es kommt raus: Narzisst, wie er im Buche steht. Bist du dann als Mensch total gescheitert?«

»Möglich.« Ich war mir wirklich nicht sicher. Trotz der beruflichen Expertise.

»Aber, so ein Vollnarzisst bist du nicht?«, fragte Carlota.

»Nein, um Himmels willen! Ich bin viel netter als mein eigener Fragebogen!«

Narzisstische Angriffe: übergriffig

In einem Seminar schnappte ich diese Aussage auf: »Persönlichkeitsstörungen nicht persönlich nehmen.« Das ist nett gemeint, funktioniert aber nicht, wenn man von einem bestialischen Narzissten direkt angegriffen wird. Diese Monster denken dunkle Sätze: *Alles ist gut, solange du das tust, was ich will. Ich werde dich erst angreifen, wenn du nicht mehr das tust, was ich will.*

Angriffe oder gar Angriffswellen aus der narzisstischen Erregung heraus sind extrem gefährlich. Das Ziel der Angriffe ist, den anderen zu schreddern und gefügig zu machen. Bis zum Zusammenbruch der Abwehr anzugreifen. Der Angriff schlägt im emotionalen Zentrum ein: Volltreffer! Ein echter psychischer Schaden. Eine traumatische Erfahrung, die ein Leben lang in Erinnerung bleibt.

Menschen, die emotionale Übergriffe von Narzissten erlebt haben, wissen, wie sich so etwas anfühlt. Die Treffer gehen tief. Sie verformen die emotionale Ebene, auf der sie einschlagen. Sie schlagen sogar durch und reißen tiefe Löcher. Ein narzisstischer Angriff ist die unterste Schublade im menschlichen Miteinander. Die totale Herabwürdigung und Erniedrigung. Beschimpfung und Deklassierung. Die Zerstörung eines Wertes. Die Vernichtung (oder der Versuch der Vernichtung) von verinnerlichten Werten, von Moral und Anstand. Lebensentwürfe und Wege, denen man sich als Mensch hingibt, werden vernichtet. Durch herablassende Vergleiche. Durch demütigende Bemerkungen. Durch indirekte Manöver, die einen völlig ungeschützt treffen. Durch Bedrohungen. Durch Versuche des Packs, das den Narzissten umgibt, einen wieder auf Linie zu bringen. Die Reihen zu schließen. Der Narzisst wird seine verkappten Boten aussenden, die hörig wie Untertanen den Job erledigen.

Weil man mit seinem Herzensthema zu nah an den toxischen Narzissten herangetreten ist, droht man innerlich zu verbluten. Erst in der Nähe des Narzissten kommt es zum Übergriff und zur Vernichtung. Narzisstische Angriffe zielen genau auf die zentrale Substanz des Menschen. Auf die Eigenverantwortung für selbstbestimmtes menschliches Handeln und auf das Menschenrecht der freien Entfaltung und Wachstum.

Der Knall: Narzissten im Kriegszustand

Wenn irgendeine noch so kleine unangenehme Wahrheit der eigenen Wichtigkeit einen Knacks gibt, dann flippt der Narzisst aus. Dann kommt es zum *Mindfuck-Moment* (siehe die Teufelskreis-Darstellung auf Seite 173), und der Narzisst fällt ins Bodenlose. Er kann sich dann womöglich nicht mehr selbst beruhigen und dreht am Rad. Ein narzisstischer Angriff tut in der Seele weh. Weil der Narzisst selbst durch seinen eigenen *Mindfuck-Moment* verletzt ist. Daher sind die Angriffe oft ordinär und niveaulos.

Möglicherweise wirft der Narzisst gerade Ihnen Niveaulosigkeit vor. In den übelsten Abwertungen und schmerzhaftesten Analogien. Sie wussten vielleicht bis dato nicht, dass jemand so etwas über Sie so sagen kann. Der Narzisst wird es für Sie formulieren. Nicht vergessen, Narzissten sind kreativ. Was sie am schlimmsten schmerzt, ist die Verletzung des Selbstbilds ... des Narzissten.

Das Selbstbild, die persönliche Würde des Narzissten steht über allen anderen. Der Narzisst fühlt sich leider durch den kleinsten Bullshit in seiner Würde verletzt und beginnt reflexartig, andere in ihrer Würde zu verletzen – es ist das Gesetz der *Reziprozität*. Doch kennt der Narzisst das Maß nicht und übertreibt. Daher werden die Grenzen des anderen wie bei einem unkontrollierten Anfall raptusartig eingerissen. Die normalerweise ausgeglichene *Gegenseitigkeit* gerät durch den Narzissten erheblich aus den Fugen.

Spätestens nach der Explosion sollte der Narzisst die Überreaktion und den eigenen Kontrollverlust erkennen, sich selbst bremsen und sich für den angerichteten Flurschaden sofort entschuldigen. Passiert aber meistens nicht. Einerseits geriert er sich als Opfer. Zugleich fährt er einen Megaangriff. Jetzt Attacke! Gezielt und bewusst durchgezogen und nun ja ... überreagiert. Aber so ist das im Krieg.

Das kann nicht wirklich alles unbewusst sein. Dahinter steckt die Absicht, die Stellung des gekränkten Narzissten wiederherzustellen. Satisfaktion! Den anderen in seiner Stellung zu vernichten. Aus dem Weg räumen.

Inneres Angriffsprogramm

Je länger ich den Beruf des Psychiaters und Psychotherapeuten ausübe, desto öfter glaube ich, dass Narzissten, auch die psychopathischen, immer und ständig genau wissen, was sie tun. Innerlich haben sie eine klare Sicht auf die Dinge. Sie fühlen ein Recht darauf, andere abzustrafen oder zu beleidigen. Es braucht nur eine Gelegenheit. Narzissten wissen, dass sie es tun können, weil sie es immer schon getan haben und weil niemand sie je daran gehindert hat. Pathologische, maligne Narzissten überlisten gutgläubige Leute, die sich nicht vorstellen können, dass es solche bösen und berechnenden Menschen gibt.

Wie im Gefängnis

Diese bösartigen Menschen sitzen nicht im Knast. Nein, sie laufen frei herum, sind unter uns und halten andere in ihren Gefängnissen fest. Sie wollen nicht erkannt werden. Aber einige von uns wissen, wer sie sind. Wir kennen ihre Namen und wissen, wie sie aussehen. Es ist unser Vater, unsere Mutter, die Großeltern, unser Partner, unser

Ehemann, unsere Ehefrau. Wir wissen genau, was sie uns angetan haben. Wir wissen genau jetzt, in diesem Augenblick, dass sie es wieder tun: uns kleinhalten.

Das ist auf doppelte Art erschreckend, weil wir, die Gefangenen, uns nicht retten können. Die in dieser Gefangenschaft sind, trauen sich vielleicht nicht zu fliehen. Sie glauben vielleicht, dass es sich nicht lohnt auszubrechen. Sie glauben vielleicht, dass ihre Stimme zu leise ist, um Gehör zu finden. Diese eingesperrten Menschen sind möglicherweise irgendwie davon überzeugt, dass es sich nicht lohnt, das zu verändern, was zu ihrem Gefängnis geworden ist.

Diese Menschen nehmen möglicherweise an, dass sie für die namenlose Zeit danach nicht vorbereitet sind. Sie glauben vielleicht daran, dass sie lebensunfähig waren und sind. Draußen, vor der Gefängnistür, da liegt ein Land. Die Eingesperrten kennen es allein aus den beunruhigenden Geschichten, die man sich hier drinnen so erzählt. Das macht ihnen Angst. Also zucken die Eingemauerten vielleicht mit den Schultern, spüren eine gewisse Sehnsucht, berühren die Wände mit ihrer Hand und wenden sich ab. Ihnen bleibt zu akzeptieren, was sie ihr stilles Schicksal nennen. Sie stehen jeden Abend, wenn sie allein sind, an der Tür. Sie schauen raus und können nicht weg.

Die juristische Dimension

Der Angriff eines Narzissten kann auch die Absicht haben, Sie zu vernichten. Finanziell, beruflich und vor Gericht. Es kann sein, dass der Narzisst plötzlich die Moralkeule schwingt, sich selbst als anständigen Bürger und moralisch integren Menschen darstellt, was er nicht ist, und Sie mit Anwaltsbriefen, Klageschriften, Anzeigen und übertriebenen finanziellen Forderungen überzieht. Daher bitte immer daran denken, dass ein Narzisst auch Persönlichkeitsrechte hat. Wenn Sie diese verletzen, auch nur beiläufig und vielleicht aus einer Laune heraus, weil Sie denken, das kann der ab – schwer geirrt! Es kann passieren, dass sich der Narzisst zu Recht wehrhaft zeigt. Er wird Ihre Äußerungen als Beleidigung aufgreifen und gegen Sie verwenden. Wenn ein pathologischer Narzisst seinem Kontrahenten Rufschädigung vorwirft, obschon der eigene Ruf des Narzissten längst ruiniert ist, dann liest sich das oft wie ein schlechter Witz. Selbst ein juristischer Vergleich kann Ihnen teuer zu stehen kommen.

Also seien Sie vorsichtig, wenn Sie sich mit einem bösartigen Narzissten anlegen! Sie müssen den längeren Atem haben, finanziell und nervlich. Sammeln Sie viele Beweise und viele Zeugenaussagen, die bestätigen, dass Ihr Kontrahent ein echtes Arschloch ist. Lassen Sie sich auch nicht von einem Narzissten dazu benutzen, an seiner statt eine rechtsverbindliche Unterschrift, eine Bürgschaft oder eine falsche Aussage (Zeugenaussage) zu geben. Sie könnten sich unwissentlich strafbar machen.

Tom und Tina: Toms Tyrannei

Tom hatte Tina und die Zwillinge in eine Art Sippenhaft genommen, weil bereits im ganzen Dorf darüber geredet wurde, dass Tina in einer Frauengruppe für Narzissmus-Geschädigte war. Die Frauen im Dorf sprachen offen darüber. Tom war das schlicht peinlich, und er vermied mehr und mehr, sich im Dorf sehen zu lassen. Tom entschied irgendwann, dass Tina nicht mehr in die »Frauentratschgruppe«, wie Tom abfällig sagte, gehen dürfe. Zeigte Tina irgendein unerlaubtes Verhalten, sanktionierte er die Zwillinge. Umgekehrt, wenn die Zwillinge etwas taten, was Tom nicht wollte, strafte er Tina. Manchmal schubste er Tina von hinten, wenn sie einen Wäschekorb trug, dass sie beinahe stürzte. Dann lachte er darüber. Bald schrie er ihr aus vollem Halse hinterher, dass das Essen kalt oder die Gabel krumm sei.

Jeder seiner Ausbrüche traumatisierte Tina mehr und mehr. Die Kinder und auch Tina erstarrten. Die Option abzuhauen, gab es nicht. Die Option, sich zu verteidigen, auch nicht. Tina kannte zwar ihr Schema, konnte aber trotz dieses Wissens nicht sinnvoll damit arbeiten. Ihre emotionale Reaktionsfähigkeit war blockiert.

Tom führte mit emotionalen Mitteln eine Art Sekte, aus der nichts nach außen dringen durfte. Eines Abends fand Tom schwer angetrunken einen zerknüllten Einkaufszettel in der Lobby. Er fluchte innerlich. *Tina, was für ein Saustall hier!* Er las den Zettel. Es war kein Einkaufszettel. Es war eine Notiz von Tina. Sie muss wohl unerlaubterweise wieder in der Frauengruppe gewesen sein, dachte Tom. Auf dem Zettel stand:

> Ich erleide extreme Gewalt (verbale, emotionale, körperliche, sexualisierte Gewalt).
> Ich möchte ihn abweisen und mich abwenden. Einfach gehen.
> Ich will die Polizei verständigen.
> Ich will ihm sagen: »Du bist schuld!«
> Ich will ihm sagen: »Du hast mich angegriffen!«
> Ich will ihm sagen: »Du trägst die Konsequenzen!«

Na warte, dachte Tom, *dir werd ich's zeigen!*

Nahkampf mit Narzissten

Gefährlich werdenden Narzissten können Sie mit einer starken, sehr ernsten Abgrenzung begegnen, wenn Sie daran interessiert sind, an einer Kommunikation festzuhalten. Manchmal funktioniert das etwa mit einem gezielten Gegenangriff. Eine massive Gegenwehr kann dazu führen, dass der Narzisst sich zurückzieht und die Kommunikation ganz abbricht. Wenn das Ihre Absicht ist, nur zu. Wenn Sie aber mit Ihrem Gegenüber im Kontakt bleiben wollen, um eine gemeinsame Lösung zu finden, dann sollten Sie die Gespräche stärker moderieren. Im Folgenden erläutere ich Ihnen konstruktivere Gegenangriffe.

1. Testverhalten

Üben Sie die Begegnung mit Ihrem Lieblingsnarzissten vorher ein. Allein vor dem Spiegel. Mit anderen Personen, mit Freunden und Fremden. Probieren Sie sich ständig aus. Machen Sie sich bewusst, wie sich das körperlich und situativ anfühlt, etwas deutlicher einzufordern, was Sie wollen. Wie einer, der seine narzisstische Energie dazu nutzt, sein Ego zu stärken. Das werden Sie machen müssen, um einem Narzissten standzuhalten. Selbst ein wenig narzisstisch werden, zeigen, was Sie können! Üben Sie ein Probeverhalten ein. Das machen auch Narzissten, wenn sie auf Beutejagd sind. Sie probieren immer mehr aus, wie weit sie gehen können. Lernen Sie für den guten Zweck, narzisstisch zu sein, als Gegenbewegung zum Narzissten.

2. Emotionale Quarantäne

Treffen Sie auf Ihren Lieblingsnarzissten, sollten Sie sich erst ein paar Minuten beschnuppern und akklimatisieren, bevor Sie miteinander sprechen. Sagen Sie ihm das. Etwa so: »Komm erst mal an. Ich wünschte mir, du nimmst erst mal wahr, wie es uns geht und wie es dir geht. Gib uns ein paar Minuten. Dann können wir gerne reden.«

3. Verantwortung für die Stimmung

Sie können verantwortungsvoll und bewusst die Stimmung mitgestalten. Unklare Spannungen sollten Sie sofort ansprechen und mit Zeit und an einem definierten Ort im nicht öffentlichen Eins-zu-eins-Gespräch klären. Etwa so: »Dein Erscheinen ist für die Stimmung mitentscheidend. Jeder, auch du, auch ich, ist dafür verantwortlich, was hier für eine Stimmung herrscht. Komm in den Respekt-Modus und sei freundlich. Sonst kann ich nicht mit dir kommunizieren. Bist du bereit?«

4. Vorbereitet sein

Es ist möglich, sich auf narzisstische Angriffe vorzubereiten. Denken Sie: Ich weiß, dass irgendwann eine emotionale Attacke kommt. Dann werde ich gelassen reagieren, und es wird mich nicht mehr (so sehr) treffen. Ich werde nach ein paar Minuten, wenn nur emotionale Angriffe kommen und die Fakten längst ausgetauscht sind, das Gespräch beenden. Werde sagen, ich habe die Botschaft verstanden. Ich habe verstanden, was du sagst. So wie Neo aus dem Science-Fiction-Film *Matrix* von 1999, auf den geschossen wird und der die Geschosse im Flug anhält: Denken Sie sich: »Die Kugeln werden mich nicht mehr treffen, sobald ich entschieden habe, dass ich von den Kugeln nicht mehr getroffen werde.«

5. Stellung halten

Lassen Sie sich nicht verstricken in die Darlegung des Narzissten. Er ist der bessere Manipulator. Halten Sie Ihre Stellung. Gegen Ihre gefasste Meinung kann auch kein Narzisst argumentieren. Äußern Sie Ihre Wünsche für eine gute Kommunikation. Nicht anschreien, nicht poltern, nicht trotzig stampfen, keine Wut ausleben und keine schlechten Gefühle verbreiten. Sagen Sie so was wie: »So kann ich nicht mit dir reden. Ich habe auch Rechte. Ich bin ein Mensch. Wenn du so mit mir umgehst, verletzt das meine Gefühle. Ich gehe mit dir respektvoll um, also bitte, geh du auch mit mir respektvoll um. Ich bin nun mal dieser Meinung. Darüber können wir diskutieren, aber in aller Ruhe.« Machen Sie sich kernig. Zeigen Sie Ihre Energie, und gehen Sie aktiv in den Widerstand. Deuten Sie einen abwehrenden Gegenangriff an, aber bleiben Sie selbstbeherrscht. Körpersprache nutzen. Hand zum Stopp heben. Brust raus. Rücken gerade. Schultern breit. Bleiben Sie robust. Achten Sie dabei auf einen guten Umgangston. Sinken Sie nicht auf sein Niveau.

Nicht vergessen: Der Narzisst will Sie emotional treffen, und Sie weisen ihn mit einer energiereichen, emotionalen Körpersprache in seine Schranken zurück. Ihre eigenen Gefühle und Wünsche haben recht. Nie vergessen.

6. Kein Schwarz-Weiß-Denken: zwei Meinungen, eine Lösung

Falls Sie sich doch auf Details einlassen, was die Gefahr der Verstrickung in sich birgt, ziehen Sie sich auf Ihre eigene Meinung zurück. Halten Sie fest, dass man unterschiedlicher Meinung ist und es auch sein darf. Binden Sie die Position des Narzissten in das Problem mit ein, falls der Narzisst alles über Ihnen ausschüttet. Sobald der Narzisst spürt, selbst ein Problem zu haben, erwacht er aus seiner Projektion, dass nur Sie schuldig sind. Dann haben Sie seine Aufmerksamkeit. Narzissten beginnen ein Problem erst zu verstehen, wenn sie selbst darin vorkommen. Sagen Sie: »Wir sind hier wohl unterschiedlicher Meinung. Wenn es aber so weitergeht, dann wird es schlecht auf dich zurückfallen. Mein Problem ist auch dein Problem. Du bist Teil der Lösung.«

7. Nein sagen

Bei belanglosen Dingen mal Nein sagen! Wahllos und wiederholt. Ich empfehle meinen Patienten manchmal: »Dreimal täglich Nein sagen!« Heute geht das prima mit den Messengerdiensten: »Ich bin im Gespräch.« – »Ich habe einen Termin.« – »Melde mich gleich, bin im Auto.« – »Melde mich, sobald ich kann.« Der Narzisst muss dann aushalten, dass ihm etwas nicht gefällt. Sie wiederum müssen (!) aushalten und lernen, mit den schlechten Gefühlen klarzukommen, die der Narzisst Ihnen gegenüber hat, wenn Sie Nein sagen. Paradoxer Effekt: Je häufiger Sie Nein sagen, desto begehrenswerter werden Sie.

8. Schema umkehren

Probieren Sie tastend ein neues Verhalten aus, das Ihrem maladaptiven Schema entgegensteht. Ihr Schema sagt Ihnen, was Sie tun müssen? Sie machen das exakte Gegenteil! Sie reagieren immer sofort? Ab sofort nicht mehr. Sie lassen sich viel Zeit mit Ihrer Reaktion, und die Antwort an Ihren Narzissten lautet dann: Nein. Denn wenn Sie sich entgegen Ihrem Opferschema verhalten, werden Sie sich noch erfolgreicher behaupten! Und wenn Sie selbst Stärke zeigen, wird der Narzisst schwächer werden. Denn er kann das Schema nicht mehr in Ihnen auslösen. Das wird ihn richtig irritieren und verwundern. Sie haben ihm den Triggerknopf weggenommen! Dann sind Sie frei.

9. Auf Abstand gehen

Reichen die Umkehr Ihres Schemas und die anderen Maßnahmen nicht aus, Ihren narzisstischen Widersacher zu domestizieren, weil er ein wirklich gefährlicher Typ ist, dann prüfen Sie, ob Sie wirklich mit diesem Menschen weiterhin im Kontakt sein wollen.

Alarmsignale sollten für Sie sein, wenn der Narzisst süchtig ist (Drogen, Alkohol, Spielsucht), viel Geld ausgibt, sich promisk, unmoralisch, betrügerisch, kriminell und gewaltbereit verhält. Dabei sollten Sie selbst wissen, ob Sie strafbares Verhalten durchgehen lassen oder nicht und ob Sie selbst ein Unrechtsgefühl haben. Ich habe tatsächlich schon Patientinnen gehabt, die nicht wussten, was kriminelles Verhalten ist. Gehören Sie dazu? Prüfen Sie, ob Ihre eigene psychische Integrität intakt ist und ob Sie nicht eventuell auch von ein paar Beratungsterminen bei einem Spezialisten profitieren könnten. So kann es sein, dass Frauen von extrem narzisstischen Männern eine *Borderline-Persönlichkeitsstörung* aufweisen. Typisch dafür sind die Instabilität der Emotionen und die Schwierigkeit zur Abgrenzung, beide Schwächen werden bevorzugt von Narzissten gejagt. Denn Narzissten probieren so lange, bis sie die für sich perfekte Beute gefunden haben – besonders bei Stalkern ein Megaproblem.

10. Rückzug?

Sollten Sie eher der Typ sein, der flieht, wenn es unangenehm wird und die Stimmung angespannt ist, dann müssen Sie wissen, dass jeder spontane Rückzug einen starken Sogeffekt auslöst. Ihr Gegenüber wird Sie durch Ihr Weggehen noch massiver angehen. Bleiben Sie wie Neo in der Situation, und lassen Sie die Angriffe nicht einschlagen. Stellen Sie es sich tatsächlich konkret bildlich vor!

Möchten Sie aber dennoch aus der Situation mal raus, dann kehren Sie nach einer Auszeit wieder zum *Tatort* zurück, um den Streit zu lösen. Wenn Sie eine Lösung mit Ihrem Gegenüber erzielen wollen, dann nähern Sie sich wieder. Dann, wenn das für Sie Wichtige gesagt ist, beenden Sie das Gespräch und entfernen sich geordnet. Das klingt heldenhaft. Doch es ist schwierig. Die Angst vor Bestrafung durch den Narzissten blockiert dies oft. Viele Opfer nähern sich ihrem Missetäter, weil sie von doppelten Botschaften angelockt werden, auf Verständnis hoffen und Bedürfnis nach Zuspruch haben. Komm her, ich möchte nur das Beste für dich, aber so, wie du es machst, ist es halt kacke!

Falls das nichts bringt, kann es sinnvoll sein, sich anderen Menschen anzuvertrauen. Ohne es dem Narzissten zu sagen, holen Sie sich vertrauensvolle Unterstützung von anderen Menschen ein, sei es ein anderes Familienmitglied, der Kursleiter, der Vorgesetzte oder die Polizei (etwa bei belästigenden Verhaltensweisen).

11. Zu toxisch? Rückzug!

Wenn das Umfeld oder Ihr Gegenüber viel zu toxisch ist und Sie nicht durchdringen, sollten Sie die narzisstische Bühne, auf der Sie sich unglücklich fühlen, verlassen. Die eigene Verwirrung und Verunsicherung sind zu groß und halten viel zu lange an? Sie verlieren völlig die Orientierung unter den Angriffen? Sie irren wie ferngesteuert durch die Gegend nach ein paar Treffern? Werden erst nach Stunden wieder klar im Kopf?

Vertrauen Sie Ihrer eigenen Wahrnehmung! Sagen Sie sich: »Es tut mir nicht gut, hier zu sein. Ich glaube, dass ich hier nicht länger bleiben kann, weil es mich sonst von innen auffrisst. Ich brauche eine Weile Abstand. Ich will nicht mehr das Echo der schlechten Gefühle anderer Menschen sein. Ich will nicht mehr verletzt werden. Ich will selbst wachsen und mich entwickeln. Dafür muss ich mich zurückziehen und Abstand zu dem Menschen aufbauen, der mich verletzt, und Nähe zu Menschen suchen, die mir helfen und mich so annehmen, wie ich bin.« Wenn Ihnen nicht mehr gelingt, ein emotionales Gleichgewicht zwischen der Sorgfalt für sich selbst und dem extremen Verhalten Ihres Narzissten auszutarieren, dann gilt nur Selbstschutz: Rückzug!

12. Ultima Ratio: Kontaktabbruch!

Was tun, wenn der Narzisst immer noch in Ihrem Kopf sitzt? Sie sind schon auf Abstand, sind aus der gemeinsamen Wohnung ausgezogen und fortgegangen. Sie haben keinen Kontakt mehr, der gewesene Kontakt beschäftigt Sie immer noch.

Denken Sie nicht mehr an ihn! Schlagen Sie sich den Narzissten aus dem Kopf! Vergessen Sie ihn. Der Narzisst wird alles tun, immer wieder in Ihren Kopf reinzukommen. Er wird Sie irgendwie beschäftigen. Sie anzurufen ist dabei noch das Geringste. Er wird Gerüchte streuen. Er wird Sie beobachten lassen. Er wird sich wieder und wieder in Ihren Kopf bohren wollen.

Lassen Sie das nicht zu! Keinen persönlichen Kontakt mehr! Notfalls, falls beispielsweise gemeinsame Kinder da sind, sollte der Kontakt nur über neutral vermittelnde Personen laufen! Seien Sie bereit, ein Opfer zu bringen, um einen ausreichenden Abstand einhalten zu können. Das, was Ihnen wichtig ist und was Sie mit ihm verbindet, wird er gegen Sie verwenden. Vielleicht müssen Sie genau das loslassen, damit die Ablösung gelingt. Es ist furchtbar, wenn es gerade die eigenen Kinder sind. Aber irgendwann werden die auch groß und erwachsen. Vielleicht kommen die Kinder dann auf Sie zu, wenn sie erkannt haben, was für ein Spiel zu Hause gespielt wurde. Es kann sich sehr für Ihren Selbstwert lohnen, mit leichtem Gepäck weiterzuziehen.

Tom und Tina: Tinas Fortschritte

Tinas Probeverhalten war schon besser, sie hatte viel geübt, es war etwas realer geworden. Sie war mit dem kleinen Sportwagen unterwegs zu einem Scheidungsanwalt. Ihr Handy lag auf dem Beifahrersitz und blinkte unentwegt, Tom erreichte sie nicht. Er muss in völliger Rage sein, dachte Tina. »Ruf zurück! Dringend! Sehr wichtig!«, schrieb er.

Tina dachte: Nein! Jetzt bin ich wichtig. Grimmig schwang sich Tom aufs Mountainbike und strampelte in die Berge. Er litt, und Tina ignorierte ihn. Alles fühlte sich leer an. Fühlte sich wie ein Burn-out an. Was sollte das denn? Als er mit dem Rad die Bundesstraße kreuzte, dachte er: Eine kleine Bewegung nach vorne, und alles ist vorbei! Ein Sattelschlepper könnte ihn doch so erwischen, dass es aus war mit ihm. Dann wäre alles vorüber. Dazu kam irgendwie ein weiterer Gedanke: *Du bist schuld, dass ich mich töte, Tina. Bald wirst du das Nachsehen haben.*

»Das ist ja furchtbar. Die arme Tina«, kommentierte Carlota.

»Zu hartes Ende für den armen Tom?«, fragte ich.

»Er wird sie zerstören, wenn sie ihn nicht loswird!«

»Na ja, ich schaue mal, wie ich es noch hindrehe, aber die Ehe ist ja wohl im Eimer. Da ist keine liebevolle Basis mehr.«

»Was ist mit den Zwillingen?«

»Tja ...«

Die Kinder narzisstischer Eltern

Kinder narzisstischer Eltern müssen den harten Weg gehen. Sie müssen sich von vielen, vielen Überzeugungen und Glaubenssätzen lösen, die ein Teil ihrer Bindung zu ihren Eltern waren. Das ist besonders schlimm, denn die Nähe zu den Eltern war ja über Jahre ihr Sehnsuchtsort. Kontaminiert mit diesen narzisstischen Elementen. Was haben diese Kinder nicht alles getan, um ihren Eltern zu gefallen? Um ihnen keinen Kummer zu machen? Diese Kinder wollen kein Ärgernis sein für ihre Eltern. Sie werden sich vielleicht in weiteren Beziehungen ebenfalls narzisstisch unterwerfen, wie es die weiblichen Narzissten tun. Sie werden weiter nach der übertriebenen Anerkennung suchen, wie es die männlichen Narzissten tun.

Mit Glück werden die Kinder narzisstischer Eltern Einblick in die auf sie übertragene Störung gewinnen. Mit Glück werden solche Kinder daran arbeiten, normal zu werden. Die Neurose überträgt sich immer weiter, wie ein Echo, von Generation zu Generation. Kinder sind immer das Echo ihrer narzisstischen Eltern, sie haben keine Chance, es zu vermeiden. Gut möglich, dass Eltern selbst nicht wissen, dass sie narzisstisch sind! So nimmt das Drama seinen Lauf. Generation für Generation. Narzissmus wird immer da sein. Aus Verlorenheit wird Angst. Aus Enttäuschung wird Trauer. Aus Verletzung wird Rache. Es setzt sich immer fort.

Es ist alles andere als leicht, mit einem Narzissten zusammenzuleben und den eigenen Zielen treu zu bleiben. In diesem Kapitel haben Sie mehrere *Nahkampf-Techniken* von mir an die Hand bekommen. Mir ist aber auch wichtig, dass Sie sich die allgemeinste Abwehrtechnik aneignen: das Sichabgrenzen von Narzissten. Lassen Sie sich nicht von jemand anderem deuten oder erklären, wer Sie sind. Sondern sagen Sie, wie es ab jetzt läuft.

Zur Info: Sich abgrenzen

Machen Sie sich, wenn die Konflikte mit dem Narzissten größer werden, klar, dass Sie bei dem, was passiert, nicht mitmachen müssen – trotz des Gefühls des Ausgeliefertseins. Sagen Sie, was Ihnen Druck macht. Grenzen Sie Ihre Bedürfnisse von den Bedürfnissen des Narzissten ab, damit er Ihre Bedürfnisse (und letztlich Sie als Person) nicht schluckt. Sagen Sie, dass Sie das Recht haben, unangenehme Situationen zu verlassen, um wieder zu sich selbst zu kommen. Thematisieren Sie die eigenen Probleme und die Probleme des anderen. Grenzen Sie diese Probleme klar voneinander ab: »Das ist meins, das ist deins, und es bleibt bei dir.« So gewinnen Sie die eigene Handlungsfähigkeit zurück.

Emotionale Raubtiere stoppen

Haben Sie keine Angst, dem emotionalen Vampirismus ein Ende zu setzen! Doch wie angehen gegen jemanden, der überzeugt ist, immer im Recht zu sein? Es gibt eine Taktik aus der Behandlung des Wahnes: Zunächst wird das Weltbild erfasst, wie es der Wahnhafte sieht. Es wird wertfrei beschrieben in all seinen unfassbaren und unrealistischen Facetten. Je mehr Material hier zutage kommt, desto besser. Dann baut der Therapeut ein anderes, gegenteiliges und wenn möglich realistisches Gedankengerüst um das wahnhafte Gedankengerüst herum. In minutiöser Kleinstarbeit wird ganz vorsichtig ein Detail überprüft auf Realitätssinn, auf Wahrheit und Logik.

Als Therapeut bemerke ich dann, dass es schon merkwürdig sei, so zwei völlig gegensätzliche Meinungen zu haben. »Einer von uns beiden muss sich also gehörig täuschen, wenn es nur eine Wahrheit gibt«, sage ich dann, ohne die Wahrheit meines Gegenübers abzuwerten.

Meist einigen der Klient und ich uns darauf, dass zumindest der Wahnsinn mit im Raum ist. Damit ist der Einstieg geschafft in das Nachdenken über sich selbst. Niemand möchte von sich behaupten, wahnsinnig zu sein. Also macht es logischerweise Sinn, nach der Wahrheit zu suchen. Darauf lassen sich die meisten meiner Klienten ein, und die gemeinsame Suche nach der Wahrheit beginnt. Die Annahmen des Wahnhaften sind korrigierbar, aber nur in einem sehr freundlichen und wohlwollenden Setting.

Naivität ist jedoch unangebracht, denn schwer psychopathische Menschen tun manchmal nur so, als ob. Sie lernen, das Erwünschte zu sagen, und glauben weiterhin insgeheim an ihre Sicht auf die Dinge. Letztlich können also nur die Zeit und die dauerhafte Veränderung des Verhaltens zeigen, ob sich ein Vampir zu einem Menschen zurückverwandelt hat oder nicht.

Dem Narzissten feindselig zu begegnen würde seine Abwehrstrategien festigen und den Glauben an seinen Wahn erhärten. Entscheidend ist also, sehr früh positiv auf die psychologische und emotionale Entwicklung des Menschen einzuwirken, ein sicheres und stützendes Umfeld zu erschaffen.

Denn Hass und Aggression sind die normalen Reaktionen von wahnhaften Narzissten. Eigene schmerzhafte Gefühle werden schnell auf andere Menschen übertragen, die sie für ihr Unglück verantwortlich machen. Solche Narzissten haben oft leider lernen müssen, sogar fürs Fragenstellen bestraft zu werden. Sie haben nie gelernt, mit Emotionen umzugehen, geschweige denn mit ihnen in Kontakt zu treten. Sie haben nie gelernt, Gefühle zu nutzen und sie mit Neugierde zu verknüpfen, um damit ihre Probleme zu lösen und an ihnen zu wachsen. Sie stecken emotional fest.

Dabei ist es so wichtig zu erkennen, dass sie gerade deswegen immer nur wiederholen, was sie können, ohne sich weiterzuentwickeln. So bleiben sie hinter anderen in der Entwicklung zurück.

Was sie denen natürlich unendlich neiden. Sie schämen sich dafür, nicht zu kapieren, wie das geht: zu wachsen. Was bleibt, ist die verstärkte Wut und die Lust, das zu zerstören, was die anderen erschaffen haben.

Die Rache kommt. Sie wird viel später und eiskalt serviert. Wenn die Täter auffliegen und erwischt werden, zeigt sich ihr geringes Interesse am Erschaffen von Wert und Nachhaltigkeit. In die Enge getrieben wimmern sie und erkennen, wie ihr Lügengebilde zerfällt. Sie werden sich winden und ablenken und sich als Opfer gerieren, Verschwörungstheorien aufstellen und sich selbst deklassieren.

Ich gebe zu, dass ich hier eine Methode vorgestellt habe, die eher Therapeuten vorbehalten ist. Die harten Fälle gehören tatsächlich in Therapie. Doch wenn ein Ihnen nahestehender Mensch wahnhaft narzisstisch ist und sich therapeutisch behandeln lässt (oder eben nur zu den normaleren Narzissten gehört), stellt sich auch für Sie die Frage, wie Sie mit Narzissten umgehen.

Die Antwort: Wir brauchen eine Wende im Umgang mit Narzissten. Wir müssen uns intensiv auf emotionaler Ebene mit den Narzissten als Menschen auseinandersetzen und ihre Sicht wohlwollend korrigieren. Das ist die Herkulesaufgabe.

Statt unseresgleichen als Beute zu sehen, wie es die US-amerikanische Lebensberaterin Evelyn Ryan sagt, sollten wir angesichts der weltweiten Ausbreitung des bösartigen Narzissmus an gegenseitig nützlichen Beziehungen und am gegenseitig nützlichen Dialog arbeiten.[33] Nur wenn es uns als Gesellschaft gelingt, die Psychopathen von wichtigen Entscheidungspositionen fernzuhalten, wird das Projekt Menschheit gelingen.

Teil V:

Die Hoffnung stirbt! Zuletzt?

Wie die Antiheldenreise zur Heldenreise wird

Hoffnung und Liebe für Narzissten?

Wie ekelhaft – oder sind das auch nur Menschen?

Ich finde großartige Geschichten, naaa … *großartig*. Vor allem solche mit einem Happy End. Wem kann man es verdenken zu hoffen, dass eine noch so üble Story auch etwas Gutes haben muss? Menschen wünschen sich meist ein gutes Ende für eine unerhörte Geschichte, aber Menschen sind auch grausam, und Geschichten von Menschen enden oft tragisch.

Narzissmus ist eben ein Illusions- und Manipulationstheater, an dem immer der andere leidet. Der Narzisst kommt gut davon. Nur, wie bekommen wir das hin, dass aus der Tragödie eine hoffnungsvolle Liebesgeschichte wird? Es scheint unmöglich.

»Die Erfahrung deines Lebens ist das Privileg zu wissen, wer du bist«, so der Mythenforscher Joseph Campbell (1904–1987), der mit dem Konzept der Heldenreise eine Betrachtungsweise gefunden hat, die auch für die Behandlung des Narzissmus funktioniert: Mache dich auf die Suche, gehe auf die Reise, finde dich! Es ist unangenehm, an sich zu arbeiten. Auf der Suche nach Hilfe muss man unangenehme Wahrheiten über sich erfahren. Die Fehler ganz genau anschauen. Wenn man die Veränderung will.

Du bist zwei

Es gibt einen Weg, das scheinbar Unlösbare zu lösen. Ich möchte dazu die Geschichte eines Antihelden erzählen, der bei mir in Therapie war. Es war eine seiner letzten Therapiestunden, und ich hatte wie immer keine großartigen Vorbereitungen getroffen, sondern ich wollte darauf vertrauen, dass ich meine Arbeit schon gut verrichten würde. Also, wie lief das ab?

Zunächst hatte ich als Therapeut im Prozess der Therapie alle Grundbedürfnisse des Narzissten befriedigt. Das Bedürfnis nach Sicherheit und Schutz, das Bedürfnis nach Zugehörigkeit und Liebe, das Bedürfnis nach Wertschätzung und das Bedürfnis nach Selbstverwirklichung.

Diese berühmten vom Psychologen Abraham Maslow (1908–1970) eingeführten Grundbedürfnisse sind die Basis jeder Narzissmus-Kur, die man bei mir erhalten kann. Nun, die Termine sind vertraulich und meist pünktlich, und die Verschwiegenheit ist garantiert. Ich bin, soweit ich es als Narzisst hinbekomme, freundlich und liebevoll. Humorvoll. Warmherzig. Gütig. Wohlwollend. Friedlich. Verträglich. Flexibel. Der Klient ist mein Klient, und ich bin sein Therapeut. Wir arbeiten an unserer Bindung, an einer vertrauensvollen Arzt-Patient-Beziehung. Wir erkennen uns als Menschen. Ich höre zu. Ich sehe ihn an. Ich bin aufmerksam. Fünfzig Minuten etwa ... und das Woche für Woche.

Im Laufe dieser Reise, darauf zielt alles ab, werde ich immer mehr auf das Thema *Selbstverwirklichung* kommen. Aber das weiß der narzisstische Klient noch nicht. Darin bin ich ihm voraus. Ich halte Ausschau nach der Struktur des Narzissten, die sich mir bald offenbart. Da ist das verborgene, wahre Selbst, das sich versteckt, das innerlich unterdrückt oder abgewehrt ist. Das auf der Spielebene sichtbare, zweite Selbst mit den vielen Namen, das Pseudoselbst, das Größenselbst, das Idealselbst, das sehe ich, und ich pirsche mich zaghaft heran und ... *zerstöre* es.

Ich versuche, dem Narzissten klarzumachen, dass er im Spannungsfeld zwischen seinem verborgenen, authentischen Selbst und seinem sichtbaren, idealisierten Selbst lebt. Ich sage ihm, dass er nicht ein Selbst ist, sondern zwei. Das eine Selbst hängt unbewusst und verdrängt irgendwo in der Vergangenheit herum. Das andere Selbst schwebt vor seinen Augen, unerreicht in der Zukunft. Der Narzisst jagt diesem Selbst hinterher.

Ich sage meinem Narzissten: Je heftiger er seine Ideale jagt, desto größer wird der Druck, alles zu halten, was schon erreicht wurde. Ich erzähle ihm, dass sein Idealselbst nur ein Zerrbild seines Selbst ist. Dieses verzerrte, idealisierte Selbst kann man als Gegenspieler, als bösen Antagonisten betrachten. Als ein Selbst, das den Narzissten unterdrückt und fordert, ja, sogar ängstigt.

Das Spannungsfeld dieser beiden Selbstbilder provoziert ganz automatisch starke Emotionen wie Angst und unangenehme Gefühle, die sein Leiden prägen. Der Narzisst weiß nicht, wer er ist. Sein Selbst treibt hin und her.

Das ideale Selbst wurde von den Menschen, die den Narzissten geprägt haben, hochgehalten. Das ursprüngliche, alte und authentische Selbst wurde von den Bezugspersonen abgelehnt und verdrängt.

Der Narzisst, so sage ich ihm, hat diese Spaltung übernommen und trägt sie weiter. Er verhindert die wahrhaftige Selbstverwirklichung, denn mit zwei Versionen eines Selbst ist das unmöglich. Die Spaltung des Selbst verhindert es.

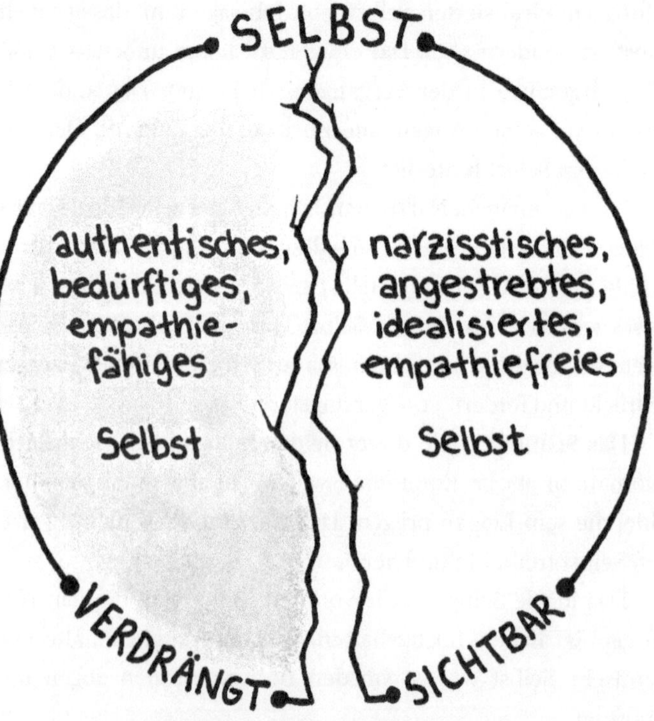

Die Spaltung des narzisstischen Selbst. Das Selbst des Narzissten ist geteilt in ein authentisches, sehr bedürftiges, aber verdrängtes Selbst und in ein idealisiertes, empathiefreies und sichtbares Selbst. Zwischen den beiden Selbstbildern zieht sich eine Linie, eine Front der Bewertungen, die die Überwindung der Selbstspaltung verunmöglicht. Das geschieht erst, wenn die Bewertungen aufgegeben werden, wenn das authentische Selbst seine Bedürfnisse gestillt bekommt. Erst wenn das narzisstische Selbst aufgegeben wird, schließt sich die Spaltung, und das Selbst kommt zur Ruhe.

Mit dieser Darstellung können der reflektierte Narzisst und die reflektierte Narzisstin stets prüfen, wer gerade am Drücker ist, und das eigene Verhalten – und die eigene Haltung – korrigieren. Zuzuordnen, was gedacht, gesagt oder getan wird, ist sehr aufschlussreich für Narzissten. So wird erkannt, ob das authentische Selbst oder das narzisstische Selbst gerade das Zepter in der Hand hat – mit dem

Ziel, das authentische Ich wachsen zu lassen und zu fördern und das narzisstische Ich zu ignorieren und zu entmachten.

Mit einem gewissen selbstverliebten Stolz beäugte ich meine Darstellung der narzisstischen Spaltung.

»Spielerisch kann jetzt endlich die Zuordnung zum *authentischen, bedürftigen Ich* und zum *narzisstischen Ich* erfolgen«, triumphierte ich. »Es ist das, was ein Narzisst irgendwann tun muss.«

»Das sagt jetzt dein empathisches Ich!«, jubilierte Carlota.

»Das sagt jetzt mein narzisstisches Ich!«, ergänzte mein anderes Selbst arrogant und ungefragt. Ich konnte meine Empathiefähigkeit offensichtlich ein- und ausschalten? Genial und verrückt zugleich!

Selbstempathie: die Spaltung berühren und verbinden

Narzisst zu sein bedeutet, mit dem Zerrbild des eigenen Selbst zu leben. Das Zerrbild des authentischen Selbst ist eine Art Monster, das den Narzissten immer wieder und ohne Mitgefühl stellt und mit unlösbaren Forderungen konfrontiert. Es wird den Narzissten emotional überfordern, was dieser, da er das nicht spürt, an andere weitergibt. So wird der Narzisst in seiner Not alles von anderen wollen und alles von anderen verlangen, weil es ihm sein eigenes Ideal tyrannisch diktiert. Daher will der Narzisst so viel. Er will möglichst alles. Von den anderen. Weil der Narzisst selbst ein Gejagter ist.

Würde der Narzisst nichts mehr fordern und folglich auch nichts mehr erhalten für seine narzisstische Gier, würde das empathielose Monster in ihm wild um sich schlagen und alles zerstören. Nur dann, wenn das Monster besänftigt ist und sich zurückzieht, kann sich das authentische Selbst zeigen und für den Narzissten spürbar werden. Durch die Zufuhr von dem, was das Monster möchte, durch Aufmerksamkeit und Bestätigung beruhigt es sich.

All das erhält das Monster von mir, dem Therapeuten. Und auch von seinem Umfeld. Von seiner Frau, von seinem Clan. Von seinen Fans. Von seinen Puppen, die das narzisstische Selbst um sich schart. In der Therapie aber, bei mir, ist die Bestätigung des Narzissten nur der erste Schritt. Wenn sich das Monster beruhigt hat, beginne ich, es zu demontieren. Vorsichtig, behutsam und kleinteilig, aber nicht zögerlich. Damit das authentische Selbst sich traut hervorzutreten.

Meistens ist das authentische Selbst genau das, was der Narzisst eigentlich wirklich für sein Leben will. Es widerspricht oft den über viele Jahre gelebten Idealen, die von den narzisstischen Eltern erwünscht oder indirekt gefördert wurden, als sie das authentisch fühlende Selbst des Kindes vom Hof trieben. Bis das Selbst die Spaltung für sich übernahm und das gefühllose Monster immer größer wurde.

Aber dann kommt so jemand wie ich und sucht das kleine, verschreckte authentische Selbst und nimmt es an die Hand wie ein Kind. Das Monster liegt längst in therapeutischen Ketten und darf auch mal gestreichelt werden. Wenn das Monster brav bleibt, dann ist es gut. Dann darf es auch gemocht werden. Dann ist es ein gutes Monster. Dann hat es etwas von einem zähmbaren Hund. Dann spürt der Narzisst, dass er wegen seines authentischen Selbst gemocht wird. Seine größte Sehnsucht ist gestillt. Aber wehe, das Monster bekommt nicht ab und zu, wonach es verlangt. Wehe, jemand ärgert den wilden Hund und stört. Ein falsches Wort. Ein blöder Blick. Eine winzige Kränkung. Sofort schnappt es und zerreißt, was es in sein Maul bekommt. Beißt es weg.

Tom und Tina: Tom wird es zu viel

Vier Monate waren verstrichen. Toms Gedanken, seinem Leben ein Ende zu bereiten, waren abgeflacht. Tina schien es auch besser zu gehen. Sie lächelte ihn ab und zu an.

Es war Silvester, und Tom überraschte seine Frau mit einem romantischen Dinner im Hotel am Tegernsee. Die Oma kam und sollte am Wochenende auf die Zwillinge aufpassen. Tom, so sein Plan, würde Tina in der König-Ludwig-Suite verführen und sie spontan mit einem ganz besonderen Outfit-Wunsch überraschen.

Tom hatte alles vorbereitet, und Tina tat ihm den Gefallen, wie schon so oft, ihm seine sexuellen Wünsche zu erfüllen. Sie zwängte sich in den Fummel, den ihr Tom mitgebracht hatte: eine Korsage aus schwarzem Leder, eine Kopfhaube aus schwarzem Latex, die nur den Mund frei ließ, und Stiefel dazu. Wie ein Kunstwerk sollte sie aussehen.

Tina legte sich ins große Hotelbett und wartete. Es sollte der Auftakt zu einem opulenten Abend werden, als Tom in sie eindrang. Tina war für Tom längst ein Gegenstand der Lust geworden. Er genoss diese Mischung aus Lust und Leder, das ihre Körperformen nachbildete. Er war der Größte, als er kam. Tina spürte ... nichts.

Kurz darauf, im Badezimmer, rastete Tina plötzlich aus: »Du brauchst doch keine Partnerin! Wenn du nur ficken willst, dann hol dir doch 'ne Nutte!« Tom ging wortlos ins Bad und schlug Tina ins Gesicht, dass sie zu Boden ging. »So. Und jetzt schön essen gehen!«, forderte Tom sie auf und riss sie aus ihrer Erstarrung.

Sie erhob sich wie benommen und machte sich zögerlich frisch. Tom schlüpfte in seinen weißen Smoking mit Dinnerjacket. Manschetten. Roter Bund. Tina zog ihr knappes Abendkleid an. So traten sie bald auf den Flur des Hotels und in den Fahrstuhl. Toms Gedanken spielten mit der Vorstellung, was für ein Bild er in seiner weißen Abendgarderobe wohl abgab. Wohlhabend, toll, bedeutsam. Ein Abend im Hotel. Nicht jeder konnte sich das leisten. Im Restaurant wartete der beste Tisch – natürlich. Es war ja Silvester!

Tina, seine Frau, seine Vorzeigepuppe, sah blendend aus. Tom war nahezu euphorisch. Stolz und arrogant kreuzte er die Lobby ins Restaurant, als plötzlich jemand ihn ansprach. »Tom! Du siehst ja aus wie ein Kellner! Wir haben schon einen Tisch! Kommt, ihr beiden!« Tom folgte und zog Tina mit. Tina stoppte und stellte ihn: »Du hast zu unserem Date Kunden eingeladen?« Tom hörte nicht, was Tina sagte, sondern stand in der Tür zum Restaurant und sah, dass alle Kellner an diesem Abend weiß gekleidet waren, genauso wie er. »Vielen Dank, Herr Ober!«, verabschiedete sich eine ältere Dame.

Ober? Tom stand da wie angewurzelt, völlig erstarrt. Blockiert. Er sah aus wie ein Kellner! Als Tina das bemerkte, musste sie plötzlich lachen. Sie kicherte. Dann lachte sie. Dann kicherte sie wieder. »Du bist ein Kellner!« Tom sah die anderen Gäste an. Darunter viele seiner Kunden, die er hierher auf einen gemeinsamen Abend eingeladen hatte. Edel angezogen. Dunkle Anzüge. Schwarz. Nur der Service und er selbst in Weiß.

Beschämt und stumm suchte sich Tom den Weg durch die Tische, zog hektisch das weiße Dinnerjacket aus und hängte es über einen Stuhl. Den ganzen Abend schwieg er mürrisch und aß kaum etwas. Tina amüsierte sich über ihn. Sie musste immer wieder lachen: »Mit den Manschetten bist du automatisch Oberkellner!«

Als das alte Jahr verabschiedet wurde und das neue begann, blieb er sitzen und starrte ins Leere. Die Raketen flogen. Es gab Champagner, aber er machte sich nichts daraus und prostete niemandem zu. Tina blieb bei ihm und wusste nicht, was sie tun sollte. Um zwei Minuten nach zwölf griff Tom sein Jackett und Tinas Hand, um sich zurückzuziehen. Sie gingen aufs Zimmer und reisten ganz früh am nächsten Morgen ab. Noch bevor die anderen Gäste des Hotels sie sahen. In dieser Nacht hatte Tom beschlossen, seinem Leben ein Ende zu setzen.

Ich richtete mich etwas auf der Couch auf und sagte zu Carlota: »Im Frühjahr darauf, nach dieser Silvester-Kränkung, verübte Tom übrigens sein Gleitschirmattentat auf Tina.«

»Ungeheuerlich! Hat er denn überlebt?«

»Ja, hat er. Auf die erste Notoperation folgten noch vier weitere, bis sie ihn zusammengeflickt hatten. Gefolgt von monatelanger stationärer Rehabilitation. Er war fast ein Jahr lang im Krankenhaus. Tina ist erst in dieser Zeit mental wieder zu sich gekommen. Sie traf keine strafrechtlichen Konsequenzen gegen Tom, sondern sie konzentrierte sich auf ihr Leben. Sie nutzte ihre Chance, ihr Leben zu verändern.«

Suizidgefahr: wenn Narzissten nicht weiterwissen

Das narzisstische Selbst weiß nicht, dass es ein weiteres Selbst gibt. Der Narzisst nimmt nur das Idealselbst wahr. Zerplatzt das ideale Selbst zu früh, so wie bei Tom an Silvester, und das wahre Selbst ist nicht zur Stelle, bleibt nur noch ein Nichts. Es besteht nun die Gefahr, vor dem Eindruck des großen Nichts den Willen zum Leben zu verlieren. Dann fährt man an die Brücke und blickt in den Abgrund. Oder man denkt an den Baum am Straßenrand. Oder an das Seil im Carport.

Diese quälende Leere im Inneren, dieser quälende Schmerz, der nicht gehen will! Wer weiß schon von sich, dass er Narzisst ist? Wer weiß schon von sich, wie er funktioniert und wie er auf sich selbst reagieren muss? Erst im Prozess der Selbstreflexion fängt ein Narzisst an, über sich selbst nachzudenken. Über seinen Narzissmus. Ein Narzisst kapituliert nicht vor seinem Narzissmus.

Ein Narzisst kapituliert nur vor dem Nichts. Wenn das narzisstische Selbst angeschlagen und die Hinwendung zum wahren Selbst – mit professioneller Unterstützung – gelingt, kann vorsichtig das Idealselbst losgelassen werden. Dann erst lösen sich die Ängste und die schlechten Gefühle auf, und die Gefahr des Suizids ist gebannt.

»Wie bringt man den Narzissten dazu, dass er anfängt zu kapitulieren?«, fragte mich Carlota.

»In dem Moment«, antwortete plötzlich jemand anderes für mich, »wo er in der Einsamkeit angekommen ist.« Es war Tom. Ja, es war Tom, der plötzlich vor unserer Wohnzimmercouch stand. »Wenn wirklich alles leer ist, wenn alles sinnlos wird, wenn keine Möglichkeit der Einflussnahme auf das Glück gesehen wird.«

Tom verschwand, wie er gekommen war: aus dem Nichts zurück ins Nichts. Es war merkwürdig, aber Carlota schien Toms Erscheinen und Verschwinden nicht zu stören.

»Suizid? Hast du auch mal daran gedacht, so wie Tom?«, fragte mich meine Frau Carlota.

»Nein. Nun. Nicht wirklich«, antwortete ich. »Doch ... ich meine ... fragen wir uns nicht alle irgendwann: Ist das das Leben, das wir leben wollen? Das lädt uns im besten Fall zur Korrektur ein. Diese Frage hilft uns zu klären, wofür es sich zu leben lohnt. Schärft den Blick auf das, was wichtig ist.«

Viele suizidale Narzissten sagen: »Ich will nicht, dass die anderen an mir leiden, wenn sie mich aufsammeln müssen an den Bahngleisen.« Viele sagen auch, dass sie, wenn sie an den ausweglosen Punkt kommen, um sich schlagen, Irrationales tun, weil sie merken, dass sie Hilfe brauchen. Nur über die eigene Hilflosigkeit und Machtlosigkeit erst kommt der Narzisst in die Reflexion über sich selbst.

Der Antiheld im Narzissten

Der Narzisst lebt in dem Spannungsfeld seiner beiden Selbst. Sogar wenn er die Spaltung erkennt, bleibt diese ihm erhalten. Er muss erst Bekanntschaft schließen mit seinem wahren Selbst. Mit dem gekränkten Selbst, das er verdrängt.

Dank Johannes, der mich therapierte, erkannte ich plötzlich die Wahrheit meines Selbst, seine Spaltung, und ich erkannte plötzlich den Wahnsinn daran. Die beiden Anteile näherten sich nun, aber die

Spaltung blieb wie gesagt bestehen. Das wahre Selbst konnte nun wachsen und mehr und mehr die Herrschaft in mir übernehmen.

Ich war fast mein ganzes Leben lang mein eigener Antiheld gewesen. Allmählich erkannte ich mich und reifte daran Stück für Stück. Die Suche (die Sucht) nach Anerkennung wurde mir klarer.

Abraham Maslow sagt, dass eine Person nie wirklich zufrieden und glücklich ist, nie Ruhe geben wird, bis sie so handeln kann, wie es ihr am besten liegt und wie es am ehesten zu ihrer wahren Natur passt. Meiner therapeutischen Erfahrung nach kann durch das narzisstische Ideal der Zugang zur Selbstverwirklichung verschüttet oder verformt werden: Eine narzisstische Person ist nämlich unermüdlich auf der Suche nach Anerkennung, weil sie etwas sucht, das ihrem authentischen Selbst nicht entspricht. Die Anerkennung, die sie erhält, wird sie also niemals befriedigen.

Würde die Person endlich verstehen und das tun, was sie zu ihrer wahren Selbstverwirklichung braucht, wäre die Anerkennung nur einmal notwendig – und ab dann irrelevant. Die Wiederannäherung an das authentische Selbst jedoch schließt die Lücke zwischen dem narzisstischen Fassadenleben und dem, was das authentische Selbst will. Für immer.

Das narzisstische Feld der Bewertung verlassen

Narzissten spalten den anderen, den Einzelnen und die Gruppe. Denn sie stellen ihr Opfer in ein Feld, das sie wie selbstverständlich aufmachen, weil sie selbst darin stehen. Es ist das Feld der Bewertung. Da ist das Richtige auf der einen Seite, und da ist das Falsche auf der anderen Seite. Dazwischen spannt es sich, das große Spielfeld der Bewertungen und der Vergleiche. In dieses Feld stellen Narzissten ihre ahnungslosen Opfer, die darin ihre Orientierung verlieren und verwirrt sind. Weil die Opfer die Welt nicht so bewerten, wie ein Narzisst es tut. Es fühlt sich daher komisch bis unerträglich an, als Person in dieses Feld hineingestellt und darin wie eine Spielfigur verschoben zu werden.

Kinder begreifen nicht (oder viel zu spät), wie sich die elterliche Manipulation gegen ihre eigene Natur wendet. Sie werden einfach gepackt und in das narzisstische Feld gestellt. Viele Erwachsene merken so etwas auch nicht.

Steht die Person also nun da, wird sie vom Narzissten bewertet, verglichen, überhöht oder abgewertet. Sie wird bekämpft oder idealisiert. Beides ist unwahr, ist vorgetäuscht und steht nur im Interesse des Narzissten selbst. Er ist die Referenz. Seine Emotionalität ist das Maß aller Dinge. Die Spielfigur aber wird zur Zierde stilisiert und hochgelobt. Wer gegen die Interessen des Narzissten handelt, wird von ihm bekämpft. Dann geht es nicht mehr um Fakten, Meinungen, sondern um Krieg.

Eltern formen ihre Kinder, sie wollen deren Bestes nach eigenem Vorbild. Was Eltern aber immer wieder vergessen: Ihre Kinder sind eigenständige Menschen. Sie sind frei und nicht das Echo ihres eigenen Narzissmus. Daher sind in einer Therapie zunächst die Eltern an allem Leid des Kindes schuld. Das unreife narzisstische Motiv des Kindes, wie Sigmund Freud es beschrieben hat, straft logischerweise zuerst die Eltern ab. Wer sonst ist aus Sicht des unreifen Kindes schuld am Leiden? Der elterliche Mangel an Anerkennung. Der elterliche Mangel an liebevoller Zuwendung. Das Viel-zu-wenig-von-allem. Das ist das narzisstische Leiden. Dann, im Laufe der reiferen Einsicht, jedoch wechselt die Perspektive des Kindes, und die Person bemerkt, dass nicht die Eltern, sondern das Leben an sich eine »Schuld« an ihrem Leiden trägt. Wichtig ist die Einsicht in die

Eigenverantwortung für das Leiden, denn man selbst ist nun mal Teil der Welt: Man ist nicht schuld, dass das Leben so ist, aber man ist schuld, wenn es so bleibt!

In diesem Augenblick der Einsicht ist die Person nun mit sich und ihrem Leiden verbunden. Die Spaltung ist aufgehoben. Jetzt kann sie ihr Leiden selbstverantwortlich gestalten, sie hat jetzt Zugriff auf ihr autoritäres Selbst, sie kann es sogar beruhigen. Sie bekommt die Kontrolle über ihre Gefühle und Handlungen. Sie reift als Mensch.

Die Person begreift die natürliche Widersprüchlichkeit des Lebens. Dann erst beginnt sie wieder, positive Gefühle für ihre Eltern empfinden zu können, was sie überrascht und freut. Der Zorn ist verflogen, der emotionale Knoten gelöst, und nun ist wieder Platz für gute Gefühle. Vielleicht auch für Dank für all das, was die Eltern der Person an Grundbedürfnissen erfüllt haben, an Schutz, an Versorgung, an Bildung, an Zuwendung und Liebe. Vielleicht.

Noch größer wird das Glück, wenn der Klient erkennt, dass er jetzt selbst aus dem Spannungsfeld heraustreten kann, in das er von den Eltern hineingestellt wurde. Wenn der Klient etwa sagen kann: »Hey Mama, hey Papa, ihr habt das Leben so gut ihr konntet gemeistert, und hey, ich war halt auch da, und ihr habt das, na ja ... irgendwie hinbekommen.«

Mit den Augen eines Menschen, der zur Liebe fähig ist, wird die Person nun mehr sehen und mehr mit dem Herzen spüren. Wird sich bei denen entschuldigen und mit denen versöhnen können, denen sie selbst Leid angetan hat, und nun, endlich und endgültig, heraustreten aus dem Spannungsfeld der ewigen Bewertung. An die Stelle der Bewertungen treten Vertrauen und Liebe. Der Narzisst lernt die Betrachtung des Ganzen, von sich und den anderen Menschen, ohne alles zu bewerten. Wenn er das übt, wird er geheilt.

Angst, Angst, Angst

Als ich mir meiner narzisstischen Schemata bewusst wurde, erkannte ich, wie sehr ich von Angst und Panik getrieben war: Ich neigte dazu, mich für clever zu halten und mich daher mit Aufgaben zu überfrachten. Ich nahm keine Rücksicht auf die Frage, wie viel einer wie ich auf einmal anpacken kann. Wer etwas Besonderes ist, kann alles jederzeit und beliebig oft schaffen, so meine Devise. Doch in Wahrheit brachte ich viele Dinge nicht zu Ende und schob die Erledigung meiner »genialen Ideen« zu oft auf. Überflüssig zu erwähnen, dass mir irgendwann bewusst wurde, dass ich nichts im Griff hatte und doch kein Supertyp war.

Dann kamen Selbstzweifel, und ich musste mich in solchen Augenblicken stabilisieren. Immer wieder. Es war sehr anstrengend, sich selbst immer wieder beweisen zu müssen, dass man gut ist. Es war anstrengend, gegen meine Angst, erfolglos sowie einsam und verlassen zu sein, anzukämpfen. Und dann ständig diese fürchterlichen Zukunftsszenarien, die ihre langen Schatten auf mich warfen! Dazu das Drama der Vergangenheit. Alte Angst wird aktuell und fühlt sich an wie das Ende der Welt, wie eine uralte Angst vor der Katastrophe.

Das, was Narzissten nicht können, ärgert sie und macht ihnen Angst.

Tom und Tina: Warten als Folter?

Eigentlich ging Tom gerne zum Friseur, weil dabei nicht nur sein Aussehen im Mittelpunkt stand, sondern auch das, was er zu erzählen hatte. Doch diesmal musste er warten. Besonders lange. Fast zwanzig Minuten! Dass man keinen Stellvertreter zum Friseur schicken konnte, war einfach zu dumm!

Tom hatte die Zeit seiner stationären Rehabilitation gut überstanden. Seine gebrochenen Knochen und verrenkten Gelenke waren alle gut verheilt. Tina war mit den Zwillingen ausgezogen und hatte ihn verlassen. Tom lebte nun allein in dem großen Haus. Er blätterte im Wartebereich des Friseurs in einer Bergzeitschrift. Eine Fotoreportage über den Himalaja interessierte ihn. Tom sah auf, und eine Idee leuchtete in ihm auf. Der Himalaja rief nach ihm.

Plötzlich sah er so einen bescheuerten Typen vor sich sitzen. Dieser wartete auch darauf, dass er an der Reihe war. Der Kerl saß einfach nur da. Mit einer bekloppten Selbstverständlichkeit. Mit Selbstbewusstsein.

Diese Selbstsicherheit machte Tom rasend. Neidisch wurde er. Wütend. Der andere hatte das, was er schon immer haben wollte: Selbstvertrauen. Wofür Tom, der Narzisst, ackerte und was er nie bekam. Er hatte diese riesengroßen Anstrengungen auf sich genommen, um Souveränität zu erreichen, und war nie dort angekommen. Der Typ da vor ihm, er war einfach nur da. Er war einfach nur da und schien auch nicht über sich nachzudenken. Er schien einfach nur zu *sein*. Unverschämt. Beneidenswert unverschämt.

Für den Narzissten ist Selbstgenügsamkeit entweder etwas völlig Unbekanntes oder das Ergebnis großer Anstrengung. Das bedingungslose Urgefühl des Angenommenseins kannte er nicht. Die mütterliche Geborgenheit, die selbstverständliche Selbstannahme, die Liebe zum (und das Vertrauen ins) Leben – all das sind schwierige Lektionen für Narzissten.

»Carlota! Rette mich! Du bist die Lösung für all meine Probleme! Komm, gib mir Liebe, Geborgenheit und Annahme! Jetzt!«, hörte ich mich theatralisch jaulen.

Luki, der Rhodesian Ridgeback, tapste heran und leckte mir ins Gesicht.

Die positive Kraft des gesunden Narzissmus nutzen

Tun Sie das, was Ihnen Angst macht. Stellen Sie sich den Ängsten, die Sie blockieren. Ihr maladaptives Schema, die Summe Ihrer falschen Überzeugungen und fehlangepassten Verhaltensweisen, das sind Ihre ängstlichen Schwellen. Indem Sie etwas tun, was Ihren Mut erfordert, treten Sie innerlich über die Schwelle der Angst und wachsen über sich hinaus.

Dieser Vorgang beginnt mit der starken Emotion Angst oder den begleitenden Gefühlen der Unsicherheit oder des Unwohlseins. Angst löst implizit Aufmerksamkeit und Neugierde aus. Neugierde ist eine große Kraft, die uns suchen lässt und stark motiviert, statt uns zur Flucht anzuregen. Neugierde löst Angriffslust aus. Dieser Impuls hilft beim Überschreiten der Schwelle.

Das Überschreiten der Schwelle bedeutet hiernach, in die neue und unbekannte Welt zu treten und die Angst hinter sich zu lassen. Was besonders gut hilft, über eine sehr hohe und unüberwindbare Schwelle zu treten, ist der Narzissmus. Die positive Selbstüberhöhung hebt einen über die Schwelle der Angst. Ja, ich schaffe das! Ich kann das. Ich traue mir das zu. Ich bin dazu in der Lage. Ich glaube daran, ich vertraue darauf, dass ich es kann.

Dabei ist dieser Impuls leidenschaftlich und weder zerstörerisch noch abwertend. Man könnte auch sagen: Ein gesunder Narzissmus hilft uns, Ängste zu überwinden und uns selbst zu verwirklichen.

Diese leidenschaftliche Energie der positiven Selbstermächtigung ist also ein wichtiger Hebel in unserem Leben. Wir könnten diese positive Kraft des gesunden Narzissmus auch als Wahn beschreiben: Genau genommen ist es wahn- und irrsinnig, der Neugierde zu folgen und darauf zu vertrauen, dass der Vorstoß ins Unbekannte gut für uns ausgehen wird. Wer über die Schwelle der Angst tritt, geht von Sachverhalten aus, derer er sich noch nicht sicher sein kann. Er handelt gegen die Tatsachen. Wenn das kein Wahn ist!

Und dennoch ist das Handeln gegen die Angst gut für uns. Über sich hinauszuwachsen ist mutig. Den eigenen narzisstischen Impulsen zu folgen kann also gut und gesund sein. Gesunder Narzissmus ist positiver Wahnsinn.

Doch es kommt ein Umkehrpunkt, der oft übersehen wird: Nachdem man den alten Wahnsinn gegen einen neuen, guten Wahnsinn ausgetauscht hat, ist unklar, ob man immer so offensiv für sein Selbst streiten muss. Wer sich diese Frage nicht stellt, gewöhnt sich an die Selbstbestätigungen und die Anerkennung, wird süchtig nach Anerkennung. Man rutscht, wenn man unkritisch zu sich selbst ist, in ein Fassadenleben.

Der Umkehrpunkt ist eine Gelegenheit, sich zu fragen, ob man das alles für sich oder die anderen tut, ob man das für sein Wohlsein oder für sein Selbstbild macht. Die narzisstische Bewertungsfalle führt dazu, dass der neue, mutige Wahnsinn zu einem schädigenden Wahnsinn wird.

Wir sollten nur den narzisstischen Impulsen folgen, wenn es noch zum authentischen, wahren Selbst, zu unserer inneren Natur passt. Passt es aber nicht, auch wenn Lob und Anerkennung winken, dann sollten wir uns dessen bewusst werden, dass wir auf die heuchlerische, künstliche Fassade des Narzissmus zusteuern.

Dann kann es mutig sein, den neuen Weg wieder zu verlassen und mit einer weiteren Selbstüberhöhung sich der Wahrheit zu stellen, auf Lob, Anerkennung und Bewunderung (dankend) zu verzichten, um seinen eigenen, authentischen Weg zu gehen. Denn wer authentisch lebt, macht sich nicht von der Anerkennung anderer abhängig. Der gesunde Narzisst muss nicht andere abwerten, um sich gut zu fühlen. Er zerstört nicht, weder sich noch andere. Er bleibt empathisch, weil er nicht gefangen in der Welt der äußeren Werte ist. Er nimmt sich und andere in ihrer Tiefe wahr, anstatt sich seine Freunde und Weggefährten nach gesellschaftlichem Status auszusuchen.

Heilung und Lösung für fast die ganze Welt

Wir alle dürfen Anerkennung nicht mit Liebe verwechseln

Wie wird Narzissmus überwunden? Die Antwort auf das *Wie* liegt immer im Narzissten. Manchmal bin ich Täter, manchmal bin ich Opfer. So wie es, na ja ... *wie es mir gefällt.* Dann bin ich auch mal beides, und das Gegensätzliche vermischt sich. Manchmal bin ich Liebender, manchmal bin ich Anerkennender. Manchmal versorge ich andere, und manchmal werde ich versorgt. Ich bin alles zugleich. Kein Entweder-oder, sondern ein Sowohl-als-auch. Keine Trennung mehr, keine Spaltung mehr. Aus dem Schwarz und dem Weiß ist ein meliertes Grau geworden.

»Wie dein Bart!«, stieß meine Frau Carlota aus.

Verwöhnung, Fürsorge und *Hospitality* brauchen wir alle. So wie einer meiner Klienten, der gerne zum Zahnarzt ging, um endlich auf der Zahnarztliege loszulassen und sich versorgen zu lassen, wenn der Zahnarzt in seinem Mund werkelte. Es gibt viele Wege, Geborgenheit zu finden.

»Aber wie? Wie finde ich Geborgenheit in mir?«, stieß ich aus, auf meine eigenen Zeilen starrend. Warum war es so viel einfacher, ein Ziel zu beschreiben als den Weg, der dorthin führt? Die Antwort musste irgendwo im authentischen Selbst liegen, sagte mir meine Ratio. Aber meine Emotionalität stand auf dem Schlauch.

Carlota schwieg, lächelte und sah mich einfach nur liebevoll an.

Und was bleibt für mich?

Die Narzissmus-Falle schnappt in Sekundenschnelle zu. Das ständige Kommentieren des anderen, das Kommandieren und die ständigen Vorhaltungen – all das passiert automatisch. Der Narzisst muss an sich arbeiten wollen, um diese Gewohnheiten zu ändern. Ich habe Ihnen viele mögliche Gegenmaßnahmen – auf Opfer- und Täterseite – gegen dieses permanente Wollen und Fordern aufgezeigt. Eine Sache gibt es noch, die einen lebenspraktischen Hintergrund hat: Gemeinsames Schweigen hilft. Der Narzisst kann beim Aushalten der Stille lernen, mit dem Sosein zurechtzukommen, ohne dem Perfektsein (dem auf ihn zugeschnittenen Perfektsein) hinterherzujagen. Einfach mal schweigen. Nichts leisten müssen. Einfach sein.

Für einen Narzissten ist das besonders schwierig, denn das würde bedeuten, die Bühne ungenutzt zu lassen und sich freiwillig *nicht* in den Scheinwerfer zu stellen. Für Narzissmus-Opfer ist das natürlich auch schwierig, denn jemanden, der unter Strom steht, zur Bescheidenheit zu ermuntern, ist vergleichbar mit der Bändigung eines Kindes, das noch nicht schlafen gehen will. Es ist schließlich auch anstrengend, den Narzissten anders haben zu wollen, als er ist: aufmerksamer, zugänglicher, fairer. Also möchte man in Konfliktsituationen gerne kontern, weggehen, einknicken oder drauflosweinen. Es ist eben ein hartes Training für Narzissmus-Opfer, die Show des Narzissten, dieses Ego-Feuerwerk, *nicht* als eigenes Leid zu sehen und sich nicht betroffen zu fühlen.

Ich hätte also Verständnis dafür, dass Sie nur bei einem Narzissten, »bei dem es sich lohnt«, sich die Mühe machen, auf meine vielen Hinweise zu hören: Lernen Sie ihn, den im Selbstbild Verletzten, besser kennen und verstehen, und Sie werden sich gut behaupten, Sie werden ihn zähmen lernen. Und Sie werden eine unsichtbare kugelsichere Weste tragen, die Sie vielleicht irgendwann sogar ablegen können, weil Sie *wirklich* durchschaut haben, was mit diesem Menschen nicht stimmt und worunter er selbst leidet.

Man kann auch ganz persönliche Konterstrategien ausklügeln und eigene Reaktionsmöglichkeiten entwickeln! Ich würde sogar behaupten, dass Ihnen solche Möglichkeiten in den Schoß fallen werden, je mehr Sie Ihr Verständnis für die Narzissten dieser Welt schulen.

Es ist möglich, auf narzisstische Angriffe und Angriffswellen vorbereitet zu sein. Falls Sie einen narzisstischen Vorgesetzten haben: Sammeln Sie Beschwerden, lassen Sie sich als Team nicht spalten, sich nicht gegeneinander ausspielen! Bilden Sie eine Kooperation von Narzissmus-Betroffenen und zeigen Sie Solidarität untereinander! Erst wenn das ganze Team im Unternehmen sich verweigert, zum narzisstischen Spielball zu werden, wird der narzisstische Vorgesetzte hilflos. Erst dann wird er einlenken.

Wenn der Narzisst am Boden liegt und noch keine zu schweren Fehler begangen hat, dann gibt es immer eine Chance, dem Narzissten noch als Mensch irgendwie liebevoll zu begegnen. Diese Chance sollten wir ihm geben, denn sonst bringt unsere Gegenreaktion weder Liebe noch Gnade in die Welt, sondern verstärkt nur das Böse. Grobes Fehlverhalten sollte man immer ablehnen, aber man sollte den Narzissten in seiner Würde als Mensch annehmen. Das ist für alle Beteiligten heilsam, auch wenn es schwerfällt.

Kein Deal

»Ich habe nie das bekommen, was ich wirklich wollte!«, klagte ich, mein eigenes Manuskript, vor allem die melodramatischen Zeilen darin kommentierend.

»Der Narzisst«, fuhr ich jammernd fort, »versucht oft, mit den anderen einen Deal auszumachen. Einen Deal darüber, wie wichtig er als Person ist. Manchmal glaubt er, dass der andere die – manchmal unausgesprochene – Vereinbarung verstanden hat. Dabei macht er diese Deals nur mit sich selbst aus. Mit seinen Spiegelungen.« Ich spürte, dass ich zur Hochform auflief, und redete mich ganz vergnügt in Rage. Ich sah oder erahnte mein Spiegelbild in Carlotas geweiteten Augen, als ich nach einer kleinen theatralischen Pause fortfuhr: »Die anderen lenken in Gesprächen immer ein, nehmen Rücksicht auf den Narzissten, stimmen ihm zu, um Energie zu sparen und ihre Ruhe zu bekommen. Doch für den Narzissten sind solche Deals über die Gunst elementar und bitterer Ernst. Der Narzisst investiert in diese Deals, in diese Beziehungen und ist enttäuscht, wenn er nicht bekommt, was er erwartet hat. Und obwohl das in meinem Leben oft so gelaufen ist, obwohl schon so oft Schluss war mit meinen Erwartungen, frage ich mich: Wo bleiben denn nun meine Bedürfnisse?«

»Das ist ein Rückfall!«, meinte Carlota.

»Fühlt sich unangenehm an, meinen Bedürfnissen nicht zu folgen«, sagte ich.

»Das sind nur deine narzisstischen Bedürfnisse! Du musst unterscheiden lernen! Was ist mit deinem authentischen Selbst?«

»Ja, das wäre ein anderer Weg, stimmt«, sagte ich, »nicht immer nur zu wollen, sondern auch mal zu verstehen, zuzuhören und zu schweigen. Das wäre der liebevolle Modus. Das ist neu, unangenehm und fremd für den Narzissten … aber was kommt für mich dabei rum?«

»Wieder ein Rückfall!«, rief Carlota.

»Sekundenschnelle Rückfälle.«

»Du steckst in einer Sackgasse, Schatz!«

Schweigen. Zeit zum Durchatmen.

»Und«, fragte ich zögerlich, »wenn ich etwas möchte, dann mache ich das allein? Ich darf niemanden dafür vor den Karren spannen? Ich muss loslassen?«

»Genau.«

»Aber wenn es auch etwas für dich sein könnte, was dann?«, fragte ich Carlota.

»Geh mir damit einfach nicht so auf die Nerven! Lass mich dabei einfach in Ruhe. Wenn ich Zeit brauche, um mich zu entscheiden, gib sie mir. Ich melde mich bei dir, wenn ich mich entschieden habe.«

»Okay ... aber ... wo bleibe ich dabei?«

»Du bist ja da, mein Schatz, und nicht verschwunden. Ich sehe dich. Ich liebe dich.«

Tom und Tina: Zwiegespräch

Kurz vor Toms Gleitschirmunfall hatten Tom und Tina ebenfalls ein Zwiegespräch geführt – mit einem anderen Ausgang. Tom wollte wissen, wie loyal Tina zu ihm und zu seinen (narzisstischen) Bedürfnissen war. Er war völlig enttäuscht von ihr, als er davon Wind bekam, dass Tina einen Termin bei einem Scheidungsanwalt wahrgenommen hatte. Die Rechnung lag plötzlich in der Post.

Tina hatte gesagt, das sei nur ein erster Beratungstermin gewesen. Sie schlug vor, dass Tom sich eine eigene Wohnung suchte. Sie könne wohl kaum mit den Kindern aus dem großen Haus ausziehen. Notfalls würde sie es aber tun. Es tue ihr alles sehr leid um die Familie, die sie nie gewesen waren. Aber er verhalte sich so, dass ihr keine Wahl bleibe. Sie hätte gerne die Familie gerettet. Aber sie könne einfach nicht mehr so weitermachen.

Tom war am Boden zerstört. Er bebte und zitterte. Er wollte sich fernhalten von dieser inneren Leere, die er schon kannte. Aber er drohte wieder hineinzustürzen.

Tom begann leider nicht, darüber nachzudenken, sich selbst getäuscht und geirrt zu haben und einer falschen Illusion nachgelaufen zu sein. Er begann leider nicht, darüber nachzudenken, dass er Tina schlecht behandelt hatte. Er begriff nicht, dass er selbst verantwortlich war. Er war nur wütend auf seine Frau, und er wollte sie nur noch zerstören, wenn er sie schon nicht haben konnte.

Mit dem Gleitschirm sollte es sein. Seine Wut war anhaltend und sein Entschluss klar. Tina war schuldig im Sinne der Anklage. Im Sinne seiner Anklage. Sie musste bestraft werden für die unverschämten Dinge, die sie ihm angetan hatte und antun wollte. Sie hatte ihn beschämt und nie gewürdigt. Sie wollte ihn verlassen.

Tom merkte nicht, wie er alle Tatsachen verdrehte und seinen Anteil an der Katastrophe von sich wies. Er merkte nicht, dass er wieder keine Verantwortung im Umgang mit seinen Gefühlen übernahm. Dass er wieder zum Angriff überging, diesmal zum vermeintlich finalen Angriff.

Innere Reife und Befreiung

Nach dem Sexualpsychologen David Schnarch ist man ein reifer Mensch, wenn man ein stabiles und flexibles Selbst hat und sich darüber im Klaren ist, wer man ist, was man will und welche Ziele man hat. Sie sind ein reifer Mensch, wenn Sie die Fähigkeit haben, sich selbst zu beruhigen und heilsam auf Ihre eigenen Verletzungen und inneren Ängste zu wirken. Sie sind ein reifer Mensch, wenn Sie maßvoll reagieren können und nicht überreagieren oder weglaufen, wenn Ihr Partner in Angst verfällt oder aufgewühlt ist. Sie sind ein reifer Mensch, wenn Sie sinnvoll beharrlich bleiben, wenn Sie in der Lage sind, Ihre unmittelbare Befriedigung zurückzustellen, und Härten ertragen können, um Ihre Ziele zu erreichen.

Narzissten haben diese Reife nicht, aber auch allen anderen Menschen tut es gut, sich stets zu vergegenwärtigen, was charakterliche Reife überhaupt ist. Um sich selbst und anderen, auch Narzissten, helfen zu können.

Tom und Tina: Tinas souveräner Brief

Lieber Tom,

ich weiß nicht, ob Du diesen Brief noch zu Hause bekommst oder ob Du schon in Kathmandu bist. Ich schreibe Dir diesen Brief, um Dir mitzuteilen, was ich über Dich, über mich, über uns gelernt habe. Ich weiß, dass Du meine Frauengruppe nicht magst. Aber sie ist für mich so wertvoll! Ich habe gelernt, dass wir als Menschen in eine Welt geboren werden, die wir zunächst als Existenz erleben. Da ist viel los im Kampf um das Überleben. Wir sind klein und hilflos und halten uns an das, was andere uns sagen und zeigen. Wir lernen, uns mit anderen Menschen zu vergleichen. Finden heraus, wofür es sich zu leben lohnt: für Arbeit, für bestimmte Ziele, für Werte. Alles bekommt einen Wert in dieser Welt. Das ist doch verrückt! Ich habe mich in dieser Welt der tollen wertvollen Dinge so wohl mit Dir gefühlt! Doch das haben wir zerstört. Weil wir beide etwas nicht gemerkt haben. Wir haben nicht verstanden, dass wir auch auf der Welt sind, um ein Gefühl dafür zu entwickeln, dass es Dinge gibt, die man nicht bewerten kann. Über all den Dingen, die uns so wichtig waren, steht die Liebe. Die Liebe ist der einzige Weg der Heilung.

Ich meine das aber nicht so bescheuert, wie es klingt. Ich meine es ganz einfach. Es klingt gar nicht so bescheuert, je öfter ich darüber nachdenke. Die Frauen in der Gruppe haben mir beigebracht, wie Empathie funktioniert. Mitfühlen. Wahrnehmen. Achtsamkeit. Das sind für mich keine leeren Begriffe mehr. Sie sind mit Liebe aufgefüllt. Wahre intime Nähe wird nur möglich sein, wenn ich von Dir erfahre, was Dich im Inneren bewegt. Du bist ein echter Mensch. Wie die anderen es sind. Vertraue darauf: Wenn Du Dich zeigst, werden die anderen sich ebenfalls wahrhaftig zeigen. Dann erfahren die in Deiner Nähe etwas ganz Neues über Dich. Und Du erfährst etwas ganz Neues über die anderen. Die Menschen, die Dir nah sind, lernen Dich nun endlich kennen. Die anderen sehen nun, was an Dir wirklich und wahrhaftig das Besondere ist. Das ist ein aufregender Augenblick, für alle. Wenn Du authentisch bist und uns zeigst, wer Du wirklich bist, wirst Du unsere Liebe spüren.

Ich habe das erkannt. Manchmal hatte ich bei Dir den Eindruck, dass Du den Weg zur Liebe nicht gefunden hast. Ich wünschte, Du fändest ihn. Jeder hat ein Recht darauf, den Weg zur Liebe zu finden. Ich muss mich nun entscheiden: Will ich mich ständig mit den Wunden befassen, die Du mir zufügst, oder mich mit Menschen umgeben, die mich wachsen lassen? Willst Du als Narzisst Dich dem Zerstören verschreiben? Du hast die Wahl, wie wir alle. Ich habe mich entschieden. Die Welt der Wertungen ist nichts für mich. Pass auf Dich auf, Tina.

Die Basis unserer Menschwerdung in einem Modell von Tina (okay, das Modell ist eigentlich von mir). Zunächst machen wir die Erfahrung unserer eigenen Existenz, erleben, dass wir in die Welt geboren wurden. Dann beginnt die heranreifende Person in ihrer Entwicklung, die Welt einzuteilen und zu ordnen: Es werden den Phänomenen im Leben Werte zugeteilt – ein notwendiger Schritt. Erst spät entdeckt die Person jedoch, dass allein der liebevolle Umgang miteinander (und eine solidarische Kooperation) Frieden und Ruhe in seine Gemeinschaft und sein Herz bringt: Liebe ist die beste Form des Miteinanders.

Narzissten werden erst zu besseren Menschen, wenn sie aus ihrer Welt der Bewertungen, in der sie stecken geblieben sind, hinübertreten in die Welt der Liebe. Im Spannungsfeld der Selbstbewertung findet keine wahre Selbstliebe statt, sondern nur eine eklatante Verwechslung von Wert und Liebe, die Ursache der narzisstischen Anerkennungssucht. Wahre Liebe hingegen kann erst durch eine wertfreie Betrachtung entstehen. Ziel ist es – für alle, für Narzissten wie Narzissmus-Opfer –, so oft wie möglich in der Phase des liebevollen Umganges mit sich und anderen zu verweilen. Rückfälle in die weniger reife Entwicklungsphase der Bewertungen und Vergleiche sind erlaubt, sollten aber schnell erkannt und korrigiert werden.

Am Ziel: in der zweiten Reihe

Wenige Monate nachdem mein Buch herausgekommen war, trat Carlota in einer wichtigen Talkshow auf. Die Frau des Narzissten ist viel interessanter als der Narzisst selbst, hatte ihr die Redakteurin der Sendung mitgeteilt. Ich bekam einen Platz im Publikum – zweite Reihe. Ich fühlte mich irgendwie ... na ja, *normal.* Zu normal. Zu weit weg von den Kameras.

In der Talkrunde saß auch Tina. Das überraschte mich. Wahrscheinlich hatte Carlota zu Tina Kontakt aufgenommen. So musste es gewesen sein, Carlota hatte mir doch immer an den Lippen gehangen! Nach allem, was ich erzählt habe, war es sicher nicht schwierig gewesen, sie zu finden.

Carlota beugte sich zu Tina herüber.

»Wo ist Tom? Ist er auch da?«

»Tom ist tot. Sitzt auf dem Everest«, sagte Tina.

Nach seinem schweren Gleitschirmunfall und der monatelangen Rehabilitation erfüllte Tom sich seinen Lebenstraum. Einen Achttausender besteigen. Das war letztes Jahr im Sommer. Er wurde blind, kam nur ein paar Meter vom Weg ab und setzte sich einfach hin. Er blieb oben.

»Vielleicht hat er ja was gelernt, als er sich in den Schnee setzen musste«, flüsterte Tina Carlota noch schnell ins Ohr, und Carlota nickte sanft lächelnd.

Die Show ging los, und die Lichter wechselten. Die Moderation empfing die Gäste mit viel Applaus. Mit Carlota, der Frau des Narzissten, begann der Abend. Tinas Geschichte kam noch besser an, denn sie war eine »Überlebende«.

»Ist das die Kamera mit den acht Millionen Zuschauern?«, fragte meine Frau und lächelte in eine der Studiokameras. Ich sah Carlotas Gesicht ganz groß auf einem der Monitore. Sie lächelte ihr breites Julia-Roberts-Lächeln, und in dieser Sekunde wurde mir klar, dass sie mich sauber ausgetrickst hatte.

Statt eines Dankes – eine Entschuldigung

Ich bitte um eure Verzeihung: meine Familie, meine Freunde, meine Bekannten und auch Unbekannte. Vielleicht habe ich jemanden mit meinen Worten oder meinen Taten verletzt. Vielleicht habe ich auch mit meiner Stille jemanden verletzt. Absichtlich oder unabsichtlich. Wir machen alle Fehler. Es tut mir leid. Mögen wir alle ins Buch des Lebens eingeschrieben werden.

(WhatsApp-Nachricht einer elfjährigen Tochter an ihren Vater)

Literatur

Bohus, Martin / Wolf-Arehult, Martina (2018): Interaktives Skillstraining für Borderline-Patienten. Das Therapeutenmanual, Stuttgart: Schattauer [Nachdruck der 2. Auflage von 2013].

Hare, Robert D. (2005): Gewissenlos. Die Psychopathen unter uns, Wien u. a.: Springer.

Jansen, Gabriele (2012): Zeugen und Aussagepsychologie, Heidelberg u. a.: C. F. Müller.

Jund, Rainer (2019): Tage in Weiß, München: Piper.

Kernberg, Otto (2006): Narzißmus, Aggression und Selbstzerstörung. Fortschritte in der Diagnose und Behandlung schwerer Persönlichkeitsstörungen, Stuttgart: Klett-Cotta.

Malkin, Craig (2016): Der Narzissten-Test. Wie man übergroße Egos erkennt ... und überraschend gute Dinge von ihnen lernt, Köln: DuMont.

Perel, Esther (2019): Die Macht der Affäre. Warum wir betrügen und was wir daraus lernen können, Hamburg: HarperCollins.

Rotter, Julian B. / Hochreich, Dorothy J. (1979): Persönlichkeit. Theorien, Messung, Forschung, Berlin u. a.: Springer.

Sachse, Rainer (2006): Narzisstische Persönlichkeitsstörungen, in: Psychotherapie (Bd. I 1, Heft 2), S. 241–246.

Sheldon, Pavia / Rauschnabel, Philipp, u. a. (2019): The Dark Side of Social Media: Psychological, Managerial, and Societal Perspectives, Academic Press: London.

Van der Kolk, Bessel (2015): Verkörperter Schrecken. Traumaspuren in Gehirn, Geist und Körper und wie man sie heilen kann, Lichtenau: Probst.

Young, Jeffrey / Rafaeli, Eshkol / Bernstein, David P. (2013): Schematherapie, Paderborn: Junfermann.

Internetquellen

Braun, A. / Kölbel, R. (2019): Männer lügen öfter als Frauen, online unter https://www.swr.de/wissen/luegen-studie,article-swr-19754.html, abgerufen am 25.11.2019.

Carpenter, Christopher J. (2012): Narcissism on Facebook: Self-promotional and anti-social behavior, online unter https://www.sciencedirect.com/science/article/abs/pii/S0191886911005332?via%3Dihub, abgerufen am 21.11.2019.

Focus (2017): Psychotherapeut ist überzeugt: Donald Trump ist geistig krank, online unter https://www.focus.de/politik/videos/boesartiger-narzissmus-psychotherapeut-ist-ueberzeugt-donald-trump-ist-psychisch-krank_id_6602869.html, abgerufen am 22.10.2019.

Gerlach, Philipp, u. a. (2019): The truth about lies. A meta-analysis on dishonest behavior, online unter https://psycnet.apa.org/doiLanding?doi=10.1037%2Fbul0000174, abgerufen am 25.11.2019.

Glasser, Susan B. (2019): »Do Us a Favor«: The Forty-eight Hours That Sealed Trump's Impeachment, online unter https://www.newyorker.com/news/letter-from-trumps-washington/do-us-a-favor-the-forty-eight-hours-that-sealed-trumps-impeachment, abgerufen am 24.10.2019.

Hare, Robert D. / Neumann, Craig S. (2009): Psychopathy: Assessment and Forensic Implications, online unter https://journals.sagepub.com/doi/10.1177/070674370905401202, abgerufen am 21.11.2019.

Kessler, Glenn / Rizzo, Salvador u. a. (2019): President Trump has made 12,019 false or misleading claims over 928 days, online unter https://www.washingtonpost.com/politics/2019/08/12/president-trump-has-made-false-or-misleading-claims-over-days/, abgerufen am 21.11.2019.

Kohut, Heinz (1966): Forms and Transformations of Narcissism, online unter https://journals.sagepub.com/doi/10.1177/000306516601400201, abgerufen am 21.11.2019.

Reason, James (2000): Human error. Models and management, online unter https://www.ncbi.nlm.nih.gov/pmc/articles/PMC1117770/, abgerufen am 28.11.2019.

Schulte von Drach, Markus C. (2017): Die Psyche des US-Präsidenten und das Dilemma der Experten, online unter https://www.sueddeutsche.de/gesundheit/narzissmus-trumps-psyche-und-das-dilemma-der-experten-1.3615637, abgerufen am 22.10.2019.

Süddeutsche Zeitung (2007): »In jedem von uns steckt ein Teufel«, Interview mit Philip Zimbardo, online unter https://web.archive.org/web/20080621221659/http:/www.sueddeutsche.de/wissen/artikel/421/126227/print.html, abgerufen am 25.11.2019.

Twenge, Jean M. / Campbell, W. Keith (2008): Increases in Positive Self-Views Among High School Students: Birth-Cohort Changes in Anticipated Performance, Self-Satisfaction, Self-Liking, and Self-Competence, online unter https://doi.org/10.1111/j.1467-9280.2008.02204.x, abgerufen am 21.11.2019.

Vernon, Philip A. u. a. (2008): A behavioral genetic investigation of the Dark Triad and the Big 5, online unter https://doi.org/10.1016/j.paid.2007.09.007, abgerufen am 16.12.2019.

Wade, Peter (2019): Master of Horror Stephen King Says Trump is ›Scarier‹ Than His Novels, online unter https://www.rollingstone.com/politics/politics-news/stephen-king-trump-scarier-than-his-novels-858694/, abgerufen am 22.11.2019.

Anmerkungen

1 Markus C. Schulte von Drach: Die Psyche des US-Präsidenten und das Dilemma der Experten, sueddeutsche.de, veröffentlicht am 10.8.2017.

2 Psychotherapeut ist überzeugt: Donald Trump ist geistig krank, focus.de, veröffentlicht am 6.2.2017.

3 Siehe hierzu Rainer Sachse: Narzisstische Persönlichkeitsstörungen, S. 241–246.

4 Siehe hierzu das fulminante Buch über Traumata von Bessel van der Kolk: Verkörperter Schrecken. Weitere Informationen zu den Arbeiten des Psychiaters online unter www.besselvanderkolk.net.

5 Jean M. Twenge / W. Keith Campbell: Increases in Positive Self-Views Among High School Students, journals.sagepub.com, veröffentlicht am 1.11.2008.

6 Glenn Kessler / Salvador Rizzo u. a.: President Trump has made 12,019 false or misleading claims over 928 days, washingtonpost.com, veröffentlicht am 12.8.2019.

7 Siehe hierzu die Studie von James Reason: Human Error, ncbi.nlm.nih.gov, veröffentlicht am 18.3.2000.

8 Siehe hierzu die Studie von Robert D. Hare / Craig S. Neumann: Psychopathy: Assessment and Forensic Implications, journals.sagepub.com, veröffentlicht am 1.12.2009. Siehe auch das Buch von Robert D. Hare: Gewissenlos.

9 Siehe hierzu die Studie von Heinz Kohut: Forms and Transformations of Narcissism, journals.sagepub.com, veröffentlicht am 1.4.1966.

10 Siehe hierzu die Studie von Philip A. Vernon: A behavioral genetic investigation of the Dark Triad and the Big 5, sciencedirect.com, veröffentlicht im Januar 2008.

11 Zu den Prozentzahlen siehe das Buch von Pavia Sheldon / Philipp Rauschnabel u. a.: The Dark Side of Social Media, S. 25.

12 Susan B. Glasser: »Do Us a Favor«: The Forty-eight Hours That Sealed Trump's Impeachment, newyorker.com, veröffentlicht am 25.9.2019.

13 Siehe hierzu die Studie von Christopher J. Carpenter: Narcissism on Facebook, sciencedirect.com, veröffentlicht im März 2012.

14 Siehe hierzu: Esther Perel: Die Macht der Affäre.

15 Zu einer ähnlichen Einschätzung des medizinischen Betriebes gelangt auch Rainer Jund: Tage in Weiß.

16 Zur Vertiefung siehe die Dialektisch-Behaviorale Methode (DBT) im sehr praxisnahen Therapiehandbuch von Martin Bohus und Martina Wolf-Arehult: Interaktives Skillstraining für Borderline-Patienten.

17 Peter Wade: Master of Horror Stephen King Says Trump is ›Scarier‹ Than His Novels, rollingstone.com, veröffentlicht am 13.7.2019.

18 ARD-Sendung *Hart aber fair* vom 23.5.2017.

19 Mehr zu dieser Fragetechnik, zum hypnosystemischen Ansatz, siehe den Vortrag von Gunther Schmidt online unter https://youtu.be/ThSw35uxH64, abgerufen am 25.11.2019.

20 Bei Interesse an der sehr anregenden Methode siehe das Standardwerk von Otto Kernberg: Narzißmus, Aggression und Selbstzerstörung.

21 Arnold Schwarzeneggers sechs Erfolgsregeln, die er am 15. Mai 2009 zur Verleihung des Doktorgrades durch die University of Southern California vortrug: 1. Trust yourself; 2. Break some rules; 3. Don't be afraid to fail; 4. Ignore the naysayers; 5. Work like hell; 6. Give something back. Siehe online unter https://youtu.be/i5ZeIVPe5dg, abgerufen am 25.11.2019.

22 »Deshalb hat Rotter die folgende Formel aufgestellt, die für Vorhersagen allgemeinerer Art geeignet ist: BP= f(BF&BW). Diese Formel besagt, daß die Wahrscheinlichkeit für das Auftreten einer Reihe von Verhaltensweisen, die zur Befriedigung irgend eines Bedürfnisses

führen (Bedürfnispotential, BP), eine Funktion der Erwartungen, daß diese Verhaltensweisen tatsächlich zu diesen Belohnungen führen (Bewegungsfreiheit, BF) und des Wertes dieser Bedürfnisse (Bedürfniswert, BW) ist« (Julian Rotter / Dorothy Hochreich: Persönlichkeit, S. 111).

23 Bei Interesse an dieser Art des Hundetrainings, das eine verblüffende Ähnlichkeit mit der grundlegenden Handhabung menschlicher Narzissten hat, siehe Sasha Krajnakova, Hundetrainerin nach der Fichtlmeier-Methode, online unter www.hundeschule-sasha.de.

24 Dieses Phänomen ist als sogenannter Pygmalioneffekt bekannt. Gerade noch vertretbare Aussagen werden in einer zweiten Befragung zur Tatsache erhärtet und weiter zum Äußersten getrieben, bis sie in einer dritten Befragung wieder erhärtet werden, so lange, bis nach mehreren Durchgängen die ersten (falschen oder vagen) Aussagen als gefestigte Tatsachen dastehen. Befragung ist daher auch ein Lernprozess mit hohem Risiko zur Zunahme der Falschinformationen. Das gilt für alle Beteiligten! Für Klienten, Therapeuten, für Opfer und Täter! Mehr zu diesem Thema siehe Gabriele Jansen: Zeugen und Aussagepsychologie.

25 Siehe hierzu die Studie von Philipp Gerlach, u. a.: The truth about lies, psycnet.apa.org, veröffentlicht im Januar 2019. Siehe hierzu auch den Publikumsartikel von A. Braun / R. Kölbel: Männer lügen öfter als Frauen, swr.de, veröffentlicht am 9.1.2019.

26 »In jedem von uns steckt ein Teufel«, Interview mit Philip Zimbardo, web.archive.org (Süddeutsche Zeitung), veröffentlicht am 1.8.2007.

27 Siehe hierzu das Buch von Craig Malkin: Der Narzissten-Test.

28 Zu nennen wären hier die Dialektisch-Behaviorale Therapie (DBT) und die Übertragungszentrierte Psychotherapie (TFP).

29 Zu nennen wären hier die Kognitive Verhaltenstherapie (KVT), Schematherapie, die Rational-Emotive Therapie und achtsamkeitsbasierte Therapien.

30 Zu nennen wären hier die Hypnosystemische Therapie, Expositionstrainings und die Provokative Therapie.

31 Zu nennen wären hier die Ego-State-Therapie und die Narrative Expositionstherapie (NET).

32 Siehe hierzu das Buch von Jeffrey Young: Schematherapie.

33 Mehr Informationen hierzu unter dem Reiter »Narcissistic Abuse Recovery« auf Evelyn Ryans Website, online unter https://yourlifelifter.com/, abgerufen am 25.11.2019.